国家出版基金项目
NATIONAL PUBLICATION FOUNDATION



20世纪中国科学口述史

# 凌鸿勋口述自传

THE ORAL AUTOBIOGRAPHY OF LING HONGXUN

凌鸿勋◎口述
沈云龙◎访问　林能士　蓝旭男◎记录

湖南教育出版社

## 《20世纪中国科学口述史》丛书编委会

# 席泽宗序

正当21世纪开头的时候，湖南教育出版社策划编辑出版一套《20世纪中国科学口述史》丛书，有计划地访问一些当事人，希望他们能将亲历、亲见、亲闻的史实回忆口述，让采访者整理成文字和音像资料，为后人留下一些宝贵的文化财富。这是一件很有意义的事，应该得到各方面的支持。

口述历史很重要。《论语》就不是孔子（前551—前479）的著作，而是口述。这情形与希腊的苏格拉底（约前470—前399）及其以前的哲学家们相似。那个时代学者们还没有自己著书立说的习惯，思想学说都是靠自己口述而由门人弟子记录下来的。正如《汉书·艺文志》所说：“《论语》者，孔子应答弟子、时人，及弟子相与言而接闻于夫子之语也。当时弟子各有所记，夫子既卒，门人相与辑而论纂，故谓之《论语》。”《论语》被奉为儒家经典，流传两千多年，一字值千金。我们当代人的所见、所闻、所历，不能与之相比，但“集腋成裘，聚沙成塔”，贡献出来，流传下去，对社会还是有益的。

司马迁著《史记》，上古部分文献太少，主要根据“传说”

---

席泽宗（1927—2008），天文史学家，中国科学院院士（1991）。

（一代一代“传”下来的“说”，即口述、口述、再口述），准确的年代只能从西周共和元年（前841年）算起，这不仅给年代学留下了一个空当，因而有今日的“夏商周断代工程”，还给后人提供了怀疑的口实。辛亥革命前后，国内外出现了疑古思潮，提出“东周以前无史”论，企图把中国文明史砍去一半。幸而这时在河南安阳殷墟发现了甲骨文，王国维于1917年写了《殷卜辞中所见先公先王考》及《续考》，指出甲骨文中发现的殷商王室的世系，与《史记·殷本纪》中所载相吻合，《殷本纪》中的口述记载只有个别错误。这就把中国有文字可考的历史，由东周上推了近千年。由此，王国维提出“二重证据法”：“古书之未得证明者，不能加以否定，而其已得证明者，不能不加以肯定。”他又于1926年在上海《科学》杂志第11卷第6期上发表《最近二三十年中国新发现之学问》一文，指出中国历代出现的新学问大都是由于新的发现。他举了很多例子，最重要的是汉代曲阜孔壁中古文和西晋汲冢竹书的发现，说明新材料对于学术的推动作用。与此同时，胡适于1928年在《新月》第1卷第9期上写了一篇《治学的方法与材料》，进一步指出，我们不仅是要找埋在地下的古书，更重要的是要面向自然界找实物材料。他说：“材料可以帮助方法；材料的不够，可以限制做学问的方法；而且材料的不同，又可以使做学问的结果与成绩不同。”他用1600年到1645年间的一段历史，进行中西对比，指出所用材料不同，成绩便有绝大的不同。这一段时间，中国正是顾炎武（1613—1682）、阎若璩（1636—1704）这些大师们活动的时代，他们做学问也走上了新的道路，站在证据上求证明。顾炎武为了证明衣服的“服”字古音读做“逼”，竟然找出了162个例证，真可谓小心求证。但是，他们所用的材料是从书本到书本。和他们同时代的西方学者则大不相同，像开普勒、伽利略、牛顿、列文虎克、哈维、波义耳，他们研究学问所用的材料就不仅仅是书本，更重要的是自然界的东西。哈维在他的《血液循环论·自序》中说："我学解剖学和教授解剖学，都不是从书本上来的，是从实际解剖来的；不是从哲学家的学说上来的，是从自然界的条理上来的。"结果是，他们奠定了近代科学的基础，开辟了一个新的科学世界。而我们呢，只有两部《皇清经解》做我们300年来的学术成绩。

1915年《科学》的创刊和中国科学社的成立，标志着近代科学开始在中国落地、扎根，但成长、壮大、开花和结果，还有待于努力。中央研究院（1928年）、北平研究院（1929年）、中央工业试验所（1929年）、中央农业试验所（1931年）等国家科研机构的相继建立，《大学组织法》（1929年）、《大学规程》（1929年）和《学位授予法》（1934年）等的颁布，都为科学的进一步发展提供了必要条件。至1949年，全国已有700多位科学家在200余所高等院校、60多个科研机构、40多个学术团体中工作。用卢嘉锡半开玩笑的话来说，"这是一支物美价廉、经久耐用的队伍"。李约瑟把他记述抗战时期中国科学家工作的一本书，取名《科学前哨》（*Science Outpost*）。他在序中说："书名似乎应当稍加解释。并不是我们中英科学合作馆的英籍同事远在中国而以科学前哨自居。我所指的是我们全体，不论英国人或中国人，构成中国西部的前哨。""这本书如有任何永久性的价值，一定是因为它提供了一类记录（虽然不甚充分）……看到中国这一代科学家们所具有的创造力、牺牲精神、坚韧、忠诚和希望，我们以和他们在一起为荣，今天的前哨就将成为明天的中心和司令部。"

李约瑟的预言即将实现。1949年中华人民共和国的成立，为科学的发展提供了前所未有的有利条件。1956年制定的《1956—1967年科学技术发展远景规划纲要》，通过十几个重大项目、几十个重点研究任务、几百个中心课题，把第二次世界大战以来的新科学和尖端技术都涵盖于其中，下决心，攀高峰。据杨振宁搜集起来的10项产品的年代比照，我们的赶超速度是很快的。从原子弹到氢弹，我们所花费的时间最少：法国8年，美国7年，英国5年，苏联4年，中国3年，爆炸在法国之前。还要注意一点，别的国家的科学家，是全力以赴搞科学，中国科学家要政治学习、劳动锻炼、下乡"四清"，至于"文化大革命"那样的干扰，更是史无前例，就连"中国核弹之父"钱三强也不能幸免。1978年以后，抛弃以"阶级斗争为纲"，才把书桌子放稳，安下心来搞科研，然而在市场经济大潮的冲击下，也有新的问题。科学是没有阶级性的，但是科学家是在社会中生活的，科学事业是社会建构的一部分，都有时代的烙印。与过去300年相比，科学在20世纪的中国，特别是后50年，取得了举世瞩目的成就。总结这段历史经验，对于21世纪科学的发展无疑是有借鉴意义的。这项工作国内有许多人在做。

湖南教育出版社邀请有经验的专家组成编委会，派人准备从人物（包括科研组织管理工作者）、学科、事件等方面进行访谈和旧籍整理，这无疑是一种新的形式。口述历史虽然是历史学的最初形态，但那时没有录音、摄像等设备，也没有现在的严密组织准备，效果是不一样的。因此，我相信，这套书一定能成功，故为之序。

席泽宗

2007年10月于北京

# 韩启德序

20世纪是中国社会巨变的一个世纪，也是中国科学大发展的一个世纪。

中国的现代科学是在西方科学传入之后发展起来的。远在明末清初，西方科学就传到了中国。但从明末到清末，300年的“西学东渐”，其主要成果不过是翻译介绍了一些西方科学著作，传播了一些科学知识。到了20世纪，中国才出现了现代意义的科学事业和科学家。

20世纪之初，在以“新政”为标榜的政治和社会改革风潮中，延续千年的科举制度被废除，近代新学制开始在全国范围内实施，现代科学被纳入我国教育体制，从此科学知识成为中国读书人的必修课程，科学观念逐步深入人心。“赛先生”与“德先生”成为五四新文化运动的两面旗帜。

20世纪二三十年代，特别是国民政府成立之后，国立和私立大学的科学教育和科研水平稳步提高，以中央研究院为代表的专门科研机构逐步建立，一系列专业学会成立起来并开展各种学术活动，奠定了我国现代科学各主要学科的基础。然而，

---

韩启德（1945—），病理生理学家，中国科学院院士（1997）。现任全国人大常委会副委员长，九三学社中央主席，中国科学技术协会主席。

日本侵华战争使我国刚刚起步的现代科学事业遭到严重摧残。抗战胜利后，内战又使科学事业在短期内无法恢复元气。

中华人民共和国成立之后，在中国共产党的领导下，科学事业受到前所未有的重视。建国后不久，国家就陆续成立了从中央到地方的各级综合性和专业性科研机构，调整和新建了一大批高等院校，组织实施了一系列重大科研计划。在20世纪的50年代末到60年代，以“两弹”（原子弹和导弹）研制、大庆油田的开发和人工合成结晶牛胰岛素等重大成就为标志，我国科学事业实现了跨越式的发展。不幸的是，不断升级的政治运动严重干扰和破坏了科学事业。“文化大革命”十年动乱，使我国科学不进反退，拉大了我们与世界先进水平的差距。

改革开放迎来了中国科学的春天，知识分子终于彻底摘掉了“臭老九”的帽子，我国科技工作者焕发出前所未有的活力。经过科技体制改革的探索，在20世纪末，我国确立了“科教兴国”战略。近年来，国家对科技的投入大幅增长，科研水平稳步提高，我国科学技术全面发展的时代正在到来。

一个世纪之前，中国的现代科学事业几乎还是一张白纸。今天的中国科学已经以崭新的面貌自立于世界。“两弹一星”、杂交水稻、载人航天等一系列成就，标志着我国科学技术事业的空前发展，同时也极大地提升了我国的国际地位。但我们也应清醒地认识到，我们与国际科学技术的先进水平还存在相当差距，我们仍然在探索适合中国国情的科技发展道路，建立完善的现代科研体制的任务还没有完成。

中国现代科学技术的发展既有顺利的坦途，也历经坎坷和曲折。艰苦的物质条件和严酷的政治运动没有动摇中国科技工作者的爱国报国之心和求索创新之志。为中国科学技术事业建立功勋的既有像“两弹元勋”一样的科学英雄，更有许多默默无闻、甘于奉献的科技工作者。他们的名字，他们的事迹，是中国现代历史中的重要篇章。比较令人遗憾的是，我们很少见到中国科学家的自述、自传一类的作品。因此，许多科学家的事迹，他们的奋斗与探索，还不大为社会所了解；许多珍贵的历史资料，随着一些重要当事人的老去而永远消失，铸成无法挽回的损失。

湖南教育出版社出版的这套《20世纪中国科学口述史》丛书，在一定程度上弥补了这个缺憾。口述历史的特点是真实生动、细节丰满、可读性强。这套丛书中，无论是口述自传、个人或专题访谈录，还是科学家自述，都出自科学家、科技管理者、科学普及工作者或科技战线的其他工作者的亲口或亲笔叙述，是中国现代科学事业的参与者回忆亲历、亲见、亲闻的史实，提供了许多鲜为人知、鲜活逼真的历史篇章，可以补充文献记载的缺失，是我们研究中国现代科学发展史的珍贵资料。同时，书中也展现了我国科技工作者爱国敬业、艰苦探索、勇于创新、无怨无悔的精神境界，必将激励后来者为发展我国的科学技术而努力奋斗。

近年来，访谈类节目在电视、电台热播，大受欢迎。我相信，《20世纪中国科学口述史》丛书也一定能赢得读者的喜爱，在我国科学文化建设中发挥应有的作用。故乐为之序。

2007年10月于北京

# 主编的话

## 以挖掘和抢救史料为急务

自文艺复兴以来，西方经过宗教改革、世界地理大发现、科学革命和产业革命，建立了资本主义主导的全球市场和近代文明。在此过程中，科学技术为社会发展提供了最强大的动力，其影响至20世纪最为显著。

在从传统社会向近代社会的转型中，国人知识结构的质变，第一代科学家群体的登台，与世界接轨的科学体制的建立，现代科学技术学科体系的形成与发展，乃至以“两弹一星”为标志的一系列重大科技成就的取得，都发生在20世纪。自1895年严复喊出“西学格致救亡”，至1995年中共中央、国务院确定“科教兴国”的国策，百年中国，这“科学”是与“国运”紧密关联着的。百年中国的科学，也就有太多太多的行进轨迹需要梳理，有太多太多的经验教训需要总结。

关于20世纪中国历史的研究，可能是格于专业背景方面的条件，治通史的学者较少关注科学事业的发展，专习20世纪科学史者起步较晚，尚未形成气候。无论精治通史的大家学者，或是研习专史的散兵游勇，都共同面临着一个难题——史料的缺乏。

史料，是治史的基础。根据20世纪中国科学史研究的特点，搜求新史料的工作主要涉及文字记载、亲历记忆、图像资料和实物遗存这四个方面。

20世纪对于我们，望其首已遥不可及，抚其尾则相去未远。亲身经历过这个世纪科学事业发展且做出过重要贡献的科学家和领导干部，大都已是高龄。以80岁左右的老人为例，他们在少年时代亲历抗日战争，大学毕业于共和国诞生之初，而国家科学事业发展的黄金十年时期（1956—1966）则正是他们施展才华、奉献青春、燃烧激情的岁月。这些留存在记忆中的历史，对报刊、档案等文字记载类史料而言，不仅可以大大填补其缺失，增加其佐证，纠正其讹误，而且还可以展示为当年文字所不能记述或难以记述的时代忌讳、人际关系和个人的心路历程。科学研究过程中的失败挫折和灵感顿悟，学术交流中的辩争和启迪，社会环境中非科学因素的激励和干扰等等，许多为论文报告所难以言道者，当事人的记忆却有助于我们还原历史的全景。

湖南教育出版社欲以承担挖掘和抢救亲历记忆类史料为己任，于2006年启动了《20世纪中国科学口述史》丛书的工作计划，在学界前辈和同道的支持下，成立了丛书编委会，于科学史界和科学记者群中招兵买马，认真探索采访整理工作规范和成书体例。通过多方精诚合作，在近两年中已出版图书20种，得到了学术界和读者的认可。

近年兴起的口述史（Oral History）热潮，强调采访者的责任，强调采访者与受访者之间的互动，强调留下“有声音的历史”。不过，口述史内容的“核心”是“被提取和保存的记忆”（唐纳德·里奇《大家来做口述历史》）。把记忆于头脑中的信息提取出来，方法上有口述与笔述之差别，但就获取的内容而言，并无实质性的差别。因此，本丛书当前在积极组织从事口述史采访队伍的同时，也积极动员资深科学家撰写回忆文本，作为“笔述系列”纳入本丛书中来。

科学，作为一种社会事业，除科学研究之外，还包括科学教育、科学组织、科学管理、科学出版、科学普及等各个领域，与此相关的人物和专题皆可列入选题。

本丛书根据迄今践行的实际情况，在大致统一编辑规范的基础上，将书稿划分为5种体例：

1. 口述自传——以第一人称主述，由访问者协助整理。

2. 人物访谈录——以问答对话方式成文。

3. 自述——由亲历者笔述成文。

4. 专题访谈录——以重大事件、成果、学科、机构等为主题，做群体访谈。

5. 旧籍整理——选择符合本丛书宗旨的国内外已有文本重新编译出版。

形式服务于内容，还可视实际需要而增加其他体例。

受访者与访问整理者，同为口述史成品的作者。忆述内容应以亲历者的科学生涯和有关活动为主线展开，强调以人带史，以事系史，忆述那些自己亲历亲闻的重要人物、机构和事件，努力挖掘科学事业发展历程中的鲜活细节。

书中开辟“背景资料”栏，列入相关文献，尤其注重未经披露的史料，同时还要求受访者提供有历史价值的图片。这些既是为了有助于读者更好地理解忆述正文的内容，也是为了使全书尽可能地发挥“富集”史料的作用。

有必要指出，每个人都会受到学识、修养、经验、环境的局限，尤其是人生老来在记忆力方面的变化，这些会影响到对史实忆述的客观性，但不能因此而否定口述史的重要价值。书籍、报刊、档案、日记、信函、照片，任何一类史料都有它们各自的局限性。参与口述史工作的受访者和访问者，即便是能百分之百做到“实事求是”，也不能保证因此而成就一部完整的信史。按名家唐德刚先生在《文学与口述历史》一文中的说法，口述史“并不是一个人讲一个人记的历史，而是口述史料”。史学研究自有其学术规范，不仅要用各种史料相互参证，而且面对每种史料都要经历一个“去粗取精，去伪存真”的过程。本丛书捧给大家看的，都是可供研究20世纪中国科学史的史料，囿限于斯，珍贵亦于斯。

受访者口述中出现的历史争议，如果不能在访谈过程中得以澄清或解决，可由访问者视需要而酌情加以必要的注释和说明。若对某些重要史实有不同的说法，则尽可能存异，不强求统一，并可酌情做必要的说明或考证。因此，读者不必视为定论，可以质疑、辨伪和提出新的史料证据。

本丛书将认真遵循求真原则和史学规范，以挖掘和抢救史料为急务，搜求各种亲历回忆类史料，推动20世纪中国科学史的研究！

欢迎各界朋友供稿或提供组稿线索，诚望识者的批评指教。谨以此序告白于20世纪中国科学史的研究者和爱好者。

樊洪业

2008年10月于中关村

2011年元月修改于中关村

凌鸿勋口述自传

The Oral Autobiography of Ling Hongxun

CONTENTS 目录

# 出版说明

凌鸿勋（1894—1981），字竹铭，广东番禺人，铁道工程专家、教育家。中央研究院首届院士（1948）。

凌鸿勋于1915年以优异成绩毕业于交通部上海工业专门学校（交通大学前身）。同年赴美，在美国桥梁公司实习并在哥伦比亚大学进修。1918年归国后，先后在京奉铁路、交通部和京汉铁路工程司等处任职。1920年2月代理其母校校长。1923年任南洋大学教授，1924年11月任交通部南洋大学（1928年改称交通大学）校长，至1927年辞职。凌氏担任南洋大学校长期间多有建树，如举办工业展览会，创办工业研究所，确定校徽，建成规模宏大的体育馆等。

1927年8月至1929年2月，凌鸿勋任广西梧州市工务局长。1929年3月起历任铁道部和交通部技正，陇海、粤汉、湘桂、天成、宝天铁路或路段工程局长兼总工程师、管理局局长等，负责修建陇海铁路、粤汉铁路、株韶段、湘桂铁路等，筑路生涯长达16年，功绩卓著。1945年2月至1949年3月，任交通部常务次长、代理部长，他自道“四年从政，备尝艰苦”。其后流亡香港一年，从事著译。1950年10月应邀赴台任台湾大学土木系教授。1951年3月，任中油公司董事长，转业石油，长达20年。其间，1957年任交通大学电子研究所筹备主任，为新竹交通大学的建立奠定良好基础。1971年从中油公司董事长位置上退休，1981年8月15日在台北病逝。凌鸿勋的主要著作手稿等捐献给了台湾新竹交通大学，现收藏在该校图书馆。

凌鸿勋不但是一位资深的铁道工程师和教育家、事业家，也是铁道工程的研究者和著作家。晚年研究中国铁路史、交通史也成就斐然。他的主要著作有《铁路工程学》、《市政工程学》、《桥梁》、《中国铁路概论》、《中国铁路志》、《詹天佑先生年谱》、《詹天佑与中国铁路》、《现代工程》、《抗战八年交通大记事》、《工厂设计》、《中华铁路史》等。

凌鸿勋撰有多种回忆著作，包括《四年从政回忆录》、《十六年筑路生涯》、《七十自述》、《凌鸿勋自订年谱》等。凌氏退休后不久，台湾中研院近代史研究所派员对其进行口述历史工作，由沈云龙访问，林能士、蓝旭男记录，其访问记录经过整理并经凌鸿勋校正定稿为《凌鸿勋先生访问记录》，作为"中央研究院近代史研究所口述历史丛书"的第一种，于1982年出版，是凌氏最完整的回忆录。现湖南教育出版社获得中研院近史所授权，在大陆出版此书的简体字版，仅对由于此书编撰时两岸对立和隔膜以及口述者立场而造成的一些习惯用法、措辞做了少量的处理，删除之字均用方框号"□"标出，至于纪年、中英专名和作者的观点等均不更改，书名则根据内容更名为《凌鸿勋口述自传》。另外，原书无插图，而本书插图均选自《十六年筑路生涯》和交通大学等校校史资料。

著者凌鸿勋先生是我国铁路工程界耆宿。他的回忆对读者了解民国时期我国的铁路建设、交通和教育等事业有很高的价值。当然，由于其所处职位和立场，书中偏颇难免，但兼听则明，瑕不掩玉。凌鸿勋在留美时就曾参与发起组织中国工程学会，该会与中华工程师学会合并为中国工程师学会后，他曾被选为副会长、会长。凌鸿勋是中央研究院第一届评议员，并当选首届院士，参与过中研院的一些重要活动。因此，本书以著者的《我与中国工程师学会》和《我与中央研究院——并记几位院中故友》（原载《七十自述》）两篇文字作为附录。又依据本丛书的统一要求，附编凌鸿勋主要著作目录和年表。并此说明。

王扬宗

2010 年 6 月

# 第1章 家世与教育

## 我的家世

我的名字叫淩鸿勋。通常的“凌”姓从“冫”旁，但我的“淩”姓则从“氵”旁。究其实，“淩”和“凌”来源一样。我的祖先原来也是姓“凌”，近一百多年来才用“淩”姓，至于如何多加一点，在此也不必去考究它了。有许多朋友往往将我三点的“淩”误为两点“凌”，我通常是付之一笑，偶尔也开玩笑地说：我不在乎这“一点”。

我的家世有族谱可记的始自明末。清初，先远祖由江苏常熟迁到浙江会稽（绍兴）。那时绍兴人到外地游幕及做官者不少，远祖中有于康熙年间任官广州府经历者，在任三十六年之久，遂流寓广州，但子孙仍回会稽应考秀才。在广州，我们淩家既无田产，亦无祠堂，后来就落籍广东为番禺县人（后特设广州市，遂为广州市人）。广东人称我们是“外江人”，就如现今台湾人称中国大陆来台者为“内地人”一样。

我父亲生于咸丰八年（1858），光绪十一年（1885）中了广东省的乡试举人，叔祖考取进士，叔父点了翰林，族中叔父辈也有不少考取秀才者。先父中举后，两次上北京参加会试，但都未得中。先父以每次应试，路途遥远，旅费不赀，从此打消做官的念头。就在广州设馆授徒，先后达四十年之久。我的母亲郑氏是福建长乐县人，一共生了我们兄弟姊妹六人，很巧的是大男次女三男四女五男六女，我排行第五。大家兄十几岁就过世了，二家兄从小过继给先叔，所以我等于是家中的独子。

我于光绪二十年（甲午，西元 1894）诞生在广州。光绪甲午年是中国近代史上相当重要的一年。那年第一次中日战争爆发，次年签订《马关条约》，割让台湾。甲午战争期间，广州由于距离北方很远，所以并未直接受到战火的影响。中国经过这次战事后，维新思想已在萌芽之中。以前广东与西方国家接触最早，四百六十多年前葡萄牙人已来到澳门，一百多年前，中英鸦片战争就因广东禁烟而触发的，后来因鸦片战争失败，就将香港割让英国。广州与香港仅一水之隔，受西方思潮的影响可说是既早又快。同时，光绪甲午那年，国父孙中山先生已在檀香山创立兴中会，开始提倡革命，此后中国整个大局面已在剧烈变动之中。

先父一生教书，生活清苦，曾经穷困到无隔宿之粮的地步。我还记得小时候，午餐不举火是常有的事。在我四岁那年，先祖父、大家兄相继逝世，家中遭受重大打击，此后我成为家中的独子。五岁时，家母开始教我念书，不念《三字经》及《千字文》，而是从《孝经》念起。家母一开始就用桂林官话教我，所以后来我学国语和各地的方言比较容易。五岁以后，照理应该出就外傅的，但家境穷困，无力供给我读书的费用。幸好我的几位叔父皆秀才出身，亦在广州设馆授徒，我就在叔父的馆中念书，脩金就可以减免了，要不然连读书都成问题。

我个人总觉得家教相当要紧，是人生的基础。家父一生安贫乐道，家境虽差，但乐于助人。他的助人精神一直深深地嵌在我的脑海中。我记得有一次，我的一位族弟到我们家里来说，他家里已不能举火，要向先父借钱。我父亲摸出钱袋，一看只有两毫，就全数给了这位族侄，至于我家几口人，明天靠什么度日，家父就不计及了。这是我对先父恤亲助人印象最深刻的一次。当时的情况，对于七十年后的我仍然是历历如在眼前。

## 广州中学五年

我念过了几年私塾后，当时教育制度有了极大的转变。光绪三十一年（1905），清廷废除科举，代以新式学堂。其办法是每省设一高等学堂，府设中学堂，县设小学堂，从前的旧式书院一律改为新式学堂。我十岁那年，广州颇有名气的越华书院改为广州府中学堂。我那位过继给先叔的二哥考入第一届广州府中学堂就读。次年，我也去应考，考试两天，第一天初试，榜上有名，第二天的复试就名落孙山了，只好再回到私塾念一年。第二年，也就是光绪三十二年，我终于考进广州府中学堂。

未进中学堂之前，我已念完了四书五经，对于英文、算学也稍懂得一点。广州府中学堂是五年制，英文从 ABC 教起，算学也是从最基本的加减乘除开始，与县立小学堂完全一样。我莫名其妙地考入中学堂，就免了念小学堂这一阶段，所以在广州府中学堂里，我算是最年轻的一位。那时我才十二岁，同时考进者通常是十五六岁，稍大的也有十七八岁。学堂中设有监督一人，等于现今的校长。时任学堂监督的是陆伟士（尔奎）先生。他是江苏阳湖县的一位举人，曾到日本留过学，是一位学问好而又热心任事的人物。他除了自己亲自授课外，教员请假时也往往由他代课。后来他离开广州到上海，担任商务印书馆的总编辑多年。继任的监督是丘逢甲先生，是一位台湾割日后运动台湾独立而未成功的英雄。我那时才十三岁，自然不敢随便去见监督，所以得自他的教诲并不多。他有好几首悲愤的爱国诗，经我们的音乐老师谱入歌本后，成为我们的唱歌教本，我现在仍记得其中几句。过了五十多年之后，他的诗由其哲嗣念台先生在台印成《岭云海日楼诗钞》，我还找得出我从前唱过的几首诗。

此外，广州府中学堂中各科教员都很不错。当时班级小，顶多不过十几二十人而已，老师容易教，学生也能够多得好处。那时的学制是由年头开始，至年尾为一学年，与现今的秋季始业并不相同。在学堂内，我年纪最小，根基浅，玩心还重，但对于新知识的吸收比起十七八岁者较为容易。最初第一年内，学校的月考，我常常是敬陪末座，五年以后，我却以第一名毕业。宣统元年（1909），我年十六，在广州府中学堂毕业。按当时清制，中学堂毕业后，由提学使奏明清廷奖以“优贡”，等于取得秀才资格，所以我也算是前清秀才，不过有好多朋友并不知晓。

中学堂毕业后，以一个十六七岁的少年想在社会上谋事并不容易，如欲升学，家境并不容许，况且当时广州除法政与师范学堂外，尚无其他专门学堂。我对法政毫无兴趣，学师范当教员也不甘心。正在犹豫彷徨之际，见报上登载隶属邮传部的上海高等实业学堂（即交通大学前身）在广州招考官费生的消息。这间学校原名南洋公学，办有铁路、电机、船政等科，颇有点盛名，监督唐文治更是道德文章知名的人物。

当时上海高等实业学堂已初具规模，其他各省若要办工业学堂的话，无论就师资或设备而言，都不是一件易事。所以当时决定由上海高等实业学堂招收各省官费生，每省四十名，每名由各省贴补二百元给学校，学生的膳食费、学费一概不收。如此一来，各省既可以省下开办学校的大笔经费，又能达到培养建设人才的目的，不失为一个很好的过渡办法。宣统二年夏天，这学堂就分别在广东、安徽、四川、江西等省招收官费生。我认为既有好功课可学，又是官费，对我这个穷学生来说，当然是求之不得的事。而且考试地点就在广州本地，报名费也只一块钱，心中大动，于是就约好几个同学去报考。当时报名资格限定要中学毕业，所以报考者亦仅七十多人而已，预定录取四十名，自己满以为机会一定不错。哪知到了应试那天，一进入考场后，就发现情况不佳。除了国文外，其他科目像算学、物理、化学等，都是用英文出题。当时广州各中学堂数理等科目都用中文课本讲授，而上海这个学校，即附属中学都用英文本。所以我看了试题后，不会回答者居多，只能就所知者作答，亦仅免于交白卷而已。考过后自知无望，哪知放榜后，广东省一共只录取了六名，而我竟名列第一。

## 和铁路结初缘

我进入广州中学后不久，就与铁路发生了关系。清廷早就有意建造粤汉路，及京汉路通车后，由汉口到广州的南北交通大动脉——粤汉路就非跟着修筑不可了。早期中国筑路大抵是向外国借债，例如京奉路借英国款，京汉路借比国款，此外也向法国、德国借了一些。粤汉路全长 1000 多公里，筑造此路所费不赀，清廷财政匮乏，势必另举外债，但当政者又生怕借款筑路引起外国势力的侵入。那时长江及珠江流域是英国的势力范围，如果粤汉路再借英款，会使英国的势力更大。几经研究之下，觉得美国在中国除商业来往外，较少政治野心，乃决定向美国商洽借款筑造。光绪二十二年开始计划，当时美商合兴公司（America-China Development Company）有意投资，几经洽商，就于光绪二十四年在北京华盛顿签约。不料合约签订后，美国与西班牙战争爆发，结果拖了两年，至光绪二十六年才订妥合同，合兴公司决定投资四千万美金。哪知动工后不久，光绪二十八年合兴公司内部发生周折，此公司暗中把股本卖给比国，股东权逐渐转移于比商手中。那时，比、法两国素有经济联系，法与俄国又有深切关系，京汉路已由法、比投资，若势力再延及粤汉路，则南北干线将全归其控制，同时俄国势力也会跟进，势必对中国大为不利，因此赎路之议遂起。当时张之洞任湖广总督，粤汉路在他的管辖范围内，他就设法要收回路权。起先有废约之议，后来觉得这是第一次与美国所订的合同，废约恐怕损及两国国交，乃决定出资赎回。因为粤汉路既然是借款所筑造，中国自然有权利收回。但赎路所需款项颇巨，政府财政无法负担。粤汉路途经鄂、湘、粤三省，最后决定由三省自行设法筹款赎回境内的铁路。张之洞管辖湘、鄂两省，但此两省财政情况不佳，集股不易，不得已张氏乃向香港政府借款一百一十万镑，以赎回湘、鄂境内铁路。在广东省方面，两广总督岑春煊起初决定抽捐赎路，但广东人大起反对，几乎引起民变。后来广东绅商自行奋起集股，另组商办粤汉铁路公司。这主要是粤商较为富有，对投资铁路亦具兴趣。但一时巨款难集，除少数的大股东外，集股对象乃及于省境内各学堂。学堂内学生多，每人认集一股，不仅可以普遍，亦可积少成多。当时规定学堂学生每人必须至少加入一股，每股五元，先交一元。这时是光绪三十一年（1905），我才十二岁，正在广州府中学堂就读。我家虽然贫穷，但不得不勉交一元，列名为起码股东之一，这是我和铁路发生关系的开始。我真想不到过了近三十年之后，粤汉路尚未筑成，而我被派为此路的工程局局长兼总工程师，负责接筑此路由湖南株洲至广东韶州一段。后来，民国二十五年，粤汉路在湖南某地接轨，接轨的那天，我在工地，当两头的轨道碰头之后，工人留下最后一口道钉，让我去打进，至此全线通车。那时，我一想及三十多年前自己在此路投资一元的事，心头不觉泛起另一种滋味。

# 上海高等实业学堂（南洋公学）五年

## 1. 南洋公学的缘起

甲午对日战败后，朝野人士深知非兴办实业不可，而兴办实业必先讲求新学，讲求新学则以开办新式学堂及废除科举为先。

光绪二十一年，新政人物盛宣怀在天津开办北洋大学，次年，他又在上海开办南洋公学。盛宣怀当时身兼中国铁路公司总办、电报局督办等职，管的都是有钱机关。上海南洋公学的成立，其经费就是由上海电报局、京沪铁路局及招商局等机构分担。

上海乃东南人才鼎盛之地，所以南洋公学开办后，能罗致一些人才。同时，如果从中学办起的话，恐怕缓不济急，因此南洋公学一开始就办特科，最初有师范特科、经济特科等。通常师范特科的学生年纪稍大，党国元老吴稚晖先生、蔡元培先生等都出身于此科，钮永建先生则担任过此校的体操教员。南洋公学初办时，由盛宣怀本人当督办，并未负实际责任。实际负责人物叫总办，张元济、劳乃宣、沈曾植、汪凤藻等人都先后当过此一职位，他们在当时都是有学问有地位的人物。总办后来改名监督（等于现在的校长），杨士琦就当过这个职位。

## 2. 监督唐文治先生

我考入南洋公学时，担任学堂监督的是唐文治（蔚芝）先生。他是江苏太仓人，光绪十八年进士，先后在前清户部（等于今财政部）及总理各国事务衙门（后改名外务部，等于今外交部）任职。唐先生虽然出身科举，但留心经世之学，曾被派作随员赴日本及欧美各国访问参观，是一位有旧学问和新见解的人物。他回国后，转任农商部侍郎（次长）、署理尚书（部长）。当时的农商部兼管铁路、电信等交通事业。他在农商部任职一段时期后，忽遭太夫人之丧，丁忧回籍。按清制，丁忧的官员即须开缺，等服满丧期后才能再任官，但正式官制以外的差事仍可以担任。唐先生官位虽高，但并非官僚人物。他服满丧期后，就不再做官了。可像他这样有地位有学问的人，怎样能让他闲散呢？在他居丧的第二年，邮传部就聘请他当这间高等实业学堂监督。唐先生认为做育人才的教育工作对他很相宜，就欣然接受了。

唐先生对办理学校提出“求实学、务实业”的口号。他聘请第一流的教员，其中大部是外籍人士，包括英、美、德等三国。中国教员则多为中文、史地及附中数学教师。所以我进此校后，除国文外，大部分都是直接用英文听讲。唐先生办学认真，当时学生都住校，晚间自修时，他都亲自巡查。唐先生国学很好，尤精经学。他也亲自上课，每逢星期日，他在大礼堂自己教授中文，自编讲义。除了学校规定的课程外，唐先生也提倡辩论（包括中、英文），体育，拳术，军事教育等。当时学校曾向上海兵工厂领有两百支步枪，所以我们上体操课时都是用真枪操练，有几次学校还借用苏州商团靶场，由体育教员带我们作实弹射击练习。在六十多年前的清末，唐先生已能注意到军事教育，尽管当时的军训不如现在这般严格，但已属相当不易，实开风气之先。

### 3. 学校生活

我考进上海高等实业学堂时，由于入学考试成绩不好，因此入校后一时不能进入专科。我在广州府中学堂虽已学过基本科学，但是用中文讲授的，而高等实业学堂则用英文直接教授。因此我仍需先在附中补读一年，是以我在此校前后共五年。读完附中一年后，我才转入专科。当时我选了土木科，其理由是自己认为此科或许容易些。

那时学校的教务长是胡栋朝（振廷）先生。他曾在美国康奈尔大学得土木工程硕士学位。胡教务长不久辞了职去测勘铁路，继任的是辜鸿铭（汤生）先生。辜先生是位名闻中外的学者，懂得好几国的语言文字，但脾气古怪，教学方法也另有一套。我还记得有一次，我们正在上英文课时，他老先生忽然推门而入，要英文老师站开一旁，他自己在黑板上写满了英文字，不但我们学生看不懂，相信那位英文老师也看不懂。等他写完后，才告诉我们这是他翻译《千字文》“天地玄黄，宇宙洪荒……”的一段。他真可说是一位有学问而个性古怪的人物。

我进入学校后的第二年，辛亥革命在武昌开始，有好几省纷纷响应独立，眼看清廷就要倒下去了。我们学生目睹此景，忧心忡忡，因为唐监督系前清科举出身，而且在前清政府担任过高官要职，恐怕他要忠于清室，反对革命。哪知不久我们就得知他与几位耆宿致电清廷摄政王，请清廷让位，改建共和政府，此一行动给了我们莫大的鼓舞。唐监督自己也随即把辫子剪掉，我们学生跟着一律剪掉辫子。不久，上海高等实业学堂改名南洋大学。教务长辜老先生仍效忠清廷，不肯把辫子剪掉，由于环境已对他不相宜，就此离开了学校。

民国建立后不久，国父孙中山先生辞去临时大总统职，到处旅行演讲。有一次他应唐校长的邀请，到南洋大学作演讲。他所讲的是他一向最注意的中国铁路建设问题。在演讲中，孙先生首先阐述中国建筑铁路的重要性，接着提出要在十年内建筑新路十万英里的构想，这也是他的实业计划中的一部分。讲完后，孙先生要大家提出意见。这是我生平初次，也是唯一的一次，晤见国父。

在前清时代，学生几乎没有课外活动，辛亥革命后此种风气渐渐萌芽。我在学校中曾跟几位同学组织了一个南洋学会，发行一种《南洋学报》，我被推做总编辑。这是南洋大学的第一本刊物，内容主要是技术性和文艺性的作品。

当时上海的足球运动颇为流行。南大是很有名气的学校，课外运动也不落人后。当时东南一带六大学每年一度的足球锦标赛，很引起上海一般社会的注目。六大学是上海的南洋、圣约翰、沪江、南京的金陵大学、苏州的东吴大学和杭州的之江大学。这六所大学中，只有南洋大学是国立的，其余都是教会学校。南洋大学向来比较注重体育活动。在民国三、四两年的六大学足球锦标赛中，南洋大学都能脱颖而出，压倒他校，获得冠军。在球赛中只有圣约翰大学是南大的劲敌，其他各校都不是对手，由此可见南大注重体育活动之一斑。

在校时，我们也有几次到外地参观实习。有一年，两位美籍教授带领我们土木科学生到杭州作测量实习，包括平面测量、铁路测量及大地测量。那时的杭州风景虽好，但连一条马路都没有。我们住在孤山的广化寺，没有电灯设备，白天外出测量，夜晚就在煤油灯下作图。在为期一个月的测量实习中，我们学了一些基本的测量知识。南洋大学土木科出外实习测量，也以这次开始。

也有一年，教授带领我们到武汉参观汉阳铁厂及大冶铁矿，逗留了好几天，在当时也是开风气之先。

那时学校每学期对于品学兼优的学生都有奖励。品行由学监评定，学业由考试决定，品学都要八十分以上才能得此奖励。得到“品学兼优”奖的学生，可以退回过去一学期所缴的学费，并且买书时也享有打折扣的优待（当时我们所用的书籍都是由学校向国外整批买进的）。我在南大五年十个学期中，都得到“品学兼优”的奖励。那时我家境并不好，我每次领到广东省的官费后，先留下自己所需的费用，其余的都寄回家中。等到学期结束，再领到退回的学费后，亦如数寄回。原先，各省的官费直接汇寄学校，等到民国后就改变了方式，由各省直接寄给学生本人，再由学生向学校缴费。

民国四年六月，我在南大土木科毕业，同班同学共有十六位，我名列第一。毕业后，我先回到广州，看看下一步棋该怎么走。

# 第2章 赴美实习

## 命运的另一次转变

民国四年夏天，我在南洋大学土木科毕业后，就从上海回到故乡广州，希望能在故乡找一件事情做做。在我未回广州之前，上海美孚油公司曾到南洋大学招人。那时，我的美籍老师曾要推荐我去，做一个土木工程练习生，工作地点就在上海，月薪四十元。钱多少我倒不在乎，不过我一想到自己是国立大学的公费生，刚毕业就到外国机关做事，有点不愿意，所以仍旧回到广州老家。等到我回广州后，才发现广东地方虽大，找一件适合自己专长的差事可并不容易，主要是当时广东的工程建设很少。那时找中学教员的差事还算容易，不得已我就接洽到某一中学任教。正在接洽应聘之际，忽然接到唐校长一封电报，说美国桥梁公司（American Bridge Company）给南洋大学两个实习生名额，为期三年，交通部付给往返旅费及每月津贴美金二十元，桥梁公司也酌给工资，机会难得，问我是否愿意前往。那时美国桥梁公司在上海设有分公司，颇知南洋大学的程度，南大曾跟他们接洽替中国造就人才，桥梁公司遂答应留出两个名额。我接到唐校长的电报后，因家贫亲老之故，知道没有再深造或实习的可能，因此并没有多作考虑，就回电唐校长说家贫亲老，无法远行，谢谢他的好意。如果以现今而论，年青人在大学毕业后就拼命往外国钻，如果你不去，别人正求之不得，既然我已回电不去，下面还有人等着要递补，事情可能就此作罢。哪知唐校长实在富有古人的风范，我回电后不久，唐校长再来电报说，此次机会极好，岂可错过，无论如何必须设法前往。看到唐校长的这一番盛意，我为之心动，家父也同意我去。我就和当初考入南洋公学一样，自己的命运似乎又被某一种力量推动着，要不然我可能就留在广州教教中学，前途可想而知。

## 美国桥梁公司实习

美国桥梁公司是美国钢铁公司（The United States Steel Corporation）几个子公司之一，与中国很早就发生了商业关系。在清末，甘肃兰州的黄河铁桥就是美国桥梁公司所设计建造的。我们通常知道京汉与津浦路有黄河铁桥，却很少人知道在这两座铁桥建立之前已有兰州黄河铁桥。不过，兰州的黄河铁桥建造较早，只能走汽车，不能通火车。

美国桥梁公司总公司设在纽约，它的各工厂散布美国各地，光美国东部就有好几处，规模都不算小。我是在民国四年秋冬间和同班同学陈体诚（曾当过福建省建设厅厅长）一同坐船由上海赴美的。事先桥梁公司已替我们排定了一个三年的工作计划。首先要我们实习绘图，等绘图技巧熟练后，再要我们到工厂里做实际工作，然后再调回总公司实习设计及估算工作，最后派到各工地实习监工，负起实际工程责任。当时桥梁公司很有计划，中国学生被派到美国去而能好好实习者，我们算是第一次。

我刚到桥梁公司时，公司给予我跟美国员工一样的待遇，月薪为美金六十元，再加上交通部每月的津贴二十元，共为八十元，这和清华官费生的待遇一样，只不过清华官费生另由政府代付学费而已。后来等我们工作逐渐熟练后，能力较强了，我们的工资也加到每月一百三十五元。尽管如此，我个人的经济情况并不充裕，那时我已二十二岁，家境不好，因此我的工资必须按月寄回家一半。尤其那时欧战已爆发，美金逐渐贬值，起初美金一元比一块银元稍强，后来已贬到不如一块银元。我每个月虽寄回家中六十多美元，但换成银元后并不算多，而我在美国生活得也甚拮据。

最初，我在公司中实习绘图，后来到工厂工作，跟一般工人一样，穿着工人服，每天工作十小时，早上六点三刻开工，一直工作到下午五时。以前在学校中所学的只是课本知识，连绘图也是"闭门造车"。现在在工厂中一切都得自己动手：开动机器、油漆、做木模等，样样都学，很能得到一些好处。等工厂实习期满，我就调回纽约总公司实习设计和估算的工作。

## 留美学界

调回纽约后，工资已提高了，我乃决定去念点书，充实自己。民国六年起，我白天在公司工作，夜间就到哥伦比亚大学选修两门课。我住在哥大校区附近，这里也是中国学生聚集的地方，我因此认识了不少的中国留学生。诸如张伯苓（那时已是四十开外，在哥大教育学院进修）、胡适、任鸿隽、黄昌谷、孙洪芬、郑宗海等人，对我个人来说这也是一个大转变。我平时在工厂做事，接触的都是一些美国人。此时能够跟中国留学生交往，很得益处。当时的留学生大抵是学者文人居多。因此，我得在自己的本行外，扩大自己的眼光与学问。我现在家里仍然保留了一张那时中国留学生在纽约的团体照片，虽然至今已事隔五十多年，照片中却依然个个清楚。

那时中国留美学生每年有一次年会。由于美国地方太大，年会分东部、中部和西部三区举行，凡中国学生皆可自由参加，通常是在暑假后秋天开始时举办。我在桥梁公司中，按规定一年有两星期的休假，休假时间任由自己选择，因此我就趁这个方便，参加过两次东部的年会。一次是在Andover，另一次在Brown大学的所在地Providence。这两次年会，参加的人都不少。当时的驻美公使顾维钧也携带夫人参加了，留学监督严恩栖也去了，我也因此认识了当时年会会长宋子文以及蒋夫人。同时，我也趁着参加年会的方便，参观了几间大学和工厂。

民国六年冬，我在美国跟一些留美的中国工程界同仁张贻志、吴承洛、陈体诚等共同发起组织中国工程学会。原先，在民国元年，詹天佑先生等已发起组织过中华工程师学会，并由詹先生担任第一届会长。不过，此时我们身在美国，年纪轻、无经验，跟国内的中华工程师学会也无联系，乃另外筹组了性质一样的中国工程学会。几年后，当初参加中国工程学会的会员们相继回国，中国工程学会也跟着搬回上海，后来与中华工程师学会商量合并，就成为今天的“中国工程师学会”。

## 美国介入欧战

民国三年，欧战爆发。欧战初起时，美国虽然未曾介入，不过私下却帮助协约国对抗德国，只是未真正参加战事而已。到了民国六年，德国以潜水艇攻击各国船只事件发生后，美国已逐渐进入备战状态。美国威尔逊总统在民国五年任满后，寻求连任。有一次，威尔逊在纽约发表竞选连任演说，我也挤在群众里面听他演讲，其口号之一就是“美国不要参加战争”。这次演讲过后不久，威尔逊当选连任，欧洲的情势已日趋严重，德国的潜艇活动得更为积极，美国要避免战争已属不可能。民国六年四月，美国终于介入了欧战。

我在桥梁公司时，亲眼看到一批又一批的美国青年应召赴欧投入了战争。工厂的同仁也一个接着一个地应征到前线，很能服从征兵制度。民国六年八月，中国终于也对德宣战。中国跟美国都是协约国，因此我以协约国侨民身份，得免征役。不过，我恐怕实习期满回国后，万一太平洋有事，自己连回国也成问题。

我到美国实习原以三年为期。民国六年多，先父在广州因病去世。家里没有打电报告诉我，只来了一封信，收信之时，已是一个月以后的事了。那时交通困难，亦不能赶回去奔丧。先父过世后，家境益加困难。不过，如果我即刻回国的话，未必能够找得到事做，因此，过了几个月，等我的实习告一段落后，我才回国。

# 第3章 任职交通部

## 回国初任事

我于民国七年七月返国，仍由美国坐船到上海。首先，我回到母校谒见恩师唐校长，感谢他的栽培。唐校长就要我早些向交通部报到，看看交通部指派什么工作。于是，我单枪匹马乘坐津浦路和京奉路的火车，第一次上北京。

当时交通部部长是曹汝霖，次长是叶恭绰。他们两人分别召见我，对我留美的经过和美国的情况都有所询问，尤其叶次长对我更关心。召见完后，我就等候分发任事。不久，任命下来，派我到京奉铁路唐山段当一名工务员，月薪一百四十元，这个数目在当时算是中等待遇。

唐山在天津与山海关之间，是中国铁路发祥的地方。前清光绪初期，招商局已成立，李鸿章也建立了北洋海军，以天津、烟台等地作为船只停泊的地点。招商局与北洋海军的船只很需要煤，于是就在唐山附近找到了开平煤矿，成立开平矿务局。但如何将开平的煤运出，就成了一大问题。有人建议挖掘一条运河运送，但毕竟太费时日。为了解决运煤问题，当时在开平主持的英国人就建议筑造一条铁道，由此可将唐山的煤运至胥各庄再转天津。这铁道亦仅长九公里。但此项建议却遭到当时政府中守旧人物的反对，认为筑路会破坏风水、坟墓等等，因此筑路之议迟迟未能实现。后来为了运煤的迫切需要，清廷终于允准此议，乃由唐山筑至胥各庄，最初用骡马拖运，后来才改用火车头，这是中国有史以来的第一条铁路——唐胥铁路，时在光绪七年（1881）。

我奉派到唐山当工务员后，对这个中国铁路发祥的地方自然发生特别的兴趣。不过，此时原来九公里长的铁路已展筑了。我到唐山后不久，为了料理先父的葬事，乃请假回广州一趟。不久接到奉调交通部路政司考工科办事的命令，就此离开了唐山。

## 交通部的景象

我在唐山只工作了几个月，认识的人并不多。调回交通部后，多认识了不少人。当时路政司司长是关赓麟，前清进士，后来当过京汉铁路局局长。考工科科长是华南生，留法习工程的。此时交通部内的人员，大致可分为留日、留法和留美三派。其中以留日者居多，这主要是日本的镰仓铁道学校容易进，学费又便宜，中国人肄业此校者不在少数，当时在东北各铁路做事者多数属于此派。留美的多数是中级干部，人数不多。留法的也有一些，盖正太、陇海、京汉等路系借比、法款筑造的，是以交通部内也需懂得法文的人才。当时的交通部里头真可说得上是人才济济，大抵是三四十岁的年纪，因此部里富有朝气，在这种环境下，我因此得益不少。此时，我也开始对铁路行政、财务、营业、行车、交涉等问题发生兴趣，这些问题都是在我的工程师本行以外的。

民国初年，北京的各部衙门官僚习气相当重，交通部自亦不例外。北京各机关、办事的最大缺点是不按时办公。通常上午不上班，一般都是近午才上班。至于总长和次长到部总在下午三点以后，但时常办公到下午七八点才下班。总长走后，司长、科长才跟着走，等司长、科长走后，其他各员才能下班。尽管如此，也有一些优点：就是中级干部负责人有权，能力强，科长以上人员遇有要件往往都是自己动笔起稿，亲自核稿，因此对于公事的处理条理清楚。其次，次长权力大（清末侍郎亦有权，尚书只是管大方针的政务官而已），次长批过的文件大多数就成定案。当时用人也不像现今这般复杂，手续相当简单，通常部长换人后，次长并不一定跟着同上下。

我在路政司考工科工作时，发现调卷甚为方便，因此我在科内时常调阅各种自己所想要的资料，特别是许多新路的测量报告。这对我来说，可以学到不少东西。

## 铁路技术标准化的开始

我调到交通部内办事时，欧战已结束。欧战后各国自顾不暇，中国境内许多未完成的铁路也就未能继续动工，铁路债票一时也无法发行，有的铁路甚至一停工就是十几年。此时筑路工作既然无法展开，交通部就趁此机会做了几件事：

（一）统一会计：我国初筑铁路时，皆向各国借款筑路，往往某条铁路借哪一国款时，就跟着使用该国的币制及会计制度，因此各线铁路制度很不统一，也很难比较哪一种制度较好，因此妨碍业务的发展。统一会计工作当然也不是一件容易的事。

（二）统一技术：以往借哪一国款，就雇用哪一国工程师，也就用了哪一国的技术标准。例如钢铁的重量、隧道的大小、桥梁的耐力，以及行车号志等各不相同。最初各路各自开车，还不觉得不方便，后来路线渐多，列车须互相过轨，遂发生了许多联运上及补充材料上的困难。不过要统一技术工作，并非易事，各借款国皆自认其技术标准优良，而且各线铁路行车已有年，无法一时统一起来。

交通部为了统一铁路技术标准，乃成立一个铁路技术委员会，召集各铁路的工程、机务及运输主管，外籍工程顾问等人员，开会商讨，集思广益，以提出解决各项技术的方案。我也奉令兼任此一委员会的委员，由此有机会认识不少铁路界人物，而且，也常得机会偕外国顾问等到各路实地视察，于我甚得进益。铁路技术委员会的设立，可说是中国铁路技术标准化的开始。

## 亲眼目睹“五四运动”

民国八年，我仍继续在交通部内任事。五月间，亲眼目睹“五四运动”的风潮。记得那天刚好是星期日，我因家母在广州，还未搬到北京，于是跟几个同事一块逛中央公园，看到一大群学生，手上拿着旗子游行，但我并不知道到底是怎么一回事。随后，这些学生大概由于二十一条及山东问题的刺激，就到了曹汝霖、陆宗舆、章宗祥三人的家中打人、烧房子。当时的社会各界反应不一，后来文化革新运动也随之而起。这就是中国现代史上所称的“五四运动”。

那时我母亲仍住在广州。我既然已在北京有差事，所以我就在这年回广州，迎接我母亲和幼妹到北京同住。从这年起，我们就离开了广州老家。

这时，我在路政司内除了计划技术统一的工作外，也曾数次到外地考察。首先，我到京绥路的南口，顺便一游当地有名的明朝十三陵，壮观雄伟。我也沿着京奉路，一直到沈阳。这也是我第一次出关。

十一月间，我做了一件有意义的小事。当时北京有不少中、美工程师。后来，在双方彼此交换意见后，就发起组织了中美工程师协会，此会与中国工程师学会性质不尽同。这个协会成立后，多少也有一些活动，一直到民国二十几年，北平在日本势力笼罩下后，此会活动才告停顿。

## 任教南洋大学

民国九年这一年，我个人变化很多。在我迎接母亲和幼妹到北京同住后，日子过得相当平静。哪知没有多久，我又改去上海教书。原来我的母校南洋大学土木科美籍教授万特壁（Vanderbeak）任教已满五年，照约得返美休假一年。唐校长以一年期间另外找人代课不易，由于万教授曾经教过我，唐校长商得他的同意后，就邀我去代他这一年的课。同时，南洋大学隶属交通部，此时我又在交通部工作，借调一年，期满后再回部里，言之成理。在“夫子之命，岂敢言病”的古训下，我就一个人到上海南洋大学任教，这一转变，后来对我影响很大。当时我担任土木系三、四年级及电机系三年级的主要科目，每周授课二十小时之多，相当吃力。我担任的课程计有应用力学、材料力学、桥梁设计等，这是我生平第一次上讲台。那时候的学生计有王元龄、赵祖康、赵曾珏、钱其琛、俞汝鑫等人，现在他们也都在七十岁以上了。

这年的四月春假，我回到广州和石惠芳女士完婚。我们是在前年订婚的，此时先父的丧期已除服，家母也需要有人照应，我就在这一年结婚。我的岳丈是海军方面的人物。石女士与我姐姐在广州同过学，我们以前也见过面。她是一位极有孝心的女子，曾经割股疗亲。先父也曾教过她的书，很喜欢她。很不幸地，我这位发妻在民国二十三年就过世了。

在上海教书时，我也曾与朋友坐船到南通一游。我从美国回国时，与张季直先生的长公子张孝若同船，承蒙他的邀请，我就决定到南通参观。到了南通后，我也见到了张季直先生，他与先父同年中举，后来他中进士，先父则未考中。

这年的十月间，事情又有了意想不到的变化。此时，唐校长主持南洋大学已有十三年之久，年纪虽然还不算太大，但他的眼疾加剧，濒于失明，加上太夫人年岁已大，需要他的服侍。最重要的是“五四运动”以后，学风丕变，一般学生的情况与过去大不相同。唐校长自认为是一位老派人物，恐怕难以应付，很想趁机退休，因此屡次向交通部请辞。交通部一向倚重唐校长，平常不大过问南洋大学的校务，所以就一再慰留。哪知唐校长辞意坚决，这年十月间，他的眼力已不行，就径自离开上海返无锡老家，临走时致电交通部说他实在无法再做下去了。

南洋大学一向唯唐校长是赖，教职员也全是由他聘请的，交通部素不干预。那时，学校中没有教务长一职。交通部打开教职员名录一看，各科的几位主任都是外国人，中国人中只有我是土木科的代主任，而且是由部调去的。交通部就打电报到学校来，准唐校长病假而令我代理校务。我接到这项命令后，手足无措，但又辞不掉，只好暂代校务。

那时的交通总长叶恭绰一向注重交通人才的造就。是年年底，叶总长以交通部管辖下的北京邮电学校及铁路管理学校，唐山的工业专门学校（注重矿冶、机械、土木三科）和上海的南洋大学等校，颇具大学基础，乃向内阁提出合并上述三地四校为交通大学的议案。此案旋经阁议通过，预备次年实行。

这年年底，南洋大学铁路管理科第一届学生毕业，由我亲授毕业证书。这也是中国有史以来第一批学铁路管理的大学毕业生，后来当过台湾电力公司协理的徐承燠就是此届毕业生。

民国十年，交通大学成立一个董事会，推举叶恭绰为交通大学校长，总办事处设在北京。不久，部派张铸（剑心）接掌交大的上海分校。张铸早年毕业于南洋大学，后来留学英国，是海军宿将程璧光的女婿。他在接掌上海分校之前，在交通部担任科长。后来，等我把移交手续办妥后，我又回到北京交通部任职。

## 黄河铁桥

我返北京之后，仍回到交通部路政司考工科办事，在此期间，曾经多次出差到外地接洽公务。我去过川汉铁路，查勘汉口到宜昌段水灾后的桥工，当时川汉路已有一部分动工。我也到上海去和沪宁、沪杭甬路局商洽建筑曹娥江桥事，此桥在杭州、宁波之间，后来好久未见动工。

未几，我被调为京汉铁路桥梁工程师，办理加固京汉路桥梁事。职务虽调动，工作地点却仍在北京。那时京汉铁路局局长为路工界前辈俞人凤先生，我既然是桥梁工程师，就被派在工务处工作，处长为华南生。京汉路是当时国内最长的干线，此路建造较早，系向法、比借款建造的。初建时由于经费有限，路线又长，因此所造钢桥比较单薄，多年行车下来，由于车次愈密，机车愈大，速度也加快，是以全路的桥梁都显得薄弱，不克负荷。也因此机车头不能太重，所拉的车厢也不能太多，行车速度亦受到限制。以当时国内南北交通大动脉而不能应付时代需要，就此成为一大问题，于是在交通部指示下，京汉铁路决心加固沿路的钢桥。

在京汉铁路许多桥梁中，最长的一座是黄河铁桥，长 2800 多米，此桥在郑州以北跨越黄河。黄河是一条问题很多的大河，历史上曾记载屡次泛滥及改道，既无固定河床，而河床中皆是浮沙，并无石质，因此桥桩建造不易。此桥初建时工程浩大，原只是半永久性质。经过多年的使用下来，河床变动不少，维护益感困难，偶尔也因黄河泛滥而出过几次险，维持行车颇不容易。叶恭绰第一次出掌交通部后，即令京汉路局每月拨存建筑新桥基金若干，等到积存一个相当数目后，可重新建造一坚固永久桥。后来叶氏去职后，所积存的那笔基金也被挪用了。等到民国十年叶氏第二次出掌交通部，旧事重提，登报公开向国内外工程师悬奖征新桥设计图样。当时中国桥梁工程师并不多，为引起国际人士注意，乃聘请英、美、法、日四国桥梁工程专家，成立了一个黄河新桥设计审查会，一面征求国际图样，一面审查。我那时也奉派兼任此一审查会工程师，得有机会与这些专家们时常讨论。我也与这些专家以及一些工程人员不时到郑州以北实地研究勘查黄河新桥桥址，结果尚未能找到更适当的地点。

公开悬奖征求图样在六月间开标。中外投标者有三十多家公司，包括两家中国公司。后来审查会费了两个月工夫，逐件在北京审查，并无一件是完全令人满意的，最后决定找出最好的三家设计，给予奖金，第一名奖金一万五千元，由比国公司得到，第二名一万元，第三名五千元。交通部保留了这些设计图样的权利，等到将来预备造新桥时，再将原设计图样局部改善。但一时工款并无着落，所以建造新桥之事，也迟迟未能兴工。

在这期间，我也常陪同外籍顾问到其他路线察看。有一次陪同美籍顾问华特尔（Dr. J. A. L. Wadell）及京绥铁路工务处处长邝孙谋沿京绥路一直到归绥，是时京绥路刚于两个月前展筑到归绥。另有一次，也陪同外国顾问沿京奉路（北宁路）一直到沈阳。这些都是京汉路以外的事，其目的乃在听取外国顾问对这些路线的意见。

## 离开交通部

十月间，长子崇光在北京出生。他后来毕业于西南联大，学的也是我的本行——土木工程。大陆□□后，他因在路界工作的缘故，未及离开，迄今仍留在大陆。

京汉铁路的黄河铁桥既因无款不能动工，所以民国十一年三月，我又被调回交通部路政司任署技正兼考工科副科长，时任科长为孙文耀先生。同时，我也担任铁路技术委员会委员。

这时候，交通部极力想招揽一批工程人才，乃登报公开征用。沈怡、莫衡几位就是这时应征进入交通部服务的，他们两位在考工科与我同事。其后，沈怡在水利、市政方面负有盛名，莫衡则担任了台湾铁路局局长多年。

我回到考工科工作的时候，也时常到外地考察。我去过龙烟铁矿查勘它的专用铁路，我也到过锦朝铁路（京奉路支线，由锦州经北票到朝阳）查勘。这是临时出差性质。

在考工科工作，颇能用其所学，心情也很愉快。不料，这时北方政局却动荡不安。十一年四月，奉直战争开始，两军在北京附近开战，约一个月后，奉军败退关外，由奉系支持的徐世昌就在六月间辞大总统职，由黎元洪复任总统，内阁也随之改组。原交通总长叶恭绰由于与奉系接近的缘故，遂去职，由高恩洪接任。那时高恩洪是以上海电报局局长的地位上台的。高氏到部后，交通部内外人事变动很大。最妙的是他打开交通部的职员录一看，凡是隶籍广东者，不分皂白，一概免职。我方在考工科办公，也突然接到一纸免职的命令，那就非走不可了。高氏是山东人，某天他到航政司的司长室去，发现司长还没上班，他便下条子将其免职。又打开职员录一看，发现路政司有一位科长张福运是山东人，于是把他叫来，著他即刻去接任航政司司长。这就是从前北京政府的一些景象。

我看到交通事业如此受着政治上的牵动，专门人才不能安心做事，心情很受打击。我是交通部的公费学生，后来，部派我去国外实习，再返部服务的，此时也只不过是个署技正（月薪二百二十元）而已，但居然也难逃被免职的命运。我也感觉到久在部里办技术行政事务也不是办法，因此就想改行到上海做点地方建设事业。当时有一群从美国、加拿大回国的华侨，想在无锡一带办些实业和地方事业，诸如建新村、设工厂等。我当时闲着没事，他们要求我去帮忙规划，于是我举家迁到上海，住在闸北宝兴西里。上海可说是旧游之地，从前也在上海教育界认识一些人。此时我一面帮助华侨做事，一面在家编了两本教科书，一本是《市政工程学》，一本是《铁路工程学》，后来都在上海商务印书馆出版。那时我的住处与商务印书馆相距很近，也因此认识了王云五先生，以后跟他有多年的往来。

# 第4章 出掌南洋大学

## 重执教鞭

我在上海，原想好好帮助华侨做些地方建设的事业，哪知华侨资本有限，大家意见不一，也未有长久计划，因此几个月下来并无多大发展，我觉得再待下去的话，毫无意思，就离开了。

民国十二年夏天，上海发生伤寒传染病，蔓延得很快，报上天天都登载此事，我也很不幸地在六月间被感染上，相当危险，幸好医治得法，病了三个月后总算痊愈，至九月才恢复健康，这是我一生中仅有的一次大病。

这年九月二日，我的大女儿崇秀在上海出生。她后来毕业于金陵大学，大陆□□后，未及逃出。大女儿出生的那天刚好是日本关东发生大地震之日。

未几，南洋大学请我回去教书，这是我二次回母校服务。那时我在上海比较清闲，母校要我回去，当然义不容辞，因此在九月间我病好后，就重执教鞭，其时校名已由交通大学改为南洋大学，但仍隶属交通部。这时交通总长是吴毓麟，南大校长则为海军出身的陈杜衡少将，我教的是电机和机械两科一、二、三年级的课，担任的科目是应用力学及材料力学等。此时原有的土木科已迁并于唐山，故未教土木科的功课。这年我所教的学生中有庄前鼎、沈文泗、赵曾珏、尹国墉（仲容）、欧阳藻、钱其琛、朱允（一成，担任过台湾电力公司董事长）等。

民国十三年，我已三十一岁，仍旧在南大教书。这年三月，学生循例放一个月的春假，我带机械科学生三十多人到北方旅行。我们先由上海坐船到汉口，参观大冶铁矿。再乘京汉路火车北上到石家庄，转正太路到太原。那时学生长途旅行的风气尚不多见，能到太原的更少。山西督军阎锡山知道上海来了一批学生，就特别招待我们到督军衙门参观，并对我们谈了许多政治见解，是一件很有趣的事。我们在太原玩了几天后，再回到京汉路，坐火车到北京。北京的名胜古迹不少，学生们未曾来过，所以兴致盎然。游毕北京后，我们沿津浦路南下，到山东时，学生去攀登泰山。我由于有事乃先回上海，未上泰山，也就此错过了良机，以后也再没有机会去了。

此时的上海颇为安定，南洋大学校风良好，学生尤好学可爱。我一心一意致力教育，不作他想，索性也把家搬至学校宿舍内。学校设备年有增添，后来也捐款建立一座体育馆。

从民国十一二年开始，中国整个局面开始动荡，北方的奉系张作霖，直系曹锟、吴佩孚以及冯玉祥等，彼此间混战不已。南方的两广、云贵亦时有小规模内战，彼此你来我去。长江一带，尤其是南京、上海等地，算是一片净土。可惜好景不常，民国十三年八月，江浙战争开始。时江苏督军齐燮元与浙江督军卢永祥各事备战。八月二十七日，卢军直扑苏州。九月齐、卢两军在京沪沿线黄渡一带鏖战。九月中，卢的部下在杭州发生政变，卢永祥兵败退出。此时，北方的吴佩孚进兵山海关，讨伐奉系。南北各地真是扰攘不宁。南洋大学原定在九月开学，也由于上海一带有战争，延至十月才勉强上课。这可说是上海教育界第一次受战事的影响。

学校开学后，我每周授课二十三小时，教授的学生中有顾毓瑔（顾一樵之弟）、王树芳、江昭（后在民航公司服务）等。不久，上海战事告一段落，卢永祥及其部下上海护军使何丰林退出淞沪，东渡日本。未几，北方的冯玉祥进兵北京，停止直奉战争，派兵截断吴佩孚的退路，迫令曹锟下野，并迎接段祺瑞入京执政。

## 主持南大校务

段氏上台后，内阁改组，交通总长吴毓麟下台，南大校长陈杜衡也跟着辞职。十一月廿八日那一天清晨，我正在宿舍内看报时，看到一则北京的电讯，说南洋大学校长陈杜衡辞职已准，交通部派凌鸿勋继任。事先我对此事毫不知悉，交通部也未征求我的同意。历史每每是会重演的，以前派我代理校长，我事前也一点不知，此时亦然。

这时我才三十一岁，如此年轻就当上上海首屈一指的南洋大学校长，以现今眼光而论，简直是一件不可思议的事。然而那时教育界风气敦厚，既无嫉妒亦无钩心斗角。南大校中尽管有不少老资格的教授，但政府既已派定我出任校长，大家都无异议，不以我年轻、新进而不满，我也就因此有勇气担当下此一重任。就任校长后，由于要分心于教务，我就减少授课的时数，另外请人兼课。不过我仍然教两三门重要的科目。

南洋大学校长住宅(1925年摄)

南洋大学校歌

## 东南战争的另一幕

南洋大学位在上海徐家汇中国地界，不在租界之内，但一出学校大门就是租界马路。自五四运动及江浙战争以后，上海已逐渐受时局动荡的影响，一向关起门来不干预外事的南洋大学已无法独善其身，以前唐校长时期的安定已再不可得。此乃整个上海教育界之问题，非仅南大而已。我接任校长之后才一个多月，民国十四年的一月十一日，上海又发生战事。孙传芳与齐燮元联合以武力驱逐奉系的上海护军使张允明。那天天亮不久，就听见枪声四起，校园中落下不少流弹。宿舍中一位学生方在看书，忽然流弹从窗口飞入，打穿他手上拿着的一本字典，一时人心惶惶。我在办公室处理一些事，乃出来巡视一会，看看究竟是怎么一回事，才知道附近发生战事。及回办公室，看见桌上满是玻璃碎片。原来在我离开办公室后，有两颗流弹穿过玻璃窗，其中有一颗穿过我的座椅，假定那时我在办公室的话，那就厄运难逃了。如此一来，学校原定一月十四日起举行期考，至是不得已宣布提早放假。凡学生家在上海者，令其返家，远道学生则承中法工业学校校长朱炎先生的协助，借住该校在法租界辣斐德路的宿舍，计迁去一百四十多人。整整费了一天工夫，才将此事妥善安置。同日傍晚，枪声再起，两军在土沙湾、虹桥一带交战。次日，张允明知道事已不济，离开上海，于是孙传芳由浙入苏，掌握了上海，自称五省联军总司令，战事也因之停止，学生陆续回校。过了一个时期后，齐燮元败逃，奉军又取回上海。

学校有了此一变动，我乃北上向交通部报告此事经纬。是日津浦路暂告中断，我只好改由上海乘船至天津转赴北京。到北京后，我一方面向交通部报告战事经过，一方面也到京奉、津浦两路局催拨学校经费。原来南洋大学的经费除向学生收取一小部分学费外，其余大部分经费皆由交通部的几个事业机构分担。平时各机关还能按时拨给，但一遇战事就不能如期给付了。我等到津浦路通车后才回上海。

## 国父逝世

三月十二日，国父孙中山先生在北京逝世。他从广州到北方去，原是希望跟段祺瑞商谈和平大计的，中间经过不少波折，后来总算勉强扶病至天津。不料病情日趋严重，终于在北京不治去世。南洋大学曾开了一个追悼会，会中邀请了章太炎、叶楚伧莅校演讲。

这时的上海有短时期的平静。南洋大学校址并不太大，只有四五百亩，后来学校逐渐扩充，渐感校地不够。幸而那时买地还算容易，南大就购买了学校后面的六十亩地，以供开辟新球场及将来建筑宿舍之用。当时学校经费短绌，买六十亩地并不是一件小事。不过，那时如何筹措这笔经费，现在我已记不起了。

## 五卅惨案

此时上海各学校的学生已受到政治活动的影响。共产党分子已渗入各学校暗中活动，利用一般学生不用功、怕考试的心理，引诱学生罢课、罢考。南洋大学是上海地方唯一的国立大学，也因此成为党派活动的主要目标。

民国十四年的五月三十日，上海学生为纱厂工人顾正红事件，发起示威运动。南洋大学一部分学生约百余人，由学生骆美轮领队，是日早晨在操场集合，要求到上海租界去示威游行，我力劝无效。他们步行至指定地点跟他校学生集结一起，然后到南京路租界巡捕房前面示威。那时暗中操纵的人并不在前头，却要一帮被煽动者及年轻者站在最前。学生们企图冲入租界的巡捕房，被巡捕开枪射击，当场死伤学生多人。可怜南大附中一年级年仅十五岁的侨生陈虞钦，竟中枪受伤，急送仁济医院。我获悉之后，赶至医院，但陈生伤势甚重，当晚不治身亡。另一附中学生吴恒慈虽未受枪伤，但因年少气盛，气愤填胸，激动过度而晕倒，过几天后亦离开人世。这就是我国现代史上的“五卅惨案”。

第二天，学生开会议决罢课，掀起反帝国主义运动。我约同同济、复旦等校校长联合通电北京政府，并向租界当局提出严重抗议。学生罢课后仍逐日结队出外游行演讲，屡劝无效，这是学生示威活动有史以来最大的一次。租界当局亦因事态严重，不敢有太过分的行动了。

不久，北京政府派税务督办蔡廷干及外交次长曾宗鉴（镕甫）来上海办理交涉。曾君为南洋早年毕业生，对南洋事自然十分关心，也比较好讲话。

五卅惨案发生后，学生罢课至六月底，按惯例已是期考的时候了。但上海学生要求罢考，甚至提出废考的口号。南洋大学距离租界及市中心较远，学生也较易劝导，而且三四年级的学生多曾上过我的课，师生感情原不错。经劝导后，延至七月初举行学期考试，这是当时上海公私立大学唯一能举行学期、毕业考试的学校。这年七月的毕业生中有曾桐、杨恒、徐名植、尹国墉（仲容）等人。

## 筹备吴淞商船学校

考试完毕后，接着就是放暑假。我就利用假期赴北京一行。一方面向交通部报告五卅惨案的经过及善后处置，一方面也到财政部及各路局请款。我也趁机游览故宫，跟朋友去参观永定河堵口工程。七月下旬，我回上海，主持新生入学考试。

当时入学考试是各校自行招生，其好处是学生有较多的机会。南洋大学设有工程及管理等各科，课程也比较实用，程度亦高，遂成各地中学毕业生升学的理想学府。当时上海附近的公私立中学如扬州中学、南洋中学、浦东中学等，都希望它们的课程能与南洋大学衔接，并以进入南大为第一志愿。是以南洋大学的新生入学考试报考者不在少数，选择学生就比较容易，考进的学生程度也都相当的好。这次的入学考试录取新生中有缪超凤（现在服务于台湾电信总局）等人，在此不必一一列举。

八月间，我接到交通部与海军部的会衔电报，要我划定吴淞商船学校校址。交通部原有一所商船学校，原是南洋大学船政科扩大成立的，后来因战事影响停顿多年。此时，交通部及海军当局为了造就航海及轮机人才起见，乃拟恢复此校，令我划定吴淞校址，兼任筹备主任。后来等筹备事宜告一段落，另外派人担任校长。

## 中山陵的设计

国父逝世后，其遗体暂时放置在北京碧云寺。后来国父的家属及革命老同志在上海商量安葬事宜，决定葬在南京紫金山下，并由其家属及一些老同志组织了葬事委员会，公开征求陵墓的设计图样，当时各地建筑师，纷纷设计应征。葬事委员会乃聘请三位专家担任评审工作：一位是老艺术家王一亭，一位是雕刻家李金发，另一位就是我本人，是工程方面的。后来，葬事委员会将应征的设计图样公开展览，我们三位评审员一致推选吕彦直先生所设计的图样。在这期间，我个人有许多机会与党国元老见面认识，也有几次去过莫利爱路国父公馆商谈。后来国父的陵墓就采用了吕君所设计的图样，不过稍有改动。吕君为一名建筑师，不幸陵墓尚未完工，他就去世了。

## 艰苦中求进步

民国十四年十月，北方的奉军张作霖与国民军冯玉祥各事备战，张氏的部下郭松龄在滦州倒戈要求张作霖下野，北方政局又起变动，战事集中在几个地方。那时军阀间此分我合。后来郭松龄败死，战争才告结束。

此时南洋大学值得一述的是募款建筑了体育馆及疗养室。建立体育馆是积极地提倡体育；成立疗养室则因南洋大学学生日多，学生生病常要到上海租界去看医生，很不方便。体育馆与疗养室都在这年年底完成，学校邀请两位先生来主持开幕典礼，一位是南洋创办人盛宣怀的公子泽丞，另一位是刘鸿生先生，同时也邀请马相伯先生莅校演讲。

民国十五年后，中国局面在动荡不安中。学生受时代潮流的影响，好作政治活动，每每三更半夜中在课堂内开会。以校风而言，南洋大学比上海其他学校较好。我那时不过问政治，专心于教育工作。

这年英、美开始退还部分庚款，分别成立了中英庚款管理委员会及中美文化基金会。南洋大学前一年曾拟有成立工业研究所计划。十五年二月，英退庚款委员会委员长 Lord Woillingdon 莅校参观调查，接着中、美诸委员如王景春、胡适之、Prof. Southill，Johnson 等人也都到校视察。过后不久，他们决定拨款协助工业研究所经费五万元，此为中美庚款除办理清华外补助其他学校之首次，而国内各大学之设立研究所，也以南洋大学为先。

三月十四日，次女崇英出生于南洋大学校长住宅。她在金陵女子大学毕业后，赴美深造，嫁了一位生理学教授高逢田先生，现在夫妇都居住在美国。

三月十八日那天，北京学生为了抗议大沽事件，聚集在天安门向北京政府请愿，结果卫队开枪射击，死伤不少，这就是轰动一时的所谓三一八惨案。随后各地学生罢课，上海各校学生也都纷纷响应，南洋大学也因而停课了一个时期。

五月间，杭州工业专门学校庆祝成立十周年纪念。这个学校与南洋大学性质相近，同样是造就工程人才。校庆那天，学校当局洽妥上海无线电台，邀请我从上海透过无线电话致贺词，这件事在当时也是开风气之先。

这时候，上海成立了一个商埠督办公署，邀请名地质学家丁文江（在君）出任督办。我与丁先生原是旧识，因此在沪时有往还，彼此都很开心

南洋大学1926年毕业生合影

上海的局面。也就在这几年间，我与上海大学校长或教授，如郭任远（复旦大学校长）、朱经农、张君劢、程其保等，时有联络往来，个人获益不少。

六月间，南洋大学举行毕业典礼，交通部派沪宁铁路局局长任传榜代表到校致词，来宾中有蔡元培、丁文江两位先生致词。这届毕业生共八十六位，值得一提的有担任过台湾电力公司总经理的黄辉，在台湾办厂的徐乐天等人。

这时国内政治局面已慢慢有了新的开展。民国十五年七月九日，蒋总司令在广州誓师北伐。

## 南洋大学三十周年

这年暑假中办理新生入学考试，录取新生中有现任立法委员的仲肇湘，名数学家马师亮，曾经担任过中国驻日内瓦电信代表的汪德官以及在国际经济合作委员会做事的曾润琛等人。

在我主持南洋大学的期间，我也仿效从前唐校长的作风，特别注重国文，每年也在孔子诞辰纪念日那天祭孔。这年，南洋大学将大礼堂正式定名为文治堂，以纪念前任校长唐文治先生，“文治堂”三字由谭延闿先生书写的。

这一年的十月九日是南洋大学成立三十周年纪念日。南洋大学的前身南洋公学在光绪二十二年（1896）成立，迄今已三十年了。在这三十年的后半期，南洋大学特别注重交通教育，成就人才不在少数。尤其南洋大学在交通部的管辖下，平常经费较其他国立大学较为充裕，因之学校设备、奖学金等逐年增多。为了纪念成立三十周年，南洋大学举行庆祝。纪念大会于十月九日那天开幕，交通部、海军部、校友会等都派代表参加，上海商埠总办丁文江、教育家黄炎培、与南洋大学关系特别深厚的美国人福开森以及张元济等都分别致词。大会中最别开生面的节目是工业展览会。当时特地辟了一个雨中操场，征集中外厂商的机器仪器等，分别陈列及开动让人参观。此种工业展览会在中国也是开风气之先，因此很能引起已逐渐萌芽中的上海工业界注目。此一展览会原订三天，后来由于参观者络绎不绝，每天不下二三万人，只好延期了好几天才闭幕，真是热闹非凡。此外，环绕校园周围也铺设了一条小铁道，用小火车牵动，可容纳二三十人，这也是很引起观众兴趣的一件事。

## 永留去思

此时，国内政治的新局面已一天天地展开。十月间，革命军攻克武昌，成立武汉政府。同一时候，浙江省省长夏超，反抗控制江浙一带的孙传芳，上海也随之进入动荡状态，人心稍不安。十一月间，北伐军克南昌，孙传芳已在上海、南京一带准备抵抗，因此学校很受时局之影响，经费随之发生困难，教职员薪水往往不能如期发放。这年年底，国民政府宣布定都武汉。

民国十六年元月间，北伐军已逼近浙江，二月二十九日，北伐军克杭州。上海离杭州很近，也就在这时候发动总罢工，所有自来水、用电等完全停顿，学校只好宣布延缓开学。

北伐军既然节节胜利，有人劝我早些宣布欢迎革命军，说我是广东人，认识不少国民党要员，乘此机会作政治活动，将来可保住校长职位。不过，我的看法是个人以办学为责任，南洋大学隶属交通部，经费也一向由交通部拨给，国民革命军未来到之前，上海仍然在孙传芳的掌握下，如

上海交通大学校园内的“饮水思源”碑

果我稍作表示，很容易引起误会，个人去留无足虑，学生安全倒成问题。何况当时上海情况复杂，已有不少共党分子潜伏于此，学生中究竟哪些是国民党人，哪些是共产党或其同路人，很难分别。在此种情况下，我深知一个人的进退很重要，绝不可能为了个人的利益乘机作政治活动。学校既然不能开学，我就打电报至交通部请辞，请另派人接替。

三月二十二日，革命军到达上海。二十四日，克南京。新政府派吴稚晖、杨铨（杏佛）两先生来接管南洋大学。吴是南洋公学时代的教员，杨则是我的老友，我听候他们来接管。不久，政治会议改派李范一来接收，我于五月十日交卸后，遂离开了我由做附中学生起以至任教授、校长，先后共历十一年的母校，从此我在教育行政方面的工作也作一结束。

四月十八日，国民政府在南京成立，与武汉政府暂时成对峙局面。同时，国民党亦开始清党。不久，蒋介石下野，胡汉民、蔡元培等人亦相继辞职，政局一时未能稳定。

我辞去南洋大学校长后，在家中编了两本书：《桥梁工程学》和《工厂设计学》，后来皆在商务印书馆出版。

# 第5章 苍梧一载

在上海赋闲约有两个月，政治事一向不过问。不久，接到广西一位盘姓老同学（交大同学、广西人）的电报，邀我到广西省梧州市担任工务局局长职，从此我的工作有了新转变。那时北伐尚未告成，政局仍不免动荡，而广西省倒是相当安定，正在广揽人才，励精图治。经济建设正在加速推进之中。我个人认为中央政局未定之前，边省建设或较可为，而梧州乃广西境内之大商埠，于是决定前往。是年八月底，我到达梧州。

我到梧州后不久，次子崇裕在上海出生。他于民国三十八年在交通大学毕业，不料学业刚告一段落，大陆接着□□，他也身陷铁幕。未几，先母在上海去世，我匆匆赶回上海办理丧事，事毕再挈妻儿到梧州。

梧州市在广西省的东端，乃广西的门户，对我而言算是陌生之地。梧州市区狭小，但环境单纯。桂江与西江交汇于此，亦算是广西境内的繁盛地方，当时人口尚不到十万。

当时建设梧州市有三大问题：一、梧州旧街道狭窄，一遇火灾，往往造成很大损失，市民因此谈火色变。二、水源问题：梧州市无自来水设备，市民接饮西江的水。西江，一年中涨落很大，涨水时往往淹没一部分市区，水浅时，街道距水源又有一段距离，因此不但饮水困难，发生火灾时，更是远水救不了近火。三、电力问题：由于电力不足，因此只有夜间才有电灯，白天没有，一切均感不便。

要建设梧州市，亟待解决上述三大问题。我接任梧州工务局局长后，第一步就是开辟马路。首先拆掉旧城墙，开凿马路，同时建设下水道，取缔临时搭盖（违章建筑），再拓宽旧街道。由于地方小，政令得以贯彻。居民对于拆掉房子放宽马路，不但没有反对，而且颇为欢迎，这在其他城市中是一件不容易的事。盖梧州居民久苦火灾为患，故市府的规定只要合情合理，居民无不衷心合作。辟修马路之费用，则大部分由两旁商店所分担，市民也毫无怨言，甚至不在第一期计划中的小街道居民，亦自动集资请求工务局提前动工。梧州与广州有西江一水可通，广州在孙哲生市长主政下，于数年前拆城辟路，非常成功，这对于梧州市政的建设也具有启发的作用。

至于自来水问题，我与德国西门子洋行签订合同，由其负责装设自来水工程，设厂供水。电灯问题则新购两台电力发动机，从此梧州市昼夜灯火通明了。梧州市政建设既有成效，南宁和柳州不久也来取法梧州，推行新市政的建设。

民国十六七年间，广西省未受时局影响，政治风气颇好，经济与教育也都相当安定。此时，广西省政府乃决定创办广西大学，造就人才。决定在梧州市对岸的蝴蝶山设立广西大学，由马君武担任筹备委员会主任委员，我也是筹备委员之一。梧州市工务局也修了一条马路通到广西大学，命名为大学路。

民国十七年五月，北伐军攻至济南，日本为了阻止北伐，乃有济南惨案的事件。

我在梧州工务局局长任内，有些公事须与广西省政府接洽，时省府设在南宁。有一次我因商洽公事赴南宁一行，并由南宁跟省府建设厅厅长伍廷飏坐汽车到柳州一游。柳州有柳侯祠，又有柳子厚的衣冠冢。

广西既在加速建设之中，因此国内一些技术团体、经济团体逐渐注意到这个地方。民国十七年五月，由南京科学界所组织的广西科学调查团一行，由钱天鹤（现在“农复会”工作）率领，来到广西。他们到梧州时，我因跟这班学者认识，乃略尽地主之谊招待他们，对他们的科学调查工作也多少帮点小忙。不久，北京地质调查所所长丁文江一行到西南各省调查地质。由贵州到广西，在梧州乘船经广州回京。丁先生是旧友，我们在梧州见面时，发生了一件趣事。原来丁先生在西南调查时采集了不少标本，一共装了好几大箱。当丁先生要由梧州坐船到广州时，行李及几大箱标本已送到码头船边，但海关人员要一一查验。海关的查验本是职责所在，但如拆箱查验的话，就会来不及搬运上船，因此丁先生急得如热锅上蚂蚁。当时我跟海关主管人员认识，就去帮他说项，结果海关就允予放行。等到标本箱抬上船后，船就开动了，丁先生当时欢欣的心情不言可喻。

# 第 6 章 任职铁道部

## 铁道部成立

民国十七年六月，北伐军攻克北京，改北京为北平，直隶省为河北省，完成中国的初步统一。

八月，国民政府在南京召开全国交通会议，讨论全国交通建设以及收回国内航权等问题。

十月，中央政治会议公布国民政府组织法，行政院设交通部及铁道部，由王伯群出掌交通，孙科出掌铁道。以往交通事业概由交通部统辖，此次组织法中把建设及经营铁路的业务从交通部划分出来，另成铁道部，兼管公路，这表示了中央政府将注重铁路建设，以逐步实现国父实业计划中的铁路计划。

孙部长接任后，即着手筹款建设铁路。但统一伊始，中央、地方皆财源短绌。孙部长乃向中央提出利用海关盈余及各国退还庚款来作筑路的基金，此一计划旋在中央会议中通过。

十二月底，东三省易帜，青天白日旗飘扬在东北，全国统一。

## 回到铁路界

民国十八年对我个人来说是个大转折点。这年年初，我仍在梧州市当工务局局长，从事地方建设。一月间，我在梧州突如其来地收到一封孙部长的电报，说铁道部正要积极展开铁路建设，聘请了一些外国专家当顾问，其中有一位就是从前当黄河新桥顾问的美籍华特尔博士。华特尔在美回电铁道部，要部中凌鸿勋当助手（以前在设计黄河新桥时，我曾帮过华特尔的忙，所以他对我的印象还深）。孙部长接到华特尔的回电后，就到处打听我的下落，才发现我在边远的梧州做事，就给我一封电报，邀我到部里担任技正。

自我到梧州工作后，已是一年有余。梧州地方虽小，但工作颇为顺利，从事地方建设也是件很有意义的事。况且自来水工程于签订合同后正要开工，我甚想始终其事。梧州市市长蒙民伟更不愿我骤然离去。自铁道部成立后，部中有些什么人，我也无从获悉，所以我一时并不想离开梧州。不料，铁道部再来电报催促，而且也变了原来计划，另拟组织京粤（南京——广州）、川滇（四川——云南）、粤滇（广东——云南）等几条铁路测量队。盖此时铁道部除计划整理旧路外，并欲建筑新路，新路必先测量勘查，才知道是否值得筑造，因此就成立了上述三路测量队。当时粤滇一线系由广州西行，穿过广西全境以达云南。部中以我是广东人，对两广情形比较熟悉，人地较宜，就派我当粤滇路测勘队队长兼总工程师。我曾在铁路任事有年，对铁路自深感兴趣。蒙市长也了解梧州毕竟是个小地方，不能长久留住我，终于也赞同我去担任此一新职，另由工务科科长赵祖康继任工务局局长，我也就此结束了在广西的一段生涯。

我于二月下旬离开梧州，家眷暂时仍安置在那里。我由梧州坐船到香港。事有凑巧，当我抵达香港那天，看见香港报载武汉发生政治分裂纠纷，中央和桂系将领李宗仁、白崇禧等决裂，双方采取敌对行动。我想我在广西做了一年多的事，假使这时还留在桂省的话，说不定别人会说我是个桂系人物，幸好离开得时，免得卷入了政治漩涡。

三月初，我抵达上海，孙部长那时亦在上海，当晚我们就同车到南京。等我到铁道部后，才知道铁道部次长是连声海，部中下设业务、建设、财务、总务四司，司、科长大多数是老朋友、老同事，大家一见如故。他们看到我肯回到中央工作，也都很高兴。自此我重新回到中央机关服务。

华特尔博士此时也已来到南京。不过，由于中央与广西的政治纠纷，一时不便到广西作勘路工作，部中乃派我当技正，跟华特尔组织了一个平汉铁路桥梁勘查队，出发查勘平汉沿线的桥梁。

## 勘查平汉铁路桥梁

当初平汉路建造时，系向比、法借款，由于款项有限，所造的钢桥多半薄弱。平汉路跨越东西行大小河流，沿线造有一千多座桥梁，其中以黄河铁桥最长，长达二千八百多米。前面已说过，黄河铁桥已过了保固的年限，早就想另建新桥，而尚未实行。其实，平汉路全线大大小小一千多座钢桥中，有比黄河铁桥更为薄弱而危险的。平汉路地位重要，多年行车下来，车次愈密，速度加快，桥梁随时都会出毛病，也曾经出过不少次险。中央有鉴于此，遂决心加以彻底整理。第一步就是沿平汉路全线，对每一座桥梁仔细检查，作为以后重建或整理的准备，于是在华特尔博士的指导下，组织了一个桥梁勘查队，由我率领，部中另派两位技士、两位技佐协助，平汉路局亦派出一两位工程师帮忙。

那时平汉路局在汉口，有关资料、图样也都在那里，所以我们的勘查工作拟先由汉口开始。我们一行由南京坐船到汉口。不料我们刚抵汉口时，正值中央下讨桂系令，正式对桂系用兵。当时武汉在桂系的势力下，所以中央军队一路向武汉进逼，武汉一时情况不稳。我记得我们到达武汉时，谣言甚盛。有一次我看见一块布条上写着吴稚晖已被中央处死，要召开追悼会。在此种状况下，平汉路通车中断，查勘工作也就无法展开。等到四月初，中央军占领武汉，战事才告一段落。不久，平汉路局长换上刘维炽（后来当过侨务委员会委员长），平汉路局也搬到北平。四月中旬，平汉路通车，我们一行于四月底到北平，改在北平开始桥梁的查勘工作。

勘查队由平汉路局准备棚车两辆，以一辆支架作床，一辆略备桌椅，作办公绘图之用。路方也派有一位工程师跟随我们。我们从北平出发，沿线所有桥梁都在查勘之列。我们的棚车由小机车拖运停在各车站，再由车站用手摇车驶到桥梁所在之处，逐一检查桥梁之原来尺寸有何变动，桥墩、桥台耐力情形等，早出晚归，工作相当辛苦，但苦中也有乐趣。

五月初，我们已到了保定，沿途已查勘了两百多座桥梁。在保定时，铁道部在上海召开工程讨论会，参加者有各铁路工程主管、外国顾问等，我也应邀参加。这次会议主要目的是讨论铁路工程诸问题。

此时中日济南悬案解决，日本撤兵，中央另派兵去接防。山东省主席孙良诚心有不甘，通电辞职，率其军队离开山东，以军车多列由鲁南经徐州转陇海路到豫西。又恐中央军从后面追赶，乃于他的军车过后把陇海路徐州至洛阳沿线一带桥梁多座炸毁。冯玉祥亦于此时叛变，炸毁平汉路桥梁几座。

这时我正在上海开工程讨论会。五月廿八日那天，原定由我主持会议，孙部长临时来找我，对我说冯玉祥、孙良诚已退至潼关，陇海路沿线桥梁损失不小，应该赶紧修复通车，并且对我表示陇海路须向西展筑，拟派我去陇海西路工作。

在我动身赴陇海路之前，六月一日是国父孙中山先生陵寝的奉安大典。国父的灵柩早已运到南京，停放在中央党部让人瞻仰。此时为了奉安大典，南京特别开了一条奉安大路，由下关通到紫金山下。那时我住在下关，六月一日那天一大早，我走路到城中，参加铁道部的行列。早上五点鸣炮，沿中山路步行至中山陵，九点到陵墓前，然后向灵柩行礼，奉安大典才完毕。此时陵墓的工程已大部完工，陵墓的设计图样就是民国十四年我担任评审工作时所选定的。

六月初，铁道部派我担任陇海铁路工程局局长，任务是展筑灵宝至潼关一段工程，并进一步筹划西展到西安。另派人接任平汉路桥梁的检查工作。

## 接掌陇海铁路工程局

陇海铁路系光绪二十九年（1903）铁路督办盛宣怀与比国银团借款所兴筑的，原来预定由海州经徐州、开封、郑州、洛阳，入陕西经西安，而达兰州，全程一千七百多公里，此路完成将是国内东西行的最重要干线。全路工程原定在四五年内完成，但自开筑后，内战不断在此路沿线上发生，几乎没有过一两年的小康时期。迄至民国十八年我去担任展筑工作的时候，尚未完成全线的三分之一，仅东起海州，西止豫西灵宝而已。

陇海铁路系借法、比款兴筑，按照当初借款合同，总工程师由法、比国人士出任，路上大权也多半操在总工程师手中，特别是新工程，如购料、人员任用、工款动用等，全由总工程师主动。中国方面原设有督办一人，下设工程、营业两局。督办原是刘骥，营业局局长是徐祖善。营业局是负责已完成铁路（海州至灵宝）的行车事宜。由于借款合同的关系，新路工作，大权仍操在外籍总工程师手中，工程局局长仅是监督而已，铁道部成立后，取消全国各路督办，刘骥下台，督办的职权由工程、营业两局分担。

比国政府曾宣布退还一部分庚款，指定在比国购买材料，作为修筑陇海路之用。后来陇海路由于战乱的关系，营业深受影响，它的债票在欧洲市场惨跌，无法再发行债票，原借款的比公司也无法再垫现款，只好由中国自行筹款。陇海路已有几百公里通车，如果时局安定，路务兴盛，则以收入的盈余移作展筑之用，本是正当办法。但因战乱频繁，军运欠费甚巨。不但营业无法展开，铁路本身亦迭遭破坏，所以陇海路维持本身已够困难，再也没有力量来支持新工。及局面初定，铁道部派我担任工程局局长，先展筑灵宝至潼关一段，并希望继续西进，至少亦要到西安。

民国十八年六月底，我由南京动身乘津浦车到徐州。我是新派任工程局局长，照理可以开车去接事。哪知，由于孙良诚军队的破坏，由徐州转入陇海路之后，连客车也没得坐。我由于急着要赶到郑州，就在徐州设法弄到一辆由货车改装的木棚车，附挂在一辆军车之后，临时加上两张帆布床，车内连电灯也没有。由徐州至郑州，通常只需半天就可到达，结果我走了四天才抵达，这是因为沿路都是军车拥塞的缘故。

郑州是陇海路的要站，平汉与陇海路交叉于此。也是以前陇海路督办公署的所在地，营业与工程两局也都设在此地。严格地说，郑州只是便于办事上的联系，并不是工程局的适当地点，盖陇海路新工工程并不在郑州，而在遥远的灵宝以西。

我到了郑州之后，秦陇一带正值旱灾为虐，从前一片沃野的关中，现在却是赤地千里，连洛阳附近亦受影响。

洛河桥是陇海路最长的钢桥，孙良诚西窜时怕中央军追赶，乃将其炸毁，所幸尚不太严重。我到郑州后首先就是去查看洛河桥损失情形，由营业局设法修复，后来洛河桥修复通车后，我就西往抵达那时陇海路通车的终点——灵宝。

灵宝是在黄河南岸边的一个小县，县城真小得可怜，当地人民生活的穷困和落后，实在难以形容，据说历史上的倾国美人杨贵妃就是灵宝人，迄今县城里还有不少姓杨的，但不少人当叫花子，或是当土匪。

灵宝过去就是约一二百六十公尺长的涧河桥，这也将是我接管灵潼段后的第一件工程。此时涧河桥已有了桥墩，但因用比国庚款所购的材料尚未运到，所以桥梁尚未架设。过了桥便是历史上所谓“一夫当关，万夫莫敌”的函谷关。据说从前老子骑驴经过此关，又春秋时代的孟尝君由秦国逃出时，其手下食客学鸡鸣，瞒过守门人，才得以安然逃出。这些都是娓娓动听的趣事，但无论如何，函谷关要塞的地位已因铁路的穿越而非同昔比了。

随后，我们由灵宝坐滑竿（轿子）穿过函谷关，沿途察看停顿中的各项工程，两三天后抵达潼关。潼关位于豫、陕交界，是军事险要之地。潼关城建在黄河的南岸，城南是高山，城中只有一条东西向的街道而已，市区真是小得可怜，人口亦只有两三万人，但却有二十多个征收机关，人民生活的穷困就不难想象了。

在潼关有一个很难解决的工程问题，便是路线怎样穿过此地而西进。因为如取道潼关城北，则太靠近黄河，如取道城南，必得多穿凿好几座山洞。我们在潼关研究一番后，乃决定取一条中间路线，在城墙下开凿一座长约一千公尺的山洞，经过城中到西门，潼关车站就设在西门外。这可说是在中国筑路史上未曾有过的一件穿城工程。如果陇海路顺利通过潼关后，往西便是关中一片大平原，迄至西安，再也没有困难的工程了。

我们既然已到潼关，便想趁机去西安一行。由潼关到西安有一条土路可以通行汽车，但并无客车行驶，平时只有几辆货车临时载客而已。我和几位同事就包了一辆两吨的卡车，人坐在行李包上，就此走上潼西大道。

陇海铁路函谷关隧道

关中一带地面都是黄土层，松软而无路面，车子一过，黄土飞扬。我们所坐的卡车并无篷盖，坐在车上备受黄土的吹袭，满脸都是黄灰，帽子一脱，有如戴着假面具，非常难受。

此时正值西北发生大饥荒，只见赤地千里。关中平原以出产棉花有名，此时只见棉花高只两三寸便干枯了。我们在路上小镇停下时，除了柿子外，再也无法买到其他东西解渴充饥。当我们用刀子削下柿子皮时，马上就有人跑上来捡着吃，令人不敢想象。

从潼关起，路过华阴县，西岳华山隐约可见。沿途经华州（郭子仪家乡）、渭南、新丰（有名的鸿门即在此）等地，皆是古时有名之地，后来我们抵达临潼。临潼城外就是以温泉出名的华清池，我们就在此领略了一下温泉的滋味。

由临潼至西安，中间经过灞桥，相传是汉朝名将周亚夫治军之地，他曾在此遍植柳树，可惜此时再也看不到柳树的摇曳多姿了。过了灞桥不久，我们便到了西安。

西安是历史上有名的古都，地方大，城墙整齐，但已无往日的繁盛。我们一行四人抵达西安后，发现西安城内的旅馆都是简陋不堪，最后找了一家最好的，但也仅是旧式的建筑而已，四个人同住一间大房，一个人一天房租只需八角钱。我们到达西安时已是黄昏，但已找不到饭馆。想出外买一些蛋糕充饥，哪知蛋糕也没有现成的，须订做才有。由此足见当时西北穷困之情形。

## 中原战事

此时陕西省主席是宋哲元将军，我们既然要展筑陇海潼西段的铁路，就不得不去跟他接洽。于是我就找了一个机会去拜见他，告诉他我们预备先要测量潼关至西安一段路线，等大局安定后就开始动工。宋哲元那时对中央并不服从，正想有所行动。我本应该在省府拜访他的，没想到却在他检阅军队的地点见到。后来我看情势不妙，在西安逗留几天后就东返了，于十月九日回到郑州，十月十日那天，宋哲元就联合西北军石敬亭等二十多名将领通电反对中央的编遣办法，并开始军事行动。原来由山东西往的孙良诚部队，现在也东向往豫西开拔，于十月十三日那天攻进洛阳，通电反对蒋总司令，中央军只得暂时向后退走。未几，镇守郑州的唐生智也宣布独立，开始军事举动。陇海路营业局局长徐祖善附和唐氏，自称陇海路督办，要我接受他的命令。如此一来，不但筑路工作不能进行，就连郑州也不能再留下去了。这年冬天，我就带着一部分工程人员离郑州回南京，并携带重要文件、图样、账册等，回京保管。

民国十九年，陇海路郑州一带的军事行动暂时缓和下来，铁道部乃改派葛光庭当陇海路管理局局长，将徐祖善免职。部中希望我跟葛局长回郑州。其时葛在北平，津浦、陇海两路皆不通车，我要到郑州就非经北平不可，于是乎由上海坐船至大连，坐南满路火车到沈阳，再由沈阳乘北宁路抵北平。到北平后我才知道葛局长已去过郑州一趟，但郑州仍在地方非法武力的把持下，无法接管，只得又回北平，一时郑州去不成，我就留在北平，等候时局澄清后，再到郑州。

二月一日，铁道部来电称已改派钱宗泽为陇海路管理局局长，要我赶回南京跟钱局长同到郑州。此时津浦路已恢复通车，我就乘坐津浦路火车回南京，跟钱局长见面后，才知道他原来在参谋总部当厅长，欧战时曾在中国驻法国使馆当武官，人很能干，对军事运输尤有经验。

可是，时局又起变化。此时阎锡山、冯玉祥、李宗仁等联电请蒋先生下野。阎锡山并下动员令，西北整个局面又在动荡中。中央下令免阎锡山职，蒋总司令也亲自到徐州指挥，正式下令讨伐阎、冯等人。中央军与反中央军在平汉路沿线几处激战。阎锡山部队一度攻进济南。随后阎锡山联合冯玉祥、汪精卫、李宗仁等，在北平召开扩大会议，八九月间成立新政府，李宗仁、阎锡山等为委员，内战趋向高潮。同时，共产党也在湖南长沙、岳阳等地开始活动。全国可说在动乱之中。

十月以后，阎锡山的军队已招架不住。中央军相继收复开封、郑州、洛阳等地。宋哲元、冯玉祥、阎锡山等只好回到原驻防地。是年年底，阎锡山宣布下野。

民国十九年的中原大战，各地军阀只知割据地盘，对于属于国家财产的铁路并不爱惜，因此各线铁路遭受重大损失，尤以陇海、平汉、津浦三路为然。

钱宗泽接任陇海路管理局局长后，由于郑州处在战乱之中，只得在徐州就职。我也只能跟一些工程人员在南京做些筑路的准备工作，陇海西段新工一时恢复无期。

# 第7章 欧美之行

## 赴欧美出席会议

陇海路因受战事影响，一时无法展筑，适逢国际公路组织定十月初在美京华盛顿召开第六届会议，我国是此一组织的一员，铁道部兼管全国公路，须派人出席。而欧洲方面，比国退还的一部分庚款正在比国定制铁路材料，我国与英国也正在接洽以退还庚款作交通建设之用，乃拟趁斯时对比、英两国制造钢轨材料与机车车辆情形有所接触，同时比利时、瑞典也有几项国际会议须出席参加，铁道部以陇海路一时无法动工，遂呈准行政院派我与路政司一位帮办孙谋为出席国际公路会议代表，先赴欧洲，再到美国。我因此次机会难得，乃请准偕带内人同行。

那时民用航空还没开始，由上海到欧洲有两条路线可走：一是海道，即经香港、新加坡转入红海、地中海而至欧陆；一是陆道，即取道西伯利亚铁路，经由莫斯科、波兰入欧陆。前者路程遥远，旷日持久，时间上已来不及，我们乃决定取道陆路。

我们一行三人于七月二日由上海乘船赴大连，转南满铁路经沈阳至长春。而后由长春转中东铁路至哈尔滨。那时南满铁路已铺设双轨，中东路则路轨较宽，轨距五英尺。抵哈尔滨后，须办理过俄境签证。此时中俄邦交正中断，因为民国十八年五月间，苏俄曾在哈尔滨开秘密会议，企图颠覆中国政府，我国当局在哈尔滨俄国领事馆搜查到了许多证据，乃宣布苏俄违反中东路协定。俄国竟宣告与我绝交，后来中俄边境纠纷时起，特别是在海拉尔、满洲里一带，俄国以飞机、大炮向我轰击。最后中俄因双方土地上的密切关系，经过美国的调停后，双方就开始商谈复交。民国十九年初，中央派莫德惠接任中东路督办。未几，政府特派莫督办为中俄会议全权代表，于五月间赴俄谈判。由于中俄邦交已断而还未续，所以我们要取道西伯利亚赴欧，必得先通知在莫斯科的莫督办，由他与俄国取得联系，再由俄国通知哈尔滨领事馆后，才能签证过境。我们在上海时就已去电莫督办，所以在哈尔滨等了两天，莫督办复电已到，俄方遂签证放行。莫德惠到莫斯科主要是商讨中东路问题，当时中东路工务处处长屠慰曾亦随他赴莫斯科办交涉。我们在哈城时便把到达莫斯科的日期和车次电告屠处长，请他于车到莫斯科时到站接车。其时我们可以过境而不必在莫斯科逗留，但因火车在莫斯科有大半天的停留，我们可以下车在莫斯科街头观光一下。

## 西伯利亚路程

我们在哈尔滨办妥必要的手续后，于七月九日动身。次晨，火车经过兴安岭一个很长的山洞。车到海拉尔小停，我们下车散步，看到了前一年中俄边境冲突所留下的战痕。下午，车到满洲里，这是中俄的边界，两国关员在此查验护照，火车也在此换上西伯利亚的通车，那是有名的万国卧车公司所备的火车。车离满洲里车站不久，经过中俄界门，进入了俄境。

西伯利亚铁路两旁林木葱葱，民房多用木建筑，虽嫌简陋，但整齐而洁净。其时苏俄正在大量移民西伯利亚，积极经营，不可轻视。一两天后，火车绕贝加尔湖南岸而行，时值七月，景色宜人。火车时速五十公里，不过时有误点。坐车中以餐车最差，除第一日尚有白面包供应外，第二日起即以又黑又酸的面包代替。除鸡蛋尚可食，沿线车站偶尔可以买到牛乳当饮料外，其余的东西简直不能下咽，餐车内的气味更是难闻。幸好早已有人告诉过我们，在上海时我们就准备了许多饼干和肉松，以备在车上充饥。

七月十三日下午，车子进入新西伯利亚，地方甚大而整齐，似一新建城市。我们下月台走走，见有同车的一位湖南人刘君携带家眷数人在此下车。我好奇地问他上哪里去，他说要在此站换乘土西铁路的火车到 Semipalatinsk，改乘汽车，四天后就可到迪化，如此只费二十天的工夫就可由内地到迪化。否则走国内路线，非经几个月不可。刘君的父亲就是当时担任新疆省教育厅厅长的刘文龙。

十四日晨，车抵 Omsk 大站，这一带是农牧地域。车站内有牛奶出售。十五日，车过乌拉山，进入欧俄。

## 莫斯科车站的一幕

火车本来应在十六日上午抵达莫斯科的，无奈因沿途误点，到莫斯科时已是下午了。车先到北站，让客人下车停留半天，晚间九时原车在南站继续行驶。

我们下车后，满以为屠慰曾处长必会来接，哪知许久并未见到他的人影。我们人地既生疏，言语又不通，真是一点办法也没有。当时莫斯科很少接客汽车，等了好久才雇了一部汽车，到 Metropol 饭店找屠处长，幸好他在。屠处长见到我们后，非常诧异，问我们怎么来的。原来我八天前在哈尔滨所发的电报，他尚未收到。莫督办也住在同一旅馆，我跟他畅谈苏俄的近事。后来屠处长驾着莫督办的车子，带着我们到莫斯科城里逛逛，车上飘扬着中华民国国旗。但因时间不多，所能看到的相当有限。街上看到不少的民众大摆长龙，等候电车、购买食物等。这天晚上，莫督办夫妇就在他所坐来的中东路一辆餐车上请我们吃一顿异常丰盛的晚饭，饭后还亲自送我们至南站上车。晚上九时半，火车驶离莫斯科。

## 欧洲大陆掠影

次日，车抵苏俄与波兰边境。由于轨距不同，须在此换乘波兰的火车，同时也要办理海关查验。是晚，车进华沙站，停留约五十分钟。我们走出车站到大街逛逛，看到市面整齐而繁华。次日晨，车入德境，九时半抵柏林。但因须赶赴比利时，所以当晚又乘车赴比。

我们到达比京布鲁塞尔时，王景岐（石荪）公使已回国，谢寿康代办尚未到，乃由使馆一位跟我有点亲戚关系的王主事陪同我们，并由他跟比公司接洽参观比国铁路、工厂，并且也安排参观了用比国退还庚款在定制之中的铁路机车车辆及钢轨桥梁等情形，此批器材大部分是供陇海路之用，这也是我到比国一行的主要目的之一。

那年正是比利时建国百年纪念，我们在比京看到一次盛大的历史游行，又参观了列日治(Liege)及安凡斯(Anvers)两地的国际博览会，这些博览会也是庆祝建国百年的节目之一。两处博览会都有中国馆的设置。我们也在列日治中国馆中遇到比王亚尔培莅临参观。在列日治时，我也出席了在此召开的国际工业教育会议。回到比京后，到比利时国家铁路公司，拜访其总裁及各单位主管，参观它的新建铁路桥梁工程。在安凡斯，我们参观当时新开的内河港，此一港口后来扩充得很大。我们参观了拿破仑时代留下的滑铁卢战场以及在比国西部第一次世界大战时留下的大战壕。

在比国逗留几日之后，重新回到德国。我们坐火车经过莱茵河下游的科隆。火车沿莱茵河而上，莱茵河沿岸风景一览无遗，此一带在第一次世界大战后为协约国所占领，我们来到前两个月，占领军才撤退。我们顺路参观了鲁尔工业区的几家大钢铁厂，当初我在梧州当工务局局长时，曾在这里的一家工厂定购做自来水道的钢管。我们也到德国 Kassel 最大的机车厂参观，这也是当时欧洲最大的机车厂之一。未几，我们一行回柏林，拜访蒋作宾公使及德国国家铁路公司总裁 Dorp Mueller。此人曾在民国初年时担任过津浦路北段总工程师。当初津浦路北段是由德国筑造的，南段则由英国修筑。接着又参观了柏林附近的铁路、工厂、西门子公司等。也到莱比锡参观了一处铁路大车场。

为了赶往瑞典开会，我们由柏林坐火车抵德国北海海岸。随后火车分成数截，分别开上轮船，渡过一百零五公里的北海，当晚抵达瑞典南海岸，翌晨抵瑞典首都 Stockholm，访问诸昌年公使，诸夫人是唐绍仪的大女儿。瑞典馆务甚为简单，既无华侨在此经商，亦无国人在此留学，使馆之设只不过维持外交关系而已。

八月二十五日在瑞典出席第三届国际应用力学会议，会场设在瑞典的国会大厦，我国出席代表仅我一人。是晚市长设宴款待各国来宾。后来我趁便访问了瑞典铁路当局，找一些资料。瑞典多用水力发电，故铁路电气化很发达。瑞典地居偏北，冬日甚长，夏日甚短。它一向严守中立，因此，已有一百五十多年不见战火，休养生息，成为北欧乐园。

开完会后，我们于次晨抵丹麦京城哥本哈根。我们到丹麦只是过路性质，顺便拜访了罗仪元公使。罗夫人少时曾跟随其父在广州住过，与内人幼时就相识，两人年纪相若，他乡见面真是难得。

在丹麦逗留一两天后，回到德国汉堡。我国在汉堡设有领事馆，总领事冯执正是我在广州中学的同学。冯总领事夫妇接待我们，陪同我们参观附近的铁路建设与汉堡海港。

八月底，我们由汉堡返比国列日治。我代表工商部出席在比地召开的国际三合土会议。会毕后回比京拜访比公司的两位重要人物沙度兄弟 Jules 与 Jean Jadot。老沙度年已七十多，是比公司的总裁。以前他在中国京汉铁路担任总工程师。庚子拳乱时，慈禧太后出奔西安，等庚子乱后的第二年，西太后由西安回京，有人就劝她乘坐火车，以免过度劳累。老沙度当时很巴结西太后，就扈从她返回北京。他的弟弟以前也在京汉和陇海两路任事，现在也是比公司的主要人物之一。比公司拥有事业极多，尤以在比属刚果资产雄厚。

访毕比利时后，顺道走巴黎一趟。其时铁道部的吴君与梁君驻在法国，为在欧接洽各事的代表。他们除导游巴黎名胜外，并带我们到各处铁路参观路工及养路器具。法国铁路一向以路基坚固闻名。

## 英伦之游

几天后，我们一行渡过英吉利海峡抵达伦敦，首先拜访施肇基公使，趁便上公使馆三楼参观当年国父蒙难的房间。其时中英庚款问题大致已解决，正在讨论细节。英政府同意将我国对英庚子拳乱赔款已到及未到期部分全部退还中国，以大部分作教育基金，乃因拳乱之起在于中国教育未普及，人民知识水准低落之故。至于教育基金如何运用呢？当时决定用此基金于铁路建设及其他生产事业，由中国政府设一董事会处理，然后以其利息用在教育方面。此一原则用意很好。因此中国将在伦敦设立购料委员会，所有建设事业之材料须在英国动用退还庚款购买，所以我们就在英国分别参观钢铁、机车、号志等厂，以为将来的准备。我们也去过伯明翰、曼彻斯特、利物浦以及北方的格拉斯哥等地。沿路参观各有关铁路材料制造厂，还参观了格拉斯哥的轮渡，因为津浦路当时正想建造首都轮渡，希望有所取法。

九月底，我们坐上邮船驶往新大陆的美国。

## 美国两月之考察

九月底，我搭华盛顿号邮船由英赴美，参加在美国华盛顿召开的第六届国际公路会议。这邮轮是公路会议特约的，里面有好几十位都是由欧洲各地参加会议的专家。美国的公路局派了人在船上负责招待，天天放映美国公路的影片，还陈列了一些公路模型，坐船的人都可以看到。

十月四日船到纽约，我在民国七年离开纽约，到那年民国十九年，算一算离开纽约有十二年了。第二天，我们就坐车到华盛顿。十月六日，第六届国际公路会议开幕，由当年的美国国务卿史汀生氏当主席。中国的代表除了我和孙谋先生以外，还有代表浙江省的陈君体诚、代表安徽省的赵君祖康和代表贵州省的花君莱峰，另外刘景山先生以个人名义参加。开幕以后，就分组会议。十月九日，美国总统胡佛夫妇招待出席这次国际公路会议的代表和眷属到白宫去茶会。胡佛从前在中国唐山开滦矿务局做过事，他是一个矿务工程师，所以对于公路的工程较有兴趣。在美国的历史上以工程师而当总统的，到现在也只有他一个人。第二天是十月十日双十节，我们由国内来开会的人都到中国驻美使馆出席国庆纪念会。那年的公使是伍朝枢先生，他要我在国庆纪念会上作报告，我就把这次来美国参加会议和国内的情形，作了一个简单的说明。

公路会议结束以后，还有分组参观的节目。美国地方很大，不能完全走遍，所以公路会议就分成好几组，有人往东，有人往西，有人往南，有人往北。我选了往东北这条线。这组是由华盛顿经过费城到纽约，然后往东部的几州，一直到中部的芝加哥这一带地方去参观。美国公路局为我们这一组几十个人预备了四辆大客车，依照预定的路线，除了参观公路建设的本身以外，还注意有关公路的工业，特别是筑路机械厂、汽车制造厂和轮胎制造厂。每逢到一个地方，当地的州长、市长或商会的会长便出面来招待，大家彼此见面。有一天，我们经过纽海文市，这是美国耶鲁大学所在的地方，那天由当地机关首长招待我们午餐，耶鲁大学工程方面的教授也都被邀请参加。我们的规矩是，每逢人家请我们吃饭，我们就推出一个代表致答辞。那天在纽海文市吃午饭以后，大家推我担任。我致答辞完毕后，大家便去参观耶鲁大学。以后我们在美国东北几州绕了一个大圈子，走了二十九天，经过的公路差不多有三千英里。

参观完了之后，我因别的事分别到华盛顿及费城去了一次。我在民国五六年的时候，曾经在费城的一个工厂里实习，住过一年多，还有好多老朋友在那里。然后再到芝加哥，参观了公路参观团没有去看的钢铁工厂。后来由芝加哥坐车到伊里诺大学参观，同时探访朋友，我有好多学生也在那里。那年因为铁道部正想在南京和浦口之间开设轮渡，所以我曾坐火车到纽阿连士去参观。纽阿连士是美国南部的大城，是美国最长的密西西比河的河口，附近有好几处火车轮渡，值得我们参观。我到那里参观了好几座铁路上渡船的设备，作为我们将来设计南京、浦口轮渡的参考。其后便从芝加哥往西走，经过丹佛，在那里停留了一下，探访了铁道部的一位留学生监督王景春先生，他本来不住在丹佛，只是刚巧在那儿养病。然后从丹佛坐火车往西走，到美国的西海岸，换火车进入加拿大的温哥华，因为在那里可以坐船回上海。在温哥华上船，经过檀香山、日本的横滨，然后回到上海，完成了绕地球一周的旅行。这次环球旅行走了有五个月，经过10个国家，回到上海时已经12月初了。

# 第 8 章 陇海铁路的展筑

## 灵潼段复工

在我出国五个多月的期间，国内历经冯玉祥、阎锡山的变乱，到十月中，中央军已操胜券，十一月时战事告终。我回到上海之后，马上到南京。过几天就赶紧和我们从郑州撤到南京的同事，带着档案和账册一起回郑州，筹备复工。陇海铁路管理局的钱局长宗泽也回到郑州，恢复管理局局长的职务。

那时候灵宝到潼关这一段兴工的材料已经由比国运到南京对面的浦口，再陆续地运到工地去。同时我们自组列车，从河北的唐山启新洋灰公司大量购运洋灰，运到陇海铁路西段去。所以陇海铁路西段的工程比别的路难做，就是这个关系。外洋材料到了之后，很远地从浦口用火车慢慢地运到工地，使得运费很贵，而时间也拖得很久。不过做铁路的事只要地方太平，材料工款有着落，工程的进行当然容易了，过去都是因为地方有事，做了一点就停，停了一点又做，工款也不能源源而来。那时候灵宝到潼关这一段工款仍没有整个的计划，幸亏为数不多，还容易筹集，所以我在民国二十年年初回去复工的时候，预定年底把这一段完成。

这年十二月中，灵宝至潼关这段工程总算做完了。陇海铁路经过多年的停顿，终于有七十多公里的进展。工程完成之后，我把这段营业的业务交给陇海铁路管理局，因此由海州一直到潼关的营业、车务和运输都归陇海铁路局管辖。剩下的工作仍然由我在那里兼办，直到全部完工为止。

## 潼西段的筹划

由于灵潼段的工程进行顺利，我就想如果潼关通车了，铁路不能到此停止，一定要往前推动，所以在民国二十年四月的时候，我就开始筹划潼关到西安这一段。潼关是一个很小的地方，无论如何，这条路非通到西安不行的。西安是西北的重镇，政治上和军事上都非常重要，铁路通到西安，起码才像一条干线。所以潼西段的工程必须要进行。

当时陕西省主席是杨虎城，建设厅厅长是李仪祉先生。李先生是我的朋友，我很得他的帮助。因为造铁路要买地，买地就时常发生困难，在征收土地方面希望省政府能给我们帮忙，使沿线的人民能够了解我们如何补偿他们的地价，于是我们在西安初步协商了征收土地的原则。

我在西安的时候，忽然想到西安车站的地点很要紧，不但有关将来西安地方的发展和繁荣，而且铁路不能到西安就算数，将来还要往西去，起码到兰州。因此我对西安车站的地点很费考虑，觉得车站的地点交通要便利，地方一定要大，容易发展，容易往西去。我和李仪祉先生曾跑到西安城墙上头，觉得东北角的城外有一片相当空旷的平地，以我筑路的眼光和他建设地方的眼光都觉得可能是车站的一个适当地点，于是就选定了这一大块空地。新车站将来需要和市区联络，所以我们预定开一个面对大雁塔的新城门，以便利交通。我们选定的这一大块空地，后来果然用到了。

灵潼段看着快要完成了，潼西段需要接着展筑，因此在五月的时候，铁道部派我当潼西段工程局局长兼总工程师。原来的陇海路西段工程局并入陇海铁路管理局，由我兼任管理局副局长。这个副局长的主要任务就是主办灵宝到潼关未完的工程，同时专门发展潼西段的工程。

为什么铁道部要重新设立一个工程局，而不要原来的陇海路西段工程局呢？原来陇海路由东往西到兰州，我国和比国公司定有合约，由比公司出面发行债券。建筑到了潼关以后，比国没有能力再贷款，我们就自己负起责任。因此潼关以西的工程脱离了向比国借款的合约，不需要用外国的工程师，完全由中国人来办，所有用人行政都由潼西段工程局来负责。我们先完成定线测量工作。由潼关到西安的线长一百三十二公里，估算需要工款一千五百四十万银元，平均每公里合十一万多银元，这是按照国际技术标准估价的。由于这一段工程容易施工，地价也很低，所以比较其他许多铁路用款可以较少。

## 民国二十年的内忧外患

民国二十年国内政治局面还没有稳定。四月的时候，立法院院长胡汉民辞职，引起政治上的波澜。西南方面以陈济棠和邓泽如等联合汪精卫、李宗仁等在广州成立中央执监非常会议，另组国民政府与南京中央形成对抗之势。同时共军在江西也闹得很厉害，蒋总司令亲往江西指挥剿共，克复了江西南部的宁都，又进攻共军的巢穴瑞金，但是还不能全部肃清。那年武汉发生大水灾，据说汉阳兵工厂水深十几尺，在武汉的历史上要算很大的一件事。就整个中国来讲，正是多事之秋，而铁道部部长孙先生又因与中央意见不大妥协，辞职不干。中央乃改派铁道部次长连声海署理部长，陇海铁路管理局局长钱宗泽继任铁道部次长，仍兼陇海铁路管理局局长。当钱局长到南京去的一段时间，陇海路管理局的事不免要我多花时间照顾。

国内政治动荡不安既如此，日本军阀竟乘机侵略东北。九月十八日日本军队攻入沈阳，这不是局部的事情，日本还有大的阴谋在后头。其时张学良在北平，他对日本并不抵抗，因此在日本打下沈阳以后，虽然我国向日本提出抗议，其他很多国家也同情我们，国联也再次劝告日本不可使用武力，而日本的气焰并不减低。日本得到沈阳以后，展开它的侵略，不久吉林被侵占了，吉林和沈阳伪政府都在日本编导之下成立起来。从此不但中国的行政被分割了，而且铁路系统也被破坏了，中国铁路的统计资料也不能完整了。由于外来的侵略，迫得我们自己内部要团结，本来与中央分裂的西南方面也酝酿和平，陈济棠曾通电中央，内争不能再有，一致对外抗日。

这年九月，我到陕西去了一趟，一方面为着筑路的事，一方面想看看西岳华山。我以前经过华山好几次，但是还没有机会上去看看，所以这年趁秋天兴致好到华山去游览。我从潼关出发，往西第一站是华阴，那时华阴有个兵工厂，厂长是我的老同学刘楚材，我顺道访问了他。第二天登华山，在中峰住了一晚，总算偿了夙愿。我们做工程的人有一件事值得告慰的，就是平常人不大容易到的地方，我们都有机会去，而人人都到的地方我们却少有机会去，像东岳泰山和闻名的牯岭我都没有去过，华山去的人很少，因为筑路的关系我终于去了一次。

## 国民政府迁都洛阳

民国二十年年底的时候，蒋主席辞去主席兼院长的职位，中央另选林森先生当主席。孙科先生当行政院院长，铁道部部长是叶恭绰先生。叶先生过去任交通部总长好多年，真正做了不少事，中央请他再度担任要职，希望他能再做点事。

民国二十一年元旦，改组的政府成立了，林森就任国民政府主席。不过广州还有一个西南执行部和西南政务委员会，是陈济棠与邓泽如等几个委员主持的。中央的政令总是不能够统一贯彻。因为日本向东北侵略，情况相当严重，所以国民政府召集了一次国难会议，派人到杭州请蒋先生回中央，蒋先生也因国难当前，毅然回南京共赴时艰。行政院院长孙科做不到一个月便辞职了，中央请汪精卫接替，请蒋先生当军事委员会委员长，实业部部长陈公博兼署铁道部，叶恭绰因此离职。

一月二十八日，日本进攻上海，轰炸闸北，十九路军陈铭枢、蒋光鼐、蔡廷锴等将领就实行抗战了。经过一个多月的血战，中国军队始撤出上海，日本军队便控制租界以外地区。南京距上海很近，受到威胁，国民政府决定迁都洛阳。我记得二月一日那天，林主席、汪精卫和蒋委员长等先后经过郑州到洛阳去。我那时候在郑州的工程局，觉得这条破烂的陇海铁路突然来这么多人，不但陇海铁路管理局紧张起来，而且整条陇海路都紧张起来了。

二月八日，中央开始在洛阳办公。洛阳是个很小的地方，作一个临时首都应备的条件一点也没有，为什么会选定这个地方呢？也许因为洛阳是古都，地方也居内陆腹地，不容易受威胁。不过洛阳确实太小了，有很多困难。中央执行委员会曾经开会通过以西安作陪都，但为什么不索性迁到西安呢？我想是交通太不方便，没有铁路交通的关系。

中央既准备长期抗战，暂时迁都洛阳，以西安为陪都，因此被人遗忘的西北一大块地方，受到朝野的注意。记得四月七日那天在洛阳开的国难会议也谈到开发西北交通的问题。虽然有开发西北交通的决定，实际的举动却一点也没有。我那时在修筑潼关到西安的铁路，只听到开发西北交通的口号，却没有看到具体的开发计划，或给予建设西北交通多一点的经费。

## 筹组陕西实业考察团

陇海铁路通到潼关以后，潼关到西安这一段也在动工了。今后这条铁路和陕西省的经济建设、资源的开发，以及风气的提倡都有很大的关系。我们觉得开发西北首先要对地方上有所认识，并且要唤起社会的注意，因此我就和陇海铁路管理局钱局长宗泽商议，趁这个机会组织一个陕西实业考察团，看看陕西铁路通了以后，究竟有什么事业可以做，有什么资源可以开发，钱局长和我因此就发起筹设陕西实业考察团，计划从南京、上海东南一带和平津一带邀集国内知名的工矿、水利、农林、地质和金融等专家到陕西来考察。为了方便起见，我们准备分为两队，一队走陕南，一队走陕北。我们考察团本身就是开发西北的先导，而考察的结果可供政府和民间的参考。民国二十一年四月，我便前往西安，和省政府各方面接洽，那时建设厅厅长是李仪祉先生，他于公于私都非常帮忙这件事，省政府也赞同我们的意见，于是我们就做一切的准备，到八月初就实行了。

考察团分陕北、陕南两组。陕北组的路线走三原、耀县、同官、宜君，经中部洛川、鄜县、甘泉、肤施、延长、壶口、宜川、韩城、大荔这几个县份。陕南组预备过秦岭、镇安、安康、汉阴、石泉、西乡、城固、南郑、褒城、留坝、凤县、宝鸡、凤翔这几个县份。陕北组的团员有胡博渊、朱瑞节、冯景兰和朱其清等二十人，公推胡博渊为团长。陕南组的团员有胡庶华、徐廷瑚、周仁、刘和等共有二十七人，公推胡庶华为团长。陕西省政府每组派一员随队，以便沿途和当地机关接洽，铁路局也在每一组派了人办事，如每组有医生一人，商务调查员一人，以及照料行李、交通、食宿的人员。省政府每一组派了一连军队护行。那时陕南正闹虎列拉，闹得很凶，因此在出发之前，团员以及随行的人员、工人都打过预防针。我们的预备工作还算很周到的了。

## 陕南考察

八月十五日，我随着陕南组由西安出发。李仪祉先生刚从建设厅厅长卸任，仍任省政府委员，也加入陕南组一同出发。雇了滑竿四十一乘，挑行李的挑夫一百五十人。第一天晚上，我们到达引驾回，第二天，登秦岭。秦岭是陕南的一个分水岭，韩文公曾经登此。当天夜里住在半庙，这是一个非常简陋的地方。十七日越过秦岭，我们在岭上用气压表测得高度为水平一千八百多公尺，当晚住在龙潭。十八日沿着一条叫乾祐河的小河走，经过柞水县，没有停下来。晚上到达石嘴子，住在关帝庙，此地的落后很难令人想象。十九日我们在石嘴子停留一天，邀请柞水县县长和县府各局局长以及农商各界的人开谈话会，大家交换意见。以后每到一县，便邀请当地军政首长以及农商人士，交换意见。然后继续沿河往南走，这一带地方都非常贫穷。

此后到镇安考察铜矿和林业，又经过青铜关和两河关。二十五日过汉水到安康。安康从前是一府的首县，是陕南比较大的地方，我们在此访问了两天。离开安康，一路沿着汉水走，经过恒口，过汉阴。沿河参观石膏矿，在石泉看银矿。过茶镇，经西乡，到城固，在此考察盐井。九月七日到汉中，汉中又名南郑，地方较好。我们从安康到汉中都是沿着汉水南北走，有时在南，有时在北。那时汉水既无桥梁，又无公路，我们都是摆渡过去的。一二百人带了许多东西摆渡，是非常麻烦的事。有些地方没有摆渡，只好让挑夫把我们背过去。这一段路后来都造了公路，而当时一点近代的交通设备都没有。

汉中是陕南的重镇，驻有警备司令部，我们分别去参观访问，由团长和团员作了几次演讲。同时访问了一些古迹。那边的古迹很多，其中之一是汉朝通西域的博望侯张骞的墓，我们也去看了。九月十二日，我们由汉中往北走回头，经过褒城，参观萧何堰，本地人称为山河大堰，相传是萧何时候建的。我们也参观了龙门石刻，这些石刻非常的古旧。此后经过鸡头关，沿着汉朝时候的旧栈道，经过留坝，到庙台子。庙台子地方虽小，却有张良庙，又名留侯祠，附近风景很好。我们再往北走，到凤岭，登南天门，当晚住在凤县。第二天到黄牛铺，经过益门镇，再渡过渭河到宝鸡，然后再到凤翔，完成了陕南的一段行程。从凤翔到西安有公路可走，我们雇了几辆货车，运我们回西安。不过车子很差，中途在岐山地方走不动了，我们便在这里暂住，因便看了召公庙。在岐山等了两天，车子还没有修好，我们另外包一部车回西安，南段考察就告结束。这次陕南考察，往返经过四十一天，行程有二千五百多华里。我所以把考察团的行程讲得这么详细，是因为现代人再不会走这条路线了。当时交通未辟，差不多是原始时代的情况，我特地记下来留作纪念。我回郑州后，作了考察报告，连同北组的考察报告，由陇海铁路管理局印出，分送各方面作为参考。

# 第9章 粤汉铁路的完成

## 我与顾孟余先生

当我结束陕南考察，快要回到西安的路上，我收到由郑州转来铁道部部长顾孟余先生给我的电报，叫我赶紧到南京一趟。我当时想，这回叫我去一定对于开发西北或陇海路西段有好消息。因此，我就把陇海路的许多资料，我认为需要的，带着到南京。顾部长孟余先生很早就知名了，他是北京大学的名教授。我在上海南洋大学教书，和顾孟余先生没有见过面或讲学问事业，彼此没有关联，可是到南京见面之后，顾部长要调我到粤汉铁路株韶段当工程局局长，使我非常诧异。株韶段是很要紧的一条路，又可利用中英庚款的一大笔工款，为什么顾部长找一个他从来没有见过面的人担任这件事呢？

什么是粤汉铁路株韶段？原来粤汉路南段由广州只通到韶州，北段由武昌只通到湖南的株洲，株洲到韶州这一段叫株韶段，还未接通。虽然在广州设有一个株韶段工程局，过去多少年来工款没有着落，工作差不多完全停顿，连路线都没测完。顾部长到部的时候，英国正准备退还庚款，顾部长很积极地筹商利用这笔工款，而且进行得相当顺利。其时韶州到乐昌这一段有五十公里，只开过工，目前仍停顿着，部里希望我先将韶州到乐昌的五十公里一段通车，然后等中英庚款有具体决定，再一气完成株韶段。

这时候我还不到四十岁，几年来在河南陕西筑路，责任感很重，对于当地的情形也很熟悉，对于整个西北的问题也渐渐感兴趣，陇海路既然西展，中央也决定开发西北，正是我效力的时候，我很不愿意中途离开西北，但是顾部长说完成粤汉路比完成陇海路更重要，一定要我承担下来。

顾部长到职以后，许多铁路还未复工，因有中英庚款可以利用，便首先恢复粤汉路的工程，而且用的是一笔很大数目的中英庚款，这时候完成粤汉路的重要可以了解的了。但是为什么找我这一个他从未见过面的人来负责呢？当时铁路界、工程界，资历好、年纪大、经验多的人还有，后来才知道广州方面有个西南政务委员会，是半独立性的，中央的政令还不能统一贯彻，如果找一个非广东人去负责株韶段，恐怕西南的实力派会挡驾，但是如果找一个广东人，又恐怕和广东方面太接近。碰巧我是一个广东人，而从不在广东，我从十七岁就离开广东了，目前我是铁路工程局局长，中央若调我到广东筑路，广东方面没有理由可以拒绝。因此这个大的责任就放到我的肩上来。在这种情况之下，我不能不接受这个命令。这件事出乎我意料之外。

顾孟余先生当铁道部部长之前，我和他无一面之交。他把株韶段的事情交给我之后，的确给我全权，一点干预都没有，几年工夫，从来没有荐过一个人给我，连整个铁道部也没有荐一个人给我。而且我有公事向他请示，他的回电总是自称弟孟余，这一点我觉得很不容易。我们二人既然建立了彼此的互信，我就专心做我的事。顾先生这个人别的我不知道，但在谦虚这点上看来，真是一个书生本色，没有官僚的气味。

有一次我去看顾部长，他告诉我华北情况很紧张，说不定会有事变。他说："株韶段虽然按照合约四年完成，现在情况不同，能不能提前一点完工，局势颇有这个必要。"我说："就工程来讲，可以提前完工，只要工款继续接济，便不成问题。"他听了很高兴，说："工款的事，我绝对给你支持。"我虽然答应顾部长提早半年完工，可是我的计划要提早一年，我不敢对外透露，因为不一定办得到。后来我又派了一个测量队去测量衡阳到宝庆的支路，这段路有一百三十九公里长。

顾部长看到粤汉路进行很顺利，快要完成，于是想建一条京湘路，由南京经南昌到萍乡。如此长江以南便有一条东西行的干线可和粤汉铁路相连，由南京可直达广州。而株韶段将完工，顾部长不愿意让这许多历练的工程人员走散，所以叫我兼领京湘路的赣湘段工程局，并且叫我赶紧到南京去。

我就坐车赶到汉口，为了赶时间，再坐飞机到南京。那时汉口到南京，中国航空公司的福特客机刚刚通航，我就坐了福特客机去南京。这是我一生头一次坐飞机，而那次飞机上的乘客只有我一个人。我到了南京以后，部里就派我兼任京湘铁路赣湘段的工程局局长兼总工程师。我既然加上这个任务，就由南京先飞九江，再坐南浔铁路的火车到南昌和江西省政府接洽筑路的事。那时江西省主席是熊式辉，建设厅厅长是龚学遂。接洽之后，趁便参观附近的几样工程，又到南昌以东的沿线参观梁家渡、贵溪等处的桥工，并且顺路到龙虎山访问张天师，然后沿公路往南昌，经长沙回到衡阳。我回到衡阳，就把京湘铁路赣湘段的工程局附设在株韶段工程局里。赣湘段以前作过一次初测，现在由我们来作分段定线，我们派株韶段的老工程师李耀祥为副总工程师，让他来主持这件事，并调派株韶段几位段长去帮助他。过了一个月，我又为赣湘段的事再一次到南昌和龚厅长接洽，后来和龚厅长一道由南昌沿公路到上饶，在上饶坐杭江铁路的火车经杭州转到南京。

民国二十五年年底，行政院改组，翁文灏先生担任行政院秘书长，张嘉璈先生担任铁道部部长。铁道部的两个次长，一个是曾养甫，一个是曾镕浦。因为曾养甫先生对铁路有他的见解，对京湘路赣湘段有他另外的主张，所以我就把赣湘段局长兼职辞掉了。

## 出掌株韶段工程

民国二十一年十月，我坐船从南京经上海到香港，顺便去看在香港闲居的胡汉民先生。胡家和我家有三代的世交，胡汉民先生知道我要去完成粤汉铁路，显得非常高兴。十一月一日，我在广州就任株韶段工程局局长兼总工程师，那时株韶段工程局在广州丝业银行的楼上办公。

自从我十七岁离开广州以来，差不多有二十年了。偶一回去，并没有在广东做过事。我是广东的官费生派到南洋大学去念书的，这是我头一次回来为乡里效力。我还有很多亲戚住在广州，我回广州做事，他们都很高兴。

当我就任株韶段工程局局长时，广韶段和广九段的二位管理局局长是西南政务委员会所派的人，而我是中央所派的人，因此我在广州和各方面周旋颇费心力。陈济棠那时候主军政，林云陔是省政府主席，这二位先生我都很陌生，但他们都知道我这个人，所以对粤汉路的工程也是极力支持。他们二位首长既然这么支持，以下的事情都可迎刃而解。我以一个陌生人在广州做事，起先很害怕，想不到他们竟一见如故。广东人的脾气就是这个样子，你搞得不好，就是不好，搞得好呢，什么都好。这是我一生里很幸运的大变迁。

粤汉铁路全线由广州到武昌，差不多一千一百公里，光绪二十四年（1898）开始由政府和美国合兴公司合办，分南北两端个别进行。北边的湘鄂段在民国七年通车到湖南的株洲，有四百一十多公里。因为欧战开始，英国债票不能发行，所以到株洲就停工了。南边的粤段在民国四年又因商款不足，只通车到韶州，有二百二十四公里。韶州到乐昌的五十多公里稍微动过工就停顿了，中间一段株洲到韶州四百五十六公里没有接通，搁下来有十四年之久了。顾部长一到职，便向中英庚款董事会商洽在整个借用中英庚款之前，先借现款七十万元为完成韶乐段之用。因此我一到职便有工款可用，工程的进行就容易了。

铁道部孙部长在位的时候，有一个好制度，凡是工程局的局长一定要兼总工程师，换句话说，一定要有总工程师资格的人才能当工程局局长。在内地，总工程师是什么，人家不太了解，讲到局长，大家就晓得了。如果工程局的局长找一个不是工程师资格的人来担任，就不能发挥专长，我觉得这个制度非常好。我既然是株韶段工程局局长，当然也兼总工程师。副工程师一职我请容祺勋先生担任。容先生早年跟詹天佑先生学工程，在粤汉路南段商办的时期已升任总工程师，年纪大我二十岁，虽然没有大学毕业，但是有经验，所以我请他担任副总工程师兼工务课课长。另外请旧人李耀祥、吴思远和郑家斌诸君当总段长，这三位都比我大十几岁。李耀祥是哈佛大学毕业的。吴思远和郑家斌两位都是交大第一届土木工程系毕业的，吴思远并且是公费留学英国的。以上四位的资历、年龄都远在我之上，他们并不像后来的一般人瞧不起青年人。我那时才三十九岁，可是大家合作得非常之好，成了忘年之交，这些干部是最好的干部了。

株韶段虽然有四百多公里长，工程又那么大，但是工程局的组织却很简单，局长一人兼总工程师，没有副局长，以下分为三课，一课是工务课，一课是会计课，一课是总务课。总务课内管人事的只一个人，管事务的也只一个人。工程局人员的待遇比照中央的待遇，较地方的待遇好得多，大家也很相安。

株韶段的南边有广韶段，北边有湘鄂段，这三段的铁路标准都不一样。将来要全线通车，这个问题必须先解决。广韶段在商办的时期，为了省钱，所以建筑的标准都比较简单，譬如山洞的高低、钢轨的轻重和许多的技术标准，都比部定的标准要低，和部定的又不同。株韶段是部里定了标准后首先采用干线标准的一条路。株韶段既然积极动工，将来三段通了之后，就有三种标准，对于全路行车很不方便，因此我发起请铁道部召集一个粤汉铁路三段统一标准会议，商议在株韶段工程期间，南段和北段逐渐地改高标准，等到株韶段完成，全线便可顺利通车。另外，因全线通车需设总机厂，需购机车车辆，沿线电信及号志也需统一，这些事都应该事前有个商讨。民国二十二年四月间，铁道部根据我的建议在南京召开会议，南段管理局的工务主管、机务主管，北段的管理局长和各主管以及我本人都出席会议，商讨各项问题，颇有结果，奠定粤汉铁路的良好基础。

民国二十三年八月以后，我们在武昌又开了一次粤汉路三段会议，决定用英庚款购买大批的机车和车辆，计爬山的机车八辆，小的机车二十辆，载客用的一等卧车六辆，二等卧车六辆，三等客车四十二辆，餐车四辆，载货用的篷车一百辆，高边车也一百辆。这些车辆都在英国制造，我们特地派了工程师到英国去监造，以求工料坚实，交货迅速。在株韶段尚未完工时，这些车辆可以给南北段先应用。

## 借用英庚款

民国二十年四月，政府成立了一个管理中英庚款董事会，英国也决定把庚款退还，初步用来作交通建设，利息用来作教育事业，因此，中国和英国双方决定设一个管理的董事会。这个董事会请朱家骅先生当董事长，英国人马歇尔当副董事长，董事里头也有交通专家叶恭绰先生和颜德庆先生，教育界的人李书华先生等。还有几位是财政方面的人，如陈蔼士先生和曾养甫先生。他们对我都非常帮忙。尤其是曾经当过交通部部长的叶恭绰先生，他那时候对粤汉路非常注意，董事会有什么事我应该注意的，或有什么事我应该赶紧提请董事会的，他都预先写信给我，因此我每个月总要和他通一两封信。他当时给我的信现在我还存起来，总有一二百封之多。董事会的总干事杭立武先生和我原来也不认识，但也非常帮忙。这几位先生对于完成粤汉铁路所给予的帮助是很大的。

民国二十二年七月十八日，铁道部和中英庚款董事会签订完成粤汉铁路的总契约，其中包括以下五类款项：第一类就是民国二十一年以前积存在伦敦的庚款，有九十二万镑；第二类是民国二十二年到二十五年底，中国政府应在伦敦交付的庚款，这个数目有七十四万镑；以上两类均为在英购料之用。第三类由民国二十二年到二十三年在国内到期可以拨用的庚款约二十万镑；第四类就是中英庚款董事会在民国二十六年以前借给首都轮渡、胶济铁路、津浦铁路和广韶段到期应归还的五十万镑；第五类就是由民国二十三年年起到三十五年年底止，中国政府应该付给英方的二百几十万镑。交付时期大部分在规定完工期限之后，不及应用，经决定将此款作基金，发行六厘的英金公债，以所得拨作工款，以便在株韶段工程期间运用，这五类庚款共有四百多万镑。在借款总合约里还规定株韶段工程在订约以后须于四年之内完成，工款的给付也是按照四年完成的原则作成办法的。

中国政府眼看粤汉路已经停工多年了，另外好多路都是搞了二三十年还没有完工，如今有这么好的机会，只要四年时间，便可使全线接通，当然非常高兴了。在英国方面，原来在广州有好多商务的关系，在武昌、汉口及长江流域，也有经济上的利益在那里，这两个地区将来有干线连接起来，英国也就很感兴趣了。同时，这几百万镑的款大部分要用在英国，照契约的规定，全路所需要的材料，除非中国自己有的，一定要向英国购买，譬如钢轨、机车、车辆和号志等，如此对于英国的工业是很合算的。而中英庚款董事会能借给一个事业计划这么多款项，也是很不容易的，因为这是中英庚款董事会有史以来借出的最大一笔借款，这可以表现出中国政府要完成粤汉路的决心了。

## 工程局迁衡阳

自从铁道部和中英庚款董事会签订合约之后，我的任务不只是完成韶乐段，而且要完成粤汉全路了，所以我就把陇海路潼西段工程局局长辞掉，专任株韶段工程局局长。株韶段工程局本来在广州，我在广州几个月，等到借用英庚款问题解决之后，我就觉得广州不是一个工程的中心，而且广州很容易受政治上的牵制。我曾经把株韶段全路走过一遍，看中衡阳这个地方很好。衡阳差不多是全路的中心，从前是府治，现在是县治，又有湘江经过，是湖南很重要的一个地方。而且由衡阳往西，可到宝庆，再往西南，可通到广西，似乎将来很有希望从衡阳展筑出去。因此，我就决定将工程局搬到衡阳。当时有人跟我讲，恐怕广东的当局不愿意罢。但是我的理由很充足，我便去向广东当局解释，广州不是工程的中心，衡阳可兼顾南北两端，因此株韶段工程局没有困难就搬到衡阳了。衡阳是一个很小的地方，我为了儿女求学方便，便把我的家人儿女安顿在南京，住在陶谷新村，让我一个人住在工地。这次我们全家人在广州住了九个月之久，还过了一个热闹的旧历年。自从我离开广州出外求学，已经有二十年没有看过广州过年的盛况了。

株韶段尚未完成的部分差不多有四分之一在广东省境内，四分之三在湖南省境内，现在全部动工，不能不到长沙去打个招呼。当时湖南省主席何键也知道粤汉路完成有着落了，老早就向铁道部推荐局长，后来才知道局长人选已经派好了。我到长沙拜访何键的时候，他交给我好长一张名单，列举可以作副局长的有若干人，可以当处长课长的若干人，可以当工程师段长的又有若干人，一共有一百多人。我想如果我的工程局设在长沙，我应付这些人事就没有办法了。被推荐的这些人我一个都没有用，但我答应用青年工程人员和湖南大学毕业的学生。我用了一个湖南人当秘书，负责和省府联络，又用了一个湖南人办理收购地亩，因为这个人公正廉明，而且对当地的情形很熟悉。

民国二十二年九月，我把工程局由广州迁到衡阳。衡阳预定的车站不在城里，而在湘江的东岸。衡阳从前是个文风很盛的地方，但这时候当地的生活水准很低，风气非常俭朴，虽然有马路，还没有电灯。衡阳的东岸只有沿河的一条街，我们在街上租民房作工程局办公的地方。东岸虽然地方小，可是有很多湘军将领后人的住宅，据当地人讲，最盛的时候，东岸这一条街有八个带红顶子的文武官员。我租了彭刚直公（玉麟）故居的一个书房来住，一个月的租钱只要国币十五块钱。房租固然便宜，用一个工人月资也只要一块钱，单身的职员一个月只需要二十块钱就够用了，携家带眷的四五十块钱也就够了。我当时的薪水一个月拿六百块钱大洋，大学毕业生一来工作也可拿到八十块钱，因为当地生活水准很低，没有地方好花钱，看戏娱乐的地方也很少，要到城里，还要过一条江，实在不方便，所以同事的钱都很够用，食宿都觉得舒服，因此大家都很努力工作，相安过日。

我住在彭家，认识了彭刚直公的小儿子见绥和他的太太。她是胡文忠公（林翼）的孙女儿①。因此我有机会看到彭刚直的许多梅花真迹和遗像等物。

民国二十四年，我们的工程局在衡阳做了一点事。因为衡阳是个老城，老城里街道很窄，不能行车，顶多能行人力车。自从株韶段开工以后，衡阳的商务一天繁盛一天，地位日渐重要，衡阳的警备司令段珩要开辟马路，但当地没有筑路工程人才，而我们工程局正好有大批的技术人员，段司令因此就来请我帮忙。我遂代为计划，并派测量队去测量。不久果然扩建了几条马路，从此汽车也可以在城内通行了。

## 路工的进展（上）

株韶段的工程，因为工款有着落，工作人员都兴奋起来，路工便由韶

① 原文为“女儿”，据《十六年筑路生涯》改。

州往北进行。民国二十二年二月十八日那天，我们铺轨到犁铺头站，距离韶州只不过七公里，广东省方面的人士非常兴奋，因为这条路自民国四年通车到韶州之后，十八年来一直没有进展一站，现在总算往北铺了一站，也知道是全路大举进行的开始。广东当局看得很郑重，主张应该有一点举动来唤起社会的注意，因此那一天由广韶段的管理局预备了一列专车，邀请省府要人来韶州参加通车典礼。广东省政府主席林云陔，省府委员许崇清、谢瀛洲，以及建设厅的技正兼广州市工务局长袁梦鸿等许多人都乘专车来参观。在韶州车站的通车典礼上，我就这条路展筑的情形和完成的计划作了报告，林主席和省府委员也讲了话。这当然是有点小题大做，不过也借此唤起广东各界人士的注意，这条路已经真正往前推展了。典礼完毕以后，我们到犁铺头参观富国煤矿，这是乐昌附近一个比较有希望的煤矿。三月九日，高廉村隧道完工。三月十三日，我的第三个男孩崇励在广州出生，在此附带一记。

株韶段经过湖南、广东交界的南岭，需要开凿山洞。在粤汉路商办的

粤汉铁路株韶间新完工的一段

时代，英国的工程师测量这一带要穿七十个山洞，后来我们再派人仔细地测量，比较了好几条路线，改为十七个隧道，完全用部定的标准。

我们全路动工以后，为了运输材料和人员往来方便起见，曾要求湖南省当局将省界的公路修筑，以便接通广东省的公路。民国二十三年一月，两省交界一段的公路接通了，对我们工程的进展有很大的方便。当时各省的公路实在以湖南省做得最好。

民国二十三年四月，衡阳车站落成了。到了八月间，我们的工程局也搬进去了，并装置一个小电灯厂，不至于夜间点蜡烛画图了。为了将来站长段长等行车职员的居住，我们把住宅先盖好了。住宅分成三种，甲种是较好的，盖了两栋，每栋花八千块钱，在工程时期我住其中一栋；乙种是次一等的，每栋六千块钱；丙种是双拼成的，每栋八千块钱，可住两家人。

造这段铁路动用的工人数目最多的时候，曾经到达十八万人，我们就照了一些活动的影片。从前照活动影片不像现在这么容易，须特地从上海找人带材料来，总算照了一套。这套影片曾经在广州、上海和南京放映过，铁道部和外交部的人看了，都认为这套影片对内对外都有宣传的价值，因此要我们把全套做成拷贝送到铁道部。

民国二十三年八月以后，我应邀到杭州审查钱塘江大桥的工程蓝图。这座铁桥是为了联络沪杭甬铁路和浙赣铁路，由茅以升和罗英二人联合设计，公开招标后，找几个专家去审查，我也是被邀者之一，所以到杭州去了一次，和他们研究决定。

株韶段工程为了赶工，所以同时从南北两端一起动工。外洋来的材料分别北自汉口运到株洲，南自广州运到韶州，然后分别运到工地施工。因南北政治上的隔阂，某方面表示我们在粤境筑路太快了，恐怕对时局不便，因此要求我，南北铁路暂时修到广东和湖南边境的一座隧道的两边为止，等到两边铁轨都铺齐了，一下子打开隧道接轨。我觉得这个要求没有什么意义，而且把我们的工程计划都搅乱了，很不方便，我没有答应。后来我去向军事机关解释，得到他们的谅解，仍按预定计划在太平里接轨。

民国二十三年十二月，全国的铁路员工捐钱买飞机献给国家。捐款共得 92 万元，买了十一架飞机，由政府代表接受。献机和命名典礼在南京明故宫飞机场举行，当时我碰巧在南京，被推为代表作铁路一号飞机的揭幕人。

民国二十三年年底，我由汉口往北到郑州，转乘陇海铁路的特别快车往西去，看看陇海路西段做得怎么样。其时特别快车只到潼关为止，我由潼关换上普通快车再往西去，这是一条刚刚完工的路，沿线的各个车站都还正在建筑。经过渭南一站，看到车站前棉花包堆积如山，总有万吨以上，这是准备用火车运出去的。这时候渭南站的营运收入是陇海铁路的第一位。到了西安，西安车站也在动工了，车站建筑是宫殿式的，地点正是我往年所选定的，而且城墙也开了一个门，由城门到大雁塔开了一条路。之后，我坐摇车去看坝河桥和浐河桥。那时候李仪祉先生是陕西省水利局局长，刘景山先生负责代表宋子文先生主持的经济委员会，这个委员会在西北有许多经济和交通的计划待做。后来我曾一度和刘景山先生共处过一段时间。

民国二十四年三月间，我曾与一位李工程师去韶州看工，趁便游览南华寺。我们在马坝站下车，步行不远便到南华寺，南华寺位于曹溪，禅宗六祖慧能曾在那里卓锡，是很有名的佛教圣地，供有六祖的真身。和尚们曾拿出六祖的衣钵和遗物给我们看。那时南华寺的住持是虚云和尚，刚刚出游到福建去了，代他主持的是四川人定沛和尚。

## 路工的进展（下）

同年三月，我陪中英庚款董事会的董事颜德庆先生沿路视察路工。颜先生是工程界的前辈，他那时担任交通部的技监兼中英庚款董事会的董事。我和南段管理局的李局长自广州出发，陪着他到乐昌，换上摇车沿线往北参观各大工程。到了衡阳以后，颜先生很了解我们工程的进度和我们所缺工款的问题，因此就和他商洽如何拨工款，使工程更能迅速推进。

民国二十四年三月的时候，从乐昌往北已经铺了几十公里的轨道，并且在工程车上附带营业。工程车本是来运送材料的，后来有人上去坐车，人数不少，路程也不短，所以我们就做附带的营业，出售临时车票，以示限制。同时自株洲以南和衡阳以南的两段也在工程车上附带营业。衡阳的人觉得很奇怪，为什么从株洲南下的轨道或从乐昌北来的轨道都还没到衡阳，而衡阳这一段有车辆可行呢？因为衡阳在湘江旁边，我们从北段借了几个机车，用船由长沙一路运到衡阳上岸，这头有了车辆，什么都容易了。既然株韶段开始行车，有关机务的事情，就设了一个机务课管理，请工程师茅以新（茅以升的兄弟）当课长。后来又添了车务段，设了运输课，办理车务营业的事情。

车务既然开始，我们也需要车务的人员。在长江以北的铁路本来已经有很多车务人员，他们的观念都比较旧，而且风气也不太好，因此我们在长沙、衡阳和广州三地另招考车务建设的学员，考选高中毕业的优秀青年，从头训练起，免得旧路习气不好的人到新路来。那时我们考选了四十个人，在衡阳给他们种种的训练。

为了培养工务与机务人才，我们从各大学挑选有关科系的应届毕业生来路上当实习生。当时从交通大学、中山大学、岭南大学、北洋大学、湖南大学和中央大学等校选了二三十个毕业生，我们一方面让他们实习，一方面预备将来给他们一个最好的服务机会。当时全国最大的铁路工程就是株韶段，这件事各大学都晓得，认为这段路将来大有前途，所以挑选最好的人给我们。同时我们用英庚款在英国订造了三十几辆机车和其他客货车，以备不久的将来派到本路使用。我们还特地派工程师许延辉到英国去监造机车和车辆，许延辉后来在台湾铁路局当机务处处长。

民国二十四年五月一日，我离开衡阳往南视察工程，在省界一个叫梯子岭的地方碰到土匪，土匪把我们监工拉走了。幸亏他们不晓得我是什么人，没有把我带走。那几天这一带的工地都被土匪抢劫了。

民国二十四年六月，我开始参加中央研究院的工作。中央研究院是学术机构，已经开办了好几年，和各方面都有密切的关系，很得政府的重视。那时候蔡元培先生当院长，他想公开设一个评议会，以推展研究院的业务，于是通函给各国立大学校长，投票选举第一届评议员三十人，工程组（后来改称数理组）、生物组和人文组各十人，然后呈请国民政府聘任，任期三年。选举结果工程组选出三个人，我便是其中一个，其他二位是李君仪社和唐君星海。那时候中央研究院的总干事是丁文江先生。这是我参加中央研究院工作的开始。

民国二十五年年初，铁道部张嘉璈部长和罗文干（钧任）先生要到粤汉路来视察，因此我在三月六日到汉口去接他们，其时他们已经到汉口了。后来就坐粤汉铁路湘鄂段的一列专车由长沙到渌口，转乘株韶段的专车到衡阳的耒河桥看桥工，然后再到衡阳。同行的人有秘书杨君翼之，夏君漱芳及高君大经，都住在我们衡阳的家里。过了几天，由衡阳一路南下看工程。到了南段，南段备了一列专车送我们到广州。

其时浙江省正在造杭江铁路。杭江铁路是由浙江省政府，铁道部和银行合办的。由于款项有限，因此降低了铁路的标准，尤其是铁轨很轻，路基很窄，因此机车也不能用大的。它的工程进度很快，工费也很省，大家都非常欣赏。张部长在银行界的时候也曾给杭江铁路经济上的支持，这回来视察株韶段，认为这里的标准太高了。他告诉我："这条路可能给你糜费了一千万元。"他是以一个经济家的眼光来看，总是认为费钱愈少愈好。我说："如果当时少给我一千万元，这条路我也可以完成，不过不是现在这条路。"我觉得政府刚刚公布了新筑干线的国家标准，以后筑路要照这个标准做，粤汉路是全国最重要的干线之一，不能带头违反规章。何况这条路的预算是经过铁道部和中英庚款董事会核定的，我何苦要偷工减料而博得工快钱省的虚名。我做的是百年大计，等到这条路通车以后，它的营运能力如何，将来就会知道的。

民国二十五年春天，株韶段两头的轨道逐渐接近了，四月二十八日，就在太平里车站碰头接轨，从此粤汉铁路的干线就接通了。那一天我也在工地，但没有举行任何仪式，只由工人留下最后一口道钉让我打下去。这么要紧的一条路，花了这么多的钱，今天这条路铺成了，原本很可以大大地宣传一下，让国内国外的人士普遍地知道。但我不敢这么做，是因为路刚刚接通，还不能好好地行车，一旦大家要来看，恐怕发生干扰，而太平里又是乡下地方，也不便招待客人。

我记得我在十二岁的时候，广州方面争取粤汉路商办，我也参加一股，花了一块钱毫洋，做了小股东，当时想也没想到三十一年之后，这条路会由我来打下最后一根道钉。这段铁路在民国二十二年七月铁道部和中英庚款董事会订定借款合同时，预定四年完成，开工之后，铁道部顾部长

粤汉铁路南北两段在太平里接轨时凌鸿勋亲手打下最后一根接轨之道钉

希望提早半年完工，我自己却布置三年完工的计划。英庚款虽然分四年付给，而我得到顾部长的支持，工款接济没有缺乏，所以从乐昌起到株洲这一段的四百多公里，从民国二十二年五月开工到接通，只用了不到三年的时间。

## 共军西进的骚扰

自从蒋委员长督师剿共，军事大有进展。到了民国二十三年八月间，我们在衡阳听到不太好的消息，因为在江西盘踞了好久的共军，知道粤汉路快要接通，恐怕将来困在里头，所以非赶紧趁机逃走不可。我们有一个测量队原来住在郴州，就搬到别的地方避风头了。到了八月中，共军突围了，有九个团的共军通过郴州往西走，可是我们的工作并没有停止。

到了十月的时候，共军第二次也是最后一次□到湖南来，由乐昌到郴州省界这一带是他们经过的路线。这正是我们第二总段和第三总段积极动工的时候，我们在工地有十八万的工人，我们不但要防共产党的骚扰，还要防工人里头有什么不良的分子。

到了十月底，共军到达湘粤边境，湖南的军事机关开始紧张起来，管制粮食，统一运输。我们的大工程还在进行，工人那么多，人心不安，令我们很伤脑筋。我们只好叫各总段把重要的图卷账簿等搬到安全的地方办公，并给各总段预备较多的现款和粮食以备应用。

十一月初的时候，乐昌、坪石等地方都在告急，共军的先头部队已经快到乐昌。它的主力经过株韶段的白石渡、漳河和廖家湾这些地方，一共有好几万人。工段的员工白天照常工作，夜晚就躲起来，因为共军都是利用夜里行军的。十一月九日，有两个分段被共产党占据了，工程材料的一部分，电讯的材料和电杆等被破坏了，并有监工二人和电讯工人三人被带走了，这五个人不久又被放回来。这个月底有一个工程师和一个工程助理员被共军带走了，过了一个多月才逃回来。这一大批的共军经过之后，虽然影响工事不少，但事过了之后，我们仍然继续做工。可是湖南当局有放弃江东岸的消息，江东岸一放弃，我们工程的地方也要放弃，因此我们觉得很不安。

当时何键为追剿总司令，薛岳为总指挥，一同驻扎衡阳。共产党突围的时候，国军也开始收复瑞金、宜都等地。后来共军由湘西进入贵州，一直□到陕北。

# 丁文江先生之死

二十四年底发生了一件令人很遗憾的事，就是丁文江先生的去世。因为粤汉铁路快要告成了，铁路需要用煤，所以调查沿线煤矿是当前之急。我曾经商请对于煤矿调查很有经验的丁文江先生来沿线调查，丁先生非常高兴地答应下来。他当时是地质调查所的所长，就由铁道部正式委托他办这件事。那年十二月，丁先生由南京先到长沙附近探唐家山的矿，看完之后就到衡阳，住在我家附近新盖好的铁路招待所，约定第二天早上八点钟我们几个人一同去耒阳看矿。第二天到了出发的时间，丁先生的房间没有一点动静，我们觉得奇怪，便把他的房门敲开，发现丁先生还在那里呼呼地睡觉，不省人事。丁先生平常睡觉有服用安眠药的习惯，可是这次久睡不醒却是煤气中毒，因为当天晚上天气很冷，丁先生在房间里烧了煤炉，添了不少煤，又关上房间的窗门，以及安眠药的作用，使得丁先生中毒很深。我们赶紧给丁先生急救，把他送到城里头的仁济医院去医治，过了一天，丁先生才醒过来。事情发生之后，我们赶紧打电报去南京报告，翁文灏先生曾亲自飞到湖南来看丁先生。待丁先生病况好转，便送他到长沙的湘雅医院休养，请名医杨济时医师主治。杨医师写信告诉我说丁先生的病进步得很快，几天之后便可出院了。可是后来不知道为什么牵动了一种旧病，丁先生突然在第二年的一月五日在长沙逝世了。这是很不幸的一件事，我和丁先生是多年的老朋友，他不但对于探煤很内行，对于铁路的选线也很有卓见，这一次为了探勘铁路用煤的事而发生意外，实在可惜，因此我写了一篇纪念丁文江先生的文章，载在北平出版的《独立评论》上，表示哀悼。

## 续　弦

民国二十三年正在主持株韶段路工之际发生了一件很不幸的事情，就是我的前妻石夫人去世。她本来有事去广州一趟，不料就在广州病殁。这次给我的打击非常大，因为那时候她遗留下来有五个小孩，小的不过一岁，而我一方面要负责粤汉铁路的路工，时刻不能放松。我把五个小孩子留在南京，由石夫人的至友苏凤平女士和她的母亲在南京为我照料，使我有全副精神完成粤汉铁路。这位苏女士毕业于苏州景海女中，念的是幼稚师范，和我的儿女很熟悉，好像一家人一样。因为那时我在衡阳没有心情也没有工夫去交女朋友，于是一年之后由亲友的建议，我和苏女士订了婚姻，这样子使我们这个破碎的家庭能够维系。在二十四年九月的时候，我就和苏凤平女士成婚，从此她一个人往来南京、衡阳之间，使我无后顾之忧。

## 两粤局势的变化

民国二十五年五六月的时候，时局又变，两粤将领陈济棠、李宗仁、白崇禧电请中央领导抗日。六月二日发一封冬电，一方面主张抗日，一方面派军队出动。六月七日广西军队进入湖南永州，我赶紧从南京返衡阳。九月粤军三团由乐昌开到郴县，广西的军队六团开到祁阳。广东和广西另外组织军事委员会，陈济棠为委员长，李宗仁为副委员长。中央的军队也出动，军车六列由武昌开到衡阳，就在衡阳车站的南边挖战壕布防，几天之间时局突然变化到这个地步。经营几年的路还未通车，受到这个打击，实在令人伤心。

六月中，我受令兼任湘鄂段管理局局长，我们先把湘鄂段、株韶段的运输统一指挥。我兼任湘鄂段管理局局长的那一天，也就是六月十五那一天，实在可怜得很，湘鄂段的客车货车完全停开，只开军车。那天全线几百公里的收入九块九毛钱，等于武汉轮渡的收入，正线没有一个钱收入，很困难。

因为军运很繁，中央派陇海路的前局长钱宗泽做铁道运输的总司令，并派陆福廷做粤汉路军事运输专员。他们都由郑州一直到武汉和我讨论粤汉路一切准备的事情。所谓准备就是万一发生战事。他们陪我一路视察到郴州，商量余工赶紧办完，使得两个月内能开通广州到武昌的直达车。

广东的军队只打到郴州，就退回乐昌了，什么道理呢？因为七月四日那天，广东的局面有点变动，广东方面的飞行员四十人偷偷地把飞机飞离广州投奔中央，并通电反对陈济棠，服从中央。同时在韶州的广东将领余汉谋也通电服从中央，中央派他做广东省绥靖主任，他在韶州就职了，局面急转直下。

不过广东的军队，在湘粤边缘的地方做了很不道德的事情，恐怕中央大军南下，就把坪石南边田头水三十公尺长的一座钢桥炸毁，过几天又将乐昌以北九峰水一座三十公尺长的钢桥炸毁，这两座钢桥都是株韶段刚刚完成的，几经辛苦经营使它通车，料不到还未全线通车，就给自己破坏掉了。因此，我马上到田头水、九峰水两个地方，同几位工程师日夜赶修，中央的军车已经在后头等着。所谓日夜赶修，是全夜没有停，因为那个地方一面是河，一面是山，没有地方可以做临时桥或便道，又要做钢桥，很难修。

中央的军队已陆续从郴州往南来，好在陈济棠的空军全部反正，中央的大军已继续南下，陈济棠在七月十八日那天通电下野，自己溜到香港去。幸亏战事没有爆发，这两座桥很快地修复了。过了几天，郴州和坪石之间先通车，再过几天，九峰水的钢桥也修复了，这两座都是正式的修复，不是临时的搭修，军车于是乎源源南下，广州引起的大问题就解决了。陈济棠下野，广东省政府改组，中央派黄慕松接任省政府主席，曾养甫接广州市市长，从此广东全省的政治军事统一于中央。

事后，我和钱总司令宗泽和新派的广州市市长曾养甫及何竞武几位乘便游览南华寺，那时，虚云老和尚在这个寺，就和他谈谈。

至于广西亦和平解决，服从中央，仍由中央派李宗仁为广西省绥靖主任，白崇禧为军事委员会常务委员。此后桂省不问政治埋头苦干，致力于省政的改革及经济的建设，在二十五年九月，粤汉铁路全线通车成功以后，广西省主席黄旭初，派人来接我到广西去商讨湘桂铁路的筹筑（详后）。

## 粤汉铁路管理局的成立

粤汉铁路自从株韶段接轨以后，总算全线接通了，从前为三段的铁路现在合并为一个粤汉铁路，但还有很多问题，如全路的管理局应设在什么地方，同时叫谁来当管理局的局长，这些都是问题。

其时西南方面和中央有点隔膜，西南政务委员会是两广最高的政治机关，并不归中央管辖，实权操之于总司令陈济棠。张部长公权先生到过广州，也就是为这个问题要和陈济棠商洽，商洽的结果由张部长提出来。因为我是广东人而没有政治色彩，路虽然接上轨道仍有许多余工要做，因此商定由我来担任第一任的粤汉铁路管理局局长，陈济棠非常欢迎。我个人对于铁路的运输经营不但没有经验，而且没有兴趣，由于这条路的余工不少，还不能马上行车，为了铁路起见，我应始终其事，我答应担任一年的管理局局长，在一年任内要把余工做完。

从此我就着手三路统一的问题，人事、设备等都非常繁复，后来我就到南京和铁道部商定全路管理局怎么组织和不简单的人事问题。株韶段是我办的，没有人事问题，到了三段合并，尤其是把南段也合并起来，发生不少的人事问题，其时南段管理局局长李仙根乘此机会辞职，铁道部派我兼代南段管理局局长，三段马上就合并，不另外派人了。

八月一日我就任粤汉铁路管理局局长，三段正式合并，期望很久的三段统一到现在才实现。管理局设在武昌，地位比较合适。我派了两个管理局副局长，一个是王仁康，原为南段管理局副局长，另外一位周钟岐，他是曾养甫的人。王仁康驻在广州办事，因为广州也是一个中心。

旧式的铁路局组织设工务、车务、机务三处。车务处管车辆和机车行车，营业是次要的，这样对铁路的发展不太好，所以在粤汉路没有成功以前，已经有个腹案，将来造路不设车务处，改设运输处和营业处。运输处管机车车辆的维护修理、运转，至于招揽生意、定运价等等，另外有一个营业处来主持。营业处可以从做生意的眼光谋发展，这是很对的。以往的旧路就怕改，改了我分给你你分给他。粤汉路是新的路需要改组，乘这个机会把理想拿来粤汉路实行，所以粤汉铁路设总务处、工务处、会计处，另外设运输处和营业处。

因为株韶段还有余工未完，即整理轨道和添加行车设备，他们采纳我的意见，在衡阳设株韶段工程处，由我自己兼处长，由工程师桂铭敬当副处长，驻在衡阳，计划一年完成余工。那年的九月一日，粤汉铁路第一次直达的客车通车，那一天由广州开行，我也到广州去，没有举行典礼。武昌到广州全程一千零九十六公里，初次通车，走了四十多个小时。因为初次通车，又三段的行车规则还未十分熟练，所以走起来比较慢。

我也是广东人，广东人有广东人的个性，广东人只讲广东话。在路没有全通以前，在广州车站一直听到广东话，因为旅客是广东人，车站的人也是广东人，行车的人也是广东人，现在路一通，广州车站可以听到好多国语了。从前广东省用毫洋，中央的票当然可以用，不过还是以毫洋为单位，现在路一通，一切都用国币法币，票价运价一切都以中央的法币为单位，广东的币制马上就改变过来了。这和我从前在陇海路一样，我只筑到潼关，潼关过去不用中央的钞票，杨虎城发行一种陕西省的钞票，中央的钞票不能用，火车到了潼关，往西前进，这个门是关不住的，于是中央钞票大大地通行了，陕西的票慢慢地没有了。这也是交通解决问题的办法。广东音吉凶的“凶”和空中的“空”发音相同，如果有房子要出租，不叫“空屋出租”，因为“空”和“凶”发音相同，而用“吉屋出租”，行车方面有很多空车，广东人称车为“卡”，全线既然通行了，电报上的往来就用“吉卡”，意思就是空车。还有广东人吃的荸荠叫“马蹄”，这是广东人特别的叫法，外省人有的懂，有的不懂，有“一卡的马蹄”电报发出去，意思就是“一车的荸荠”，由此种种的笑话就发生了，很有趣。可见交通对一个国家的政治统一和经济统一是非常要紧的。

九月一日通车以后，我轻松了很多。铁道部在南京召集了一次各路局局长会议，我出席过后，坐津浦车到北平去走了一走。北平古都已隔别好多年了，我自从参加铁路工程以后，从来没有星期日星期一之分，都是照常办公，借此休息一下。北平风物一样，而政治环境已经很坏，回来的那天，湖北省主席杨永泰被刺身亡。

民国二十六年的元月一日，武昌的总站落成。武昌本来有个小站在宾阳门，自从通车以后，武昌来往的旅客也多了，而且由于是省会的关系，冠盖云集，而宾阳门车站太简陋，因此我在武昌城外另建一武昌总站，一月一日落成。

粤汉路虽然通车，军车还是很多，刚通车行车上有很多限制，不能开快车，尤其是上坡。民国二十五年十月，某军长的部下用一列专车办东西到某地方去拜寿，由广东开到湖南边境，军车不听站长的指挥。行车最要紧的是安全，有规章可循，能行车不能行车，站长有权，列车长是指挥的，他完全不听，拿枪迫令司机开车。开车已经犯禁，到了上坡的地方爬不上去，军人一定要开，他不管三七二十一把这一列车分开两节，结果机车溜下来了，和留在前一车站的半列火车相撞，死伤士兵三十余人。虽然军人不听指挥，究竟是铁路出事，我就赶紧到出事的地点去处理。车出事也不是没有过，不听指挥是个大原因，其时有联合勤务总司令部俞部长飞鹏，他刚刚在广州，我就去广州向他报告，他很不高兴，他说在苏联的话你这个局长都要枪毙。这句话是很严重的，幸亏没有枪毙。

铁道部派业务司的人来路上调查，为应付军方的不满，把我记了一次过，并且把运输处的处长记了一次大过，由金士宜代理运输处处长。原来的运输处处长是个很能干的人，对粤汉路的贡献很大，也是铁路运输机务的一流人才，因公受过实在是很可惜的，后来这个处长调部任技监。我修粤汉铁路辛苦几年，路成之后，从无奖励，倒记了一过，到现在还没有销。

## 黄埔支线与广九路接轨

广州虽然通航，但是究竟河道很窄，大的船不能进去，只能进到黄埔，黄埔水深地大，早有设支线到此的计划，由粤汉铁路局主持，并已开工。开工以后发生问题，这条路要跨过广九路。广州粤汉铁路以黄沙为终站，广九路以大沙头为终站，两边接不起来的。在广东人看来，要接上的话，北边的客货就拿广州做一个过路站，对于广州的商业影响很大，一直反对，因此两条主要干线接不起来。后来因为要发展黄埔商埠，让大船可以从珠江进来，因此开工修黄埔支线，由广州北边的一个站修条支线一直到黄埔。

这条线需要经过广九路，怎么办呢？我修路的时候计划用旱桥跨过，这样可以到黄埔，并与广九路不接轨，在当时而言只有这个办法。广东人不愿意接轨，也非到黄埔不可，旱桥也正在建了。不过那时的局面很不好，对日抗战局面很不好，我们需要九龙的帮助，需要英国人的帮助，而这个不能明言，只能心照不宣。英国在外交方面很活动，他向中国政府要求接轨，政府为应付时局，对于接轨有点活动。广东人小见无所谓，不便讲出来，我也深知华北的情形一天比一天坏，这两条路接轨是必须要的，要不然物资怎么能够运过来呢？所以我自己早有一个计划，不过这个计划没有讲出来。英国驻华大使据报用旱桥而不接轨，很不高兴，责问交通部张部长，张部长来电报问这是怎么一回事呢。要拆掉旱桥，这个办不到，接轨的办法我老早已有了，即时要接并不困难。我没有拆除旱桥，我一面做旱桥，一面内定接轨的办法。

七七那天，日本军队演习，借口有一名士兵失踪，要求进入宛平城，被守军拒绝，激起日军夜里用大炮轰宛平县，武力侵占的行动正式地揭开了。第二天日本军队占领丰台，那时我正在南京，并且到上海和交通银行接洽粤汉铁路添购机车车辆请银行当担保的事，一看北方事态严重，不是局部的问题，而且敌军一天一天往南来，我赶紧回到武昌筹议解决办法。那时候军事一天紧一天，宋哲元本来主持华北军政离开了北平，天津也发生战事，蒋委员长向全国宣布卢沟桥事件是最后的关头，必须坚持最低的立场，决不屈服。那时我回到汉口，汉口江面停了日本的炮艇多艘，到七月底又添来好几艘，举动很可疑，所以武汉很紧张，修了许多防空的设施。

那时我知道时局坏到这个地步，战事一定扩大，黄埔支线必须和广九接轨，所以我就把这一段接轨的路基地亩先已买好，并把沿线的钢轨放在旁边，路基也先做好，道栅、枕木、钢轨等都摆在旁边，以备万一。八月初，张部长突然来一个电报，奉委员长询问粤汉路如果要和广九路接轨的话要多少时间？我一个电话回复过去，十四天可以接通，果然过了几天之后，来个电报，委员长限十四天内通车。后来果然在八月限期之内接通了车。一列车载了现洋五千万到九龙去，到了广州附近等着，这条支线一通车就往前走了，把现洋集中到香港。

# 第10章 战时湘桂铁路的兴筑

## "七七"前后

朱毛共军于民国二十四年九月由四川窜往西北陕甘一带，十月二日蒋委员长兼西北剿匪总司令，张学良为副总司令，在西安设司令部，由张指挥，蒋委员长曾经来往洛阳好几次。二十五年冬，陕西省主席杨虎城和张学良有所勾结，十二月十二日蒋委员长在临潼蒙难，受张、杨的劫持，举国惊骇，就是所谓"西安事变"。幸而张学良迅即悔悟，十二月二十五日曾在武汉听到炮竹大放，知道蒋委员长脱险了，不久中央军到了西安，杨虎城下野，陇海路恢复通车到西安。

民国二十六年三月二十九日那天，国民政府林主席将到广州主持黄花岗祭，三月二十二日由南京坐军舰到汉口，我知道后，到汉口为他备一列专车，一路陪他到广州，主持黄花岗祭典，非常隆重。与林主席同行的是参军长吕超，我和几位处长及车长照料。二十四日那天专车到广州，广东省的文武要员及各国领事在车站迎候，场面非常热闹。后来部里也派了一位业务司的司长陈清文（现在还在台湾）做粤汉铁路的副局长兼运输处的处长。这是因为粤汉路日益繁忙。这年三月三十一日，我的第四个儿子崇迈在南京鼓楼医院出生。

卢沟桥事变后，日军悍然进攻，七月二十六日攻陷张家口，二十八日北平也沦陷。国家遇到外患国内才能真正团结。八月初桂军将领白崇禧自桂林飞汉口，到南京共赴国难，人心非常振奋。八月初，日本军舰到汉口，后来长江下游封锁，八月七日那天，所有的日侨、日本的炮艇全部退出汉口，武昌的形势稍微缓和，我方接收汉口的日本租界。因为战事很紧，粤汉路的事情很重要，此时我兼办湘桂工程，此路正在进行测量和定线，还未动工，难以兼顾，我就辞掉兼职。八月十三“八一三”上海的日敌以日租界做根据地向江湾闸北进犯，我军奋勇应战，于是北边和上海都发生战事，全面抗战开始了。

我人在武昌工作，家人都住在京沪，抗战开始，家人及儿女由京避沪，八月十二日又乘船离沪西上，以汉口为目标，次日淞沪战争爆发，幸免遇险。唯船到南通，由于交通封锁了，进退两难，待了好几天才部分开放，安全地到了武汉。二十五日大队敌机头一次空袭南京，武汉也被炸，目标是汉阳铁厂、汉阳兵工厂。南京铁道部部分文书案卷由南京疏散到武昌、衡阳一带，后来战事一天一天地坏了，日军宣布封锁沿海全线。

二十六年九月我到南京述职，铁道部改派平汉铁路局局长陈延炯做粤汉铁路的局长，调正太铁路局局长颜德庆做平汉铁路的局长，把我调去正太铁路当管理局局长。粤汉铁路通车一年多，今后的任务对于军运是非常之重要，工程变成次要了。平汉铁路局局长陈延炯是很能干的一个人，铁道部把他调去粤汉铁路当局长是再好没有，不过想把我安插一下，所以硬把我调到正太铁路当局长。那时平汉线的战事已经延到石家庄，石家庄是正太铁路管理局的所在地，正太路局正在撤退，不久石家庄也沦陷了，娘子关、太原也都先后失守。这时候要我到正太铁路当局长，觉得有点滑稽，不过总算给我一个位置就是了，因此，辞未赴任。我历年致力铁路工程，对于管理不但没有经验，也没有兴趣，当初因为粤汉路通车以后，还有许多余工没有做完，所以当初只答应当粤汉管理局局长一年，最要紧的目的是想在一年里头在我手里头亲手把余工做完。现在我当粤汉管理局局长一年多了，三段也已经统一了，余下的工程可以说大部分做完了。十月一日正式离开粤汉路，把家搬到汉口住了一段时期。

十月间，刘景山先生受命到西北去开辟国际交通，要我一起去看看那边有什么事可以做。那时战事已经扩大了，沿海都已经被封锁了，或遭受轰炸，粤汉铁路南段成为敌机轰炸的目标。国际方面协助我们抗战的物资不能不多开一点路途，目标一方面在西南，一方面在西北，于是决定开发西北的国际运输路线。那时中国已和苏联复交，并订有一个商约，租借或交换一千辆俄制卡车。在七七抗战开始之前，苏联在新疆当局允许下，修筑一条横过新疆的公路，由边境霍尔果斯经过迪化、哈密，横过全省，七七战起，刚刚做好通车。由兰州到哈密原有一条土路甘新大道，即自古以来著名的河西走廊，可以勉强通大车，就是骡马车，可是没有路面，也没有一定的路线，因为西北多的是荒漠平地，没有一定的路线，看能走就走。政府因为和苏联交换物资，有好多车子可供我们用，因此这条路不能不改良一下，因此任命驻在武威（凉州）的一位骑兵师长马步青（后来改做骑兵的军长）兼任甘新公路的督办，就把原来经过西北走廊的一条大道，由马步青的兵工来修整，这条路这么长，由中央设机构来修这条路不容易，而且也迫不及待，马步青的骑兵训练得蛮好，就用他的兵工来修整，有什么事就让他出来，目的是能够走汽车。刘景山先生奉派前往甘肃、新疆主持西北运输处，商办一切有关问题，邀我同去。

十月底由汉口飞西安。那时有不定期的欧亚航空公司的飞机，由西安到兰州。我在西安等了几天飞机，乘机在西安沿陇海路西路参观工程，顺道看看汉朝的茂陵和马嵬坡等古迹。等了几天之后，我坐飞机到兰州，那时我们自苏联得到一千辆的货车，已自新疆往东开来，部分已到哈密。甘肃境内这条大道一千多公里，不但路面没有修整，就是油料的供应、修护的设备、司机膳宿的地方，和电话电报的传递，一切都还没有，而且急于赶紧准备，这个事情并不很简单。

我到兰州没有几天，头一批苏联车到兰州来了，以后源源而来。这一批车原定由苏联司机开到哈密为止，再由我们派驾驶员去接车，我们哪有准备呢？路也不熟悉，话也不懂，路上一点设备没有，人员到那里怎么样接车子呢？后来没有办法了，就请他们开到兰州来了，天天来一二百部车子，挤得不得了。到兰州挖土洞，恐怕敌机来炸，西北的土层很坚固，很容易挖，不会塌下来的，所以那时候也挖窑洞来存放这些车子。后来车子更多了，就更忙乱了。后来又准开一小部分的车子到西安去，由俄国的司机直接开去。这条西北的路线，由兰州以西通到新疆的路线开了一条新疆陆路运输的道路，那是抗战初期，海口封锁的情形之下，除了一方面在西南从法属安南有点物资接济我们中国以外，国际上的援助，开这条后门也不无小补。这一类的车子来的时候带点军用品，出去的时候交换点钨砂羊毛等等，因为在电话里、电报上避免敌人知道，所以对外说这批车子是羊毛车，所以那时候说羊毛车就知道是苏联的车子。

我在兰州的时候，江苏的战事更坏了，上海、苏州先后沦陷，十二月南京撤退，国民政府迁都重庆，并宣告中外继续抗战。

## 湘桂铁路的筹筑

民国二十五年粤汉铁路全线通车后，有人建议从衡阳修一条铁路到桂林，使广西可经由粤汉线和长江流域沟通，而不至孤立于西南。这是很好的建议。广西省主席黄旭初先生是相当开明的，从前我到广西服务时彼此就认识了，他为此事于二十六年二月请我到桂林去商讨，派代表派车来衡阳接我。自从广西服从中央以后，休养生息，致力建设，我看情形应该去了，就带了两位工程师，沿着公路到桂林，中途经过湘桂交界的长江和珠江流域的分水岭，觉得此路线修筑起来比湘粤两省交界地带的粤汉路要容易得多，对此路的修筑先有了一个概念。到了桂林以后，和广西省政府商洽，以广西省政府主席名义建议中央，我也报告铁道部这条路可以做及其做法，如此双管齐下。

这是我头一次到桂林，桂林山水甲天下，我顺路游览灵渠。灵渠据说是秦时就凿通的渠，是湘漓同源，一面水流到湖南，一面水流到广西，很有趣的是，由于两河水位不一，中间筑有水闸加以控制，是老式的闸，有小船（不是汽船）可通。乘机会游览桂林和阳朔的山水名胜。

提出建议的两个月后政府采纳了，铁道部派我兼任湘桂铁路工程处处长及总工程师，从衡阳筑至桂林。民国二十六年春夏间开始测量路线，准备动工。四月我再赴桂林与省府洽商，白健生崇禧先生看见我，拉着我到八步视察矿区，并访罗文干先生于八步协源矿场。

抗战爆发，粤汉铁路运务繁重，我辞去湘桂铁路兼职，铁道部改派杜镇远接充。后来我又离开粤汉路到西北去，在兰州约两个月，忽接铁道部张部长的电报，要我返回汉口商洽湘桂铁路的展延问题。

我于十二月初离开兰州。那时既无定期飞机，改搭商用卡车，只是一吨半到二吨左右的小卡车，走了四天才到西安，一路上非常辛苦。从西安转陇海路到郑州，转平汉路到汉口。此时南京已经很危急了，郑州以南军事凌乱不堪，到了汉口，南京已经失陷，大部分政府机构尚在汉口办公。

铁道部对湘桂铁路的计划除了赶筑衡阳到桂林以与粤汉路接轨以外，再展延到桂越国境，接越南铁路，俾可利用海防海口，运输抗战物资与一般商品。展延部分分为三段，自桂林至柳州称桂柳段，自柳州至南宁称柳南段，自南宁至镇南关称南镇段。我奉派为南镇段工程处处长兼总工程师。

## 初抵南宁

二十六年年底，我自汉口挈眷驰往南宁，乘粤汉铁路火车到衡阳，转公路车到桂林，再经由柳州抵达南宁。广西的公路修筑得非常好，车走得很快，沿途非常顺利。民国十六、十七、十八年间，我曾在梧州做过一段事情，为湘桂路的筹筑也曾两赴桂林，与广西方面的人都很熟，相处很好，如今旧地重游，推动工作相信会很顺利的。

由兰州到南宁四千多公里路途，从冰天雪地的西北到温暖如春的西南，是生活上很大的改变。南宁在西江上游，地方虽然小，人口不过十几万，可是曾经是广西省政府所在地，所以地方建设非常好。特别值得谈的一是南宁城里的马路全铺柏油，街道非常整齐干净，二是不但有自来水，而且有电话，都是自动电话。我们由西北一个很落后的地方，到一个相当近代化的城市，物价也非常便宜，因靠近安南的关系，有许多洋货在内地不容易买到的，这里可以买到。

当时我们的待遇比广西来得高，从广西省主席、处长到工人的待遇都比中央的低，中央的待遇比省府高，广西用桂币，广西的钱一块合中央的钱五毛，张部长恐怕我们中央去的人拿的薪水比较高，很容易对地方产生歧视，所以他宣布一个办法，所有中央去的人薪水一律打六折。我从前一直是铁路局局长，都是拿 600 块钱大洋，打六折有 360，在广西来说是 720 了，比当厅长、当委员的还要多，由于物价低廉，我们也觉得很过得去。

## 铁路企业化

民国二十七年元旦中央改组，行政院蒋兼院长辞职，孔祥熙先生担任行政院院长，将铁道部并入交通部，仍由张嘉璈先生担任部长，实业部改为经济部，由翁文灏先生担任部长。月初南镇段铁路工程处在南宁成立，组织简单，我们派桂铭敬当工务科科长，贡乙青当会计科科长，刘澄厚当总务科科长，程叔彪担任秘书，这些人都是由粤汉路过来的。

张部长对于新路另有见解，他想使铁路的修筑及经营企业化，创设公司的制度，邀请湖南和广西两省省府加入股本，使得行政组织比较简单一点。这条路既然在湖南、广西两省兴筑，拉两省的省政府参加，可得到很多的便利，因此在广西省政府的所在地桂林设湘桂公司理事会，张部长自己担任理事长，派侯家源当总经理。侯家源本来是老铁路，所有工程处直属理事会，如此有事请示，钱的汇拨比较容易，不需远远到汉口去。

那时衡阳到桂林的衡桂段三百六十公里已经开工了，侯家源先生兼任这段的处长。中间还有两段，一是桂林到柳州，一是柳州到南宁，有两个测量队在那里定线，桂林到柳州这一段由罗英先生担任测量队队长，柳州到南宁这一段由袁梦鸿先生（新近退休的台糖公司总经理）担任测量队队长。我没有到南宁以前，南宁到镇南关一段也有一个测量队，由章祓先生担任队长。因为国际交通的需要，除了衡阳段以外，南镇段工程处首先开工。

## 中法南镇铁路借款合同

到了南宁不过几天，我就率员前往中越边境察看路线，我们坐车子从南宁沿公路一直到龙州，这段公路非常好。后来到镇南关，再出关到越境的同登、谅山。安南的铁路早已由海防经河内到谅山，后来展筑到同登。同登离我们国境还有四公里，这四公里的路基已经做好了，铁路还没有做，暂时改做公路通车，和我们这边的公路已经连接起来，由同登到河内、谅山汽车已可直达。我们一边预备做南宁到镇南关，也要求法越方面把同登到镇南关这四公里同时做好，可以两边相接，如此通了车之后，就可以利用海防这个港口。我们在镇南关设了边卡，管理出入境，法国方面在同登设边卡，平常商旅来往并不多，近来因为对日抗战的关系，海口被封锁了，我们抗战的物资，以及铁路材料等，都是在法国允许和协助下由海防经过这条路进来的。对我方而言虽然是国家的事情，仍要组织一个兴运公司出面来接运。

民国二十七年一月十八日那天，交通部张部长由汉口到南宁商量湘桂路如何推动的事，又到河内和法国的银行团代表沙第、中法银行的刘符诚、中国建设银公司协理刘景山商洽中法合作来建设南镇段，因为那时候在经济上我们没有力量来完成这条路，在材料上没有办法不借重安南进来，再就是因为关系中法国界的问题也需要有一个了解，所以张部长就到河内和三方面的人商讨。法国人早在前清经营安南，就要求将这条路通到广西、重庆，这是他们利益的一条线，我们总是推，没有答应。他们究竟没有忘记所谓势力范围的观念，接通西南各省等于使安南的商务繁荣，这是很令他们有兴趣的一件事。从前他们要求，我们想法子拒绝，现在我们求他们，因此情形不同了。大致的商量是由法国银行供给我们材料，材料就是机车、车辆、钢轨、桥梁和部分的工款，工款指定给予承办工程的法国包商。至于由中国人承办的工程，由中国负担。他们要求设一个中法建筑公司来主持这个工程，当然借款筑路我们权利损失相当大、相当多，不过看看局势已经很严重了，南京已经陷落，在外国人看来，中国政府的担保已经没有以前那么稳固了，因此法国还要求额外的担保，以便向法国政府求得一个信用的担保，要不然法国政府不担保，借款就不成功，要求的条件稍微苛刻，我们也不能不迁就。

正式合同在四月二十二日签订，主要的条款有以下几项：借款的数目，法国银行团供给材料款一亿两千万法郎，等于法币一千三百万块钱。现款三千万法郎，大概等于法币三百万元。另由法国银行团和中国建设银公司合组中法建筑公司来承包工程，公司资本是英金二万四千镑，约合法币四千万块钱，另有垫款十二万镑，约合法币二百万块钱①。不足的工款由中国政府补足。还本由中国政府发行的期票年息七厘，前三年付利息，第四年起十二年间本息还清。借款的担保，工程时期拿盐余作担保，等到

① 原版如此。

路成功营业以后，拿路款收入项下来拨付本息，不够的数目还是由盐余来补足，并要求广西省的矿税项下作附加的担保。买材料由法国银行团代买，购料费1.5%，经费5.5%。建筑工程由中法建筑公司主办，给15%的酬金。总工程师和总会计由法国人担任，我们这方面的交通部派一名工程监督，负责监督工程和稽核工料的款项。每一段完工，就先交给我们接管，这是很特别的。越南的铁路是窄轨的（一公尺的轨），我们中国内地的干线都是宽轨，为了便利工程材料运输，决定自越南而来的铁路暂时铺一公尺的窄轨，在国境以内的铺标准轨的路基，等到全路完工以后，我们可以自由决定把中国境内的窄轨改为标准轨，限两年内完工。并且镇南关到广西的明江县，尽先赶速通车，以便赶紧将器材运进来。合同相当的复杂，工料的来源不同，还有担保等问题，成了一个很特殊的借款合同。

## 广西的征工筑路

凡是铁路都有土石方和人工，广西人口不多，不到一千万，尤其在偏僻的地方，招人工很不容易。这回做铁路的路基，要是从北方或湖南去运来大批的工人，是不可能的。因为地理和方言的关系，和广西方面不容易搞得好，所以还是想和广西省方面商量如何征工。一般省份对于征工认为是很麻烦的事。因为普通一般的征工，路方总是要求地方价钱越低越好，在地方方面总说政府机关剥削民工；路方总说工作做得不好，地方总说路方太啰嗦，而广西不是这个样子，这是值得大书特书的事。广西以训练和组织民众自豪，以往做飞机场和公路，都发动民众来服役，不过这都是小规模的征工。现在的路那么长，需要的人也多了，广西当局索性拿这件大规模的工程当作广西大举动员的实验，由我来负责。省方设一个路工管理处，由建设厅厅长兼处长，另派一个专任的副处长。广西各区民团指挥官按照沿线各县壮丁的数目比例征调，以军法部勒。我们强调这路工实际上是广西省大举动员的测验，要负起责任来，做得好，又要做得快，以此作为各县的考绩，路方对各县派人的数目，如期做得完、做得好，双方核定一个公平的价钱，这样一来，路方就省了很多麻烦。

四月一日南镇段的土方工程在凭祥县南边一个隘口开工，第一批的民工已经到了，征工处布置得井井有条，龙州区的民团指挥官，交通部的代表等，参加了开工典礼。正在这个时候，中原的战事很激烈，台儿庄大战四月开始，先是打胜仗，但后来也不行了，一个月之后退出徐州。

由于南镇段决定由中法建筑公司来主办，我国官方退居监督的地位。六月一日，中法合办的南镇段工程处成立，法国派法籍工程师冯丹（Jules Fountaine）任总工程师，章祓任副总工程师，他们到南宁来接收过去几个月来南镇段已办的工程和款料，我方所组织的工程监督处同日成立，以我担任监督，洪君观涛任副总工程师，驻谅山，代我执行日常监督事务。

六月初中原战事恶化，开封失守，花园口黄河堤决口，自是黄河泛滥，不久安庆亦失守了。

六月中旬，我为南镇路工事前赴香港，二十二日由港搭飞机到汉口。此时国府已陆续迁往重庆，但交通部及许多其他机构仍在汉口办公，我和张部长商洽后再飞香港，代麦张部长列席在香港大学召开的中英庚款董事会通过关于湘桂铁路工款的两个案。七月六日返南宁。此后因为南镇段积极开工，为与法方商洽材料及工款等事，时常往来于谅山、河内和南宁之间。

这年长女崇秀在南宁初中毕业，由于内地学校不太稳定，暑假后就送她和次女崇英到香港，进入真光女子中学就读。

## 接办桂南段路工

民国二十七年八月间，我又因事赴港，并拟飞往汉口商洽公务。此时，湘桂铁路衡桂段赶工速度很快，桂林到柳州，柳州到南宁两段也各自动工了。八月间，交通部为了精简机构将桂柳段和柳南段合并，称桂南段，派我为桂南段工程局局长兼总工程师。我原定搭二十五日班机，不料二十四日敌机在中山县境将中国航空公司的一架客机“桂林号”击落，这飞机是由香港飞往桂林的，我的同学徐君新六及乘客多人罹难。遭受这次袭击，各线客机停航，一直等到九月二日，欧亚航空公司客机首次复航汉口，我才搭赴汉口。此时武汉形势险恶，湖口、九江早于七月沦陷了，武汉戒严，我记得飞机是在武昌一个机场降落的，有人看到我说你竟然敢来。但是交通部仍在汉口办公，我离汉口后才全部迁往重庆。

九月五日我由汉口搭机飞香港，次日，欧亚公司一架客机又为敌机击落，只得自香港乘船经梧州返回南宁，沿途看见敌机在三水、肇庆等处投弹，此后华南局面一天天严重。

九日我返回南宁，桂南段工程局仍设在南宁，十月后桂南段工程进行很积极。不过九月以后，敌机常来桂柳南镇一带轰炸，当时柳南、南镇两段征工达四五十万人之多，是以成为轰炸的目标，影响了工程的进展。

## 广州沦陷与重庆之行

十月二十二日广州失陷，二十五日武汉失陷，广西为之震动。同仁眷属多疏散于谅山一带，我的家人也暂赴谅山居住。广州的失陷对我的长女崇秀更有一段惊险遭遇，此因广州方面要求港九的学生回广州接受军训。十月七日我特地到香港，次日送崇秀赴广州接受军训，十二日敌军忽然在香港东边的大鹏湾登陆，绕过香港袭取广州。崇秀刚到广州不久，闻警即赴江门，由江门步行到澳门，转回香港就学。

西南战局有新的演变，湘桂征工筑路便直接受到影响，此后路工如何进行应该有一个方针，因此我须赴重庆请示。此时已不可能乘船到香港再搭飞机，但河内有飞机飞昆明，再由昆明飞重庆，于是我于十一月初从南宁到河内，再飞昆明。这是我第一次到昆明，昆明还没受到战争的威胁，很多机关搬到那里，很多老朋友住在那里，此时滇缅铁路正在开工，我的老同事萨福均当此路的工程局局长。又清华、南开、北京三个大学在昆明组织一个西南联大，我的长子崇光亦于当年夏间在桂林考取，入工学院肄业。由于等候班机使我有机会游览昆明大观楼等名胜。

十一月七日，我搭欧亚航空公司客机由昆明飞抵重庆，交通部在上清寺办公，由于时局日坏，长沙、南昌、沙市先后告急，桂林到南宁的桂南路无法急进，改采紧缩维持的办法。

这是我头一次到四川，趁机看看成渝铁路的进展，并坐汽船沿嘉陵江往上游去看看做隧道的工程。成渝路早于去年三月开工，但因长江被封锁，广州又失陷，从西南也没有便捷的交通路线，因此材料无法运进来，路工也在半停顿状态，七个总段已有三个停工，其余的只有少数桥梁部分还在动工。这是非常可惜的事，要是此路能早日完成，对抗战后方的帮助一定很大。

我在重庆请示之后，飞返昆明，返程特地坐滇越铁路赴河内。滇越铁路是法国人于1901年开始造的，1910年完成，在我国国境共长四百六十四公里。当时是法国强烈要求而获得此路的筑造权，由法政府与巴黎银行团组织公司经营的，我方没参加资本，没担任人事职务，是完全由法国人在我国境内自由建造的一条路。因为经过的山区崎岖迂回，坡度很高，所以用一公尺的窄轨。在平地修铁路施工容易，但不会有特殊的景观，在山地修铁路施工困难，工程浩大，但风景一定好，成反比例。滇越路云南境内工程相当浩大，风景极美。不过沿途山地常有坍土之事，自通车以来，夜间均不开行列车。

## 空袭下的湘桂路工

二十七年九月衡阳到桂林一段通了车，我们赶筑桂柳、柳南段，以便接南镇段，打通西南国际路线，同时自柳州往北也可促进黔桂路工，可往北通到贵州。这条路的赶筑，自然引起敌人的注意，因此敌机便常来桂柳南镇空袭。广州沦陷后，十一二月间，日敌航空母舰常常在东京湾、北海涠州岛一带海面上来来往往，空袭更为频繁，同时也威胁到越南。法国政府对日本的气焰有点顾忌，唯恐日本会对越南作不利的行动，大概日本也加以威胁，因此法国政府授意中法建筑公司对南镇段工程不要采积极态度，看情形南镇段和柳南段不容易接通的，我们和部里商量，集中力量赶筑桂柳段。

十二月底，白副参谋总长崇禧到南宁来，召集各机关开会，据他的判断，战局的发展，敌人可能攻击南宁。我们看情形不能不作准备，因将工程局的案卷、图册等分散到别的地方保存，同时眷属也稍微疏散一些，以防万一。

民国二十八年年初，敌机来袭，来的并不多，十架左右，或炸南宁，或炸柳州，都要经过南宁，所以南宁天天有警报。警报一响，我和局中同仁不得不走避，往往是早上走到离南宁好几公里的茅桥去躲避，晚一点才回城办公。此时南宁以南路工由中法建筑公司主持，我责任小，而桂南全段由我负责，须时常去巡视。这段工程也相当困难，像由永福、黄冕到波寨，是非常落后的乡下地方。我们巡视路工常利用晚间，有时整夜在车上，带食物在车上吃，累了在车上睡几分钟，到第二天天亮，警报又来了，非常紧张。

民国二十八年二月十日，敌军登陆海南岛，广西更受威胁。此时交通部指示各大城市交通机关首长应按期开交通座谈会，交换情报及商讨有关事项及如何因应时局。南宁自三月一日以后也每月按期开会，除了我以外，有邮政局局长李君质君，省公路局局长谢君子举，电信局局长麦君锡渠等，彼此联系，非常有用，大家成为朋友，后来改两周开一次会。

三月，我有事又到昆明去，出席中央研究院第一届第四次的评议会，会中通过为已故评议员李仪祉先生立传，因李先生是工程界的，所以推我主稿。由于滇缅铁路和叙昆铁路工程局都在昆明，很多路界的老朋友在昆明，借此机会游览大观楼、翠湖公园、华亭寺、三清阁等地，并曾到安宁洲，浴于卢总司令汉的温泉池。其时，我开始觉得背的酸痛，洗了温泉很好。

三月下旬，我由昆明飞重庆，在交通部与法国代表商洽南镇段增借三千万法郎工款等事。再飞返昆明搭车到河内，四月一日返回南宁。汪精卫在上年年底偷偷地离开重庆，到昆明、河内，在三月转到日本，和日相平沼骐一郎签了一个秘密的卖国协定。

我回南宁后还是往北往南地奔走巡视，四月八日北行到芦墟看工程，适逢敌机七架来袭，芦墟地方较平坦，没有什么隐蔽，我们坐的工程车很容易被发现，敌机就以车子作投弹目标，幸能脱险。随后到柳州、黄冕、波寨、桂林视工。

五月初我到了桂林，此时衡桂段刚刚通车，此路原乃我测量的，后来由侯家源先生竟其全功。衡阳是我旧游之地，是以五月五日我乘衡桂段火车前往衡阳。此时衡阳已成为一个很重要的中心，铁路运输总司令钱君宗泽，铁道部的高级职员像路政司司长、帮办等都在此，我们商量将来桂柳段运输的问题。过了几天，乘汽车返桂林。路过祁阳，在浯溪稍微休息一下，看到颜鲁公的中兴颂石刻及黄山谷诗的石刻。自桂林南返视察桂柳段工程，此时已由桂林铺轨到第一个大站，即永福站。

民国二十八年五月十五日，自越南谅山铁路铺到镇南关，到我们国境了。越南铁路早由海防通到河内、谅山，到同登，离开国境只有十公里，现在由法国施工，铺到国境，国界要好好地测定一下，我们造铁路的人不敢随便定，于是报告外交部，由外交部派凌士芬专员到当地来勘察前前后后的界牌，决定铁路经过的哪一点是国界。越南铁路是用窄轨，我们中国国辙是用标准轨，铺到国境之后，在标准轨的路基上铺窄轨，镇南关以南的东西可以用这条铁路进来，从此接济抗战的物资不必在安南接运，而在国境内接运。南镇段本来只有工程的事，现在开始有运输的事情了，另外设南镇段运转处，来接运资助抗战物资和国内出口的物资，就积极地走这条路。

五月下旬，我前往河内。交通部张部长因西南局势紧张，从重庆到河内，召集中法双方负责的人员商量南镇路赶工等事，嗣后又同赴谅山共商今后应付诸事。

六月初，湘桂路自桂林到永福已铺好路轨，省政府黄主席旭初和路界人士认为这也是路工方面的一点成就，派了一辆专车，邀请省府官员、参议员去永福站参观。

战事一天天地拖延下去，我们币值很受影响，中央集中银元硬币一律使用法币钞票，一方面物价慢慢地涨，法币流通的地点也慢慢地缩小了，而且海口也都全失掉了，对外贸易大受影响，所以法币更低落了，那时候南宁一块港币值国币二块钱。

六月二十四日，南镇段由镇南关铺轨到凭祥车站，凭祥是广西最南的一个小县，此后中越间的运输就以此地作转运站，比在镇南关转运好一点。

南宁天天有警报，七月二十二日那天，敌机七架一路炸过来，又有一批十八架炸柳州，烧得很厉害，下午又有从北海航空母舰的敌机两批来炸南宁，我住的地方也受震动。第二天又再度被炸，有一天上下午都有警报，工程局前后左右都落了炸弹，工程局本身没有被炸中。那天我和先天由交通部来的一位司长帮办都在局里头，有警报我们躲在工程局的地下室，那天炸得很厉害，我们在地下室感觉到很大的声音，整个地下室都震动，幸亏炸弹并没有直接炸中地下室。

从前这条路线的镇南关是中越的门户，往来的人数并不多，大战以后渐渐多，到这个阶段是最多的时候，中国政府的很多机构在谅山、海防。除香港以外，也有很多中国人避难到这个地方。从这个时候起，我们的一般人心开始动摇，为什么？就是抗战已经好几年了，经济都很困难，物价上涨，法币不值钱，大家的希望在国外的机构，尤其是在香港、河内、谅山、海防和腊戍的机构，一方面稳定，没有轰炸的威胁，一方面待遇可以好一点，从那时候起，许多公务员都奔到那个方向去了，来往的人也很多了。

南宁因为敌机常常来轰炸，工程局的办公时间也改了，因为敌机多半从海外航空母舰来的，飞机的载重不大，路程不能走远，早上来一趟，下午就不来了，所以办公时间改至下午三点钟开始，晚上到八点半，然后回家吃饭睡觉，天天如此。八月底又来炸，工程局也中弹了，办公的房屋、宿舍也倒塌了，南宁一条主要的中山路落了好多弹，市民的伤亡很多。

八月间，国际局势又有大的变化，日本平沼内阁坍台，由阿部信行继任首相，德国和苏联签了互不侵犯条约。九月一日德国侵入波兰，三日英法对德宣战，美国、苏联还守中立，而日本也没卷入欧洲战事。那时苏联对我们还保持友好关系，除了曾订有通商条约以外，九月九日又签订了中苏航空合约。九月下旬，第一次长沙会战开始，至十月初我军大捷。

十月二日我前往柳州，商决柳州桥工程问题。从桂林到柳州不必过

柳江大桥以铁轨架成的桥墩

桥，但从柳州往贵州方面要经过柳江桥。柳江是广西的大河之一，而且因为山地的关系，水的涨落非常之大，照平常做钢桥五百公尺，约半公里了，因为海岸封锁，没有钢桥、钢筋，只有想变通的办法，那时因粤汉路大受敌人的摧毁，所以我们把粤汉路北段的路轨钢桥拆下，拼命往桂林这边运，把这些拆下来的桥拼凑成功，加强成为十八孔三十三公尺的钢桥，可是桥墩很高，平常用洋灰建桥墩，洋灰也没有，而且洋灰要等很久才干，又想出特别的方法，拿旧的钢轨搭成桥墩，高过洪水面，这样子可以做半永久的桥，将来做正式桥的时候，当然要改，目前可以济急，决定由我们自己的机厂来做。

十月二十日，我到明江视工，此时南镇段已经由镇南关铺到明江，约八十多公里，可行驶工程列车。以往国外的器材我们要派卡车到凭祥去接运的，现在行程又缩短了很多。我们虽然用尽人力、用尽脑筋，想法子赶路工，希望赶到南宁，北边由桂林赶到柳州，柳州到南宁觉得没有什么希望。

## 撤出南宁

十一月十五日，敌人看我们在赶工，不能等了，在广东防城海外企沙的地方登陆了步兵五六百人、骑兵一百多，那边我们的防线实在太弱，可以说没有防御。第二天天还没亮，我们得到电话局麦锡渠局长电话，说敌人登陆了，其时我就试探桂林省政府知道不知道，当时南宁到桂林商用电话还没有通，幸亏我们铁路已做好电话，我就直接打到桂林省政府，省政府一点都不晓得。

十七日听说敌人的骑兵已经到广西的边境，驻军无法抵抗，事情很紧急了，我赶紧派两辆卡车把最重要的案卷图件等沿公路赶紧送到柳州去。十八日早上一点多钟，麦局长又打电话给我，说敌军已入广西境内，离开南宁差不多二十多公里。二十多公里一下子就可以到了，那时车辆很少，东西太多了，幸亏西江有船可雇，赶紧把局里重要的东西公物沿西江送到贵县，再转水路到柳州。柳州是工程的重心，头一步先搬到柳州去。少数同仁和眷属纷纷雇船往东边走，我赶紧把眷属送到柳州，把南宁附近的工段结束一下。

再过一天，敌人离南宁更近，南宁地方很小，各机关的同仁时常有接触，省公路局李副局长、电话局麦局长、交通银行石经理和我们联络得很好，可以说患难之交。那天晚上我们工程局的同仁大部分都由水陆两路离开南宁，而且那晚也有警报，银行经理等都来工程局躲避，整个晚上我都在局里没有睡觉。

二十日早上五点钟，公路局的李副局长打电话来，他说："我已奉命破坏公路，你赶紧走吧，迟了来不及了。"天还没有亮，南宁的民众扶老携幼，拿着包袱离开南宁。重庆和桂林的电话都打不通了，我一直逗留到中午，和最后离开的同事乘了两部卡车离开南宁到柳州，总算没有事。

柳州一下子跑来那么多人，工段的房子很有限，临时想办法，造路不是有很多枕木吗？就拿枕木来搭房子，以便安身暂时栖止。在柳州南站鹅山的底下，大家造枕木村。再过几天，十一月二十四日南宁失守了，我们很多东西没有抢出来。敌人来得太快了，损失很多器材。

# 抢筑桂柳段与运兵阻敌

十一月二十四日南宁失守那天晚上，桂林行营白主任崇禧召集柳州各机关主管商讨防务，关于路工方面要加紧赶工完成桂柳段铁路。当时这段还有三十公里轨道没铺好，而中央第五军机械化部队在杜聿明将军率领下沿着铁路已开到桂林了，他们的大炮沿着公路由桂林南下，急等铁路通车以便阻止敌人从南宁打过来。

为了督促赶工我日夜住在工地，不能时常到柳州照顾家眷，那时我在贵阳的宗兄来信问候，并嘱将眷属送贵阳安顿。贵阳是后方，在那里安置家眷就可省点顾虑，可以专心地赶工。于是在十二月八日包雇一辆西南公路的客车，送我的岳母、太太、三个儿子，还有两个工人以及同事的眷属一共二十多人，离开柳州。不幸，第二天在南丹附近，因为司机不谨慎，车翻落路旁沟内，全车二十六个人受轻重伤的有二十个人。

我那时正在波寨赶工，得到电报，不能不去看看，即驰往柳州，连夜带了医生到南丹小地方一个旅舍，里面一个大房间，摆了好多床，一个一个地睡在那里。我的岳母手骨断了，最严重的是我的第二个儿子不省人事面目模糊，我的太太面部裂开了，还有一个儿子手压了一下，最小的孩子那时候只有两三岁，由佣人抱着没有受伤，而佣人受伤了。我们带去的医生护士就留在南丹照料他们，好在都没有性命之忧。我又回到柳州赶工。我奔驰在天冷的十二月，身穿的衣服也不多，得了重伤风咳嗽。

我们积极赶工，十二月十六日波寨、旁寨各桥都通了，第二天桂柳之间在波寨一号桥的北边接轨。其时，第五军大炮已沿公路抵达柳州，炮弹列车就在后面等着，接轨之后即南开，接轨不到几天已由桂林到柳州运到炮弹车七列，而第五军部队车至二十四日也开到十六列。使得第五军及时赶赴昆仑关，阻敌北进。

此次赶工我极为辛苦。我的岳母手骨断了，在南丹没法医治，六月十七日由我没有受伤的崇裕儿送到贵阳，入中央医院接骨，我的太太和两儿仍留在南丹医治。而十二月二十四日起，我也卧病几及一星期。

日敌入侵南宁等地以后，对柳州空袭频繁，十二月二十二日我机也飞抵柳州与敌机空战，敌机九架来袭，次日更有二十五架炸柳州机场，晚上也有敌机来袭。廿九日我目睹我机十八架飞抵柳州，次日与敌机在柳州空战，击落敌机四架。午后我机三十余架抵柳州，这天自午夜起一直到翌晨四时，共有五批敌机来袭，投弹六次，均以机场为目标，落弹三百余枚，我恐怕我机要遭殃了。第二天早上，看见我机三十余架一架一架地起飞离开，没有多少损失，才大为放心。

## 贵阳会亲

我从粤汉路带了一大批的工程人员到湘桂路来，现在桂柳段完工以后，其他路段也不能进行了，应该另筹计划把这些专门人才安置下来，所以交通部暂时结束湘桂路工程，派我担任铁路工程局局长兼总工程师。民国二十九年年初就公布了命令。那时，在广西的善后工作尚未结束，我先赴重庆述职，由柳州先到宜山会见黔桂铁路局局长侯家源先生，侯先生把湖南拆下的钢轨运来此地铺路。旋至南丹，受伤的家人均已痊愈，遂同车前往贵阳，会见了从未见面的族人。

我从前听到先父讲起我们姓淩的族里有一支人在贵州。先祖沧洲公在乾隆年间中了进士，分发到贵州省，当了好几任的知县、知州、知府，后来在任所过世了，他有两个儿子，第二房自培公就是我的太高祖，扶柩归葬广州，就是广东这一族人所从出。大的媳妇是贵阳人，因此沧洲公死后这一房人就没有离开，留在贵阳，成了贵阳人。

抗战以前贵州是很偏僻的地方，由贵州到广东交通非常不方便，信息也不通，一百多年了无从联系。到了抗战以后，西南公路开辟，我也在湖南省做粤汉铁路的事，贵阳也不像从前那样偏僻了。我在湖南的时候，凡是碰到贵州来的人，认得不认得，我都是问问贵州有没有姓淩的，偶然遇到一位胡羽高先生，他是一个很有文名的人，他说有一位惕安先生是贵阳的名士，其时他做贵州省文献馆馆长，我就拜托他为我们联系一下，由姓胡的将我先祖出生做事等告诉他们，彼此通信，才知道他是这位祖宗的后代，和我是同一辈，比我大一年。联系好以后，时常地通信。

淩惕安的父亲叫淩光庭，他的一个叔叔叫淩秋鹗，淩秋鹗在贵州创办一个学校，校名记不清楚了，谷正刚是那个学校的学生，彼此都认识的。

敌人到了广西，那时我也在广西，他来信说赶紧送家眷到我们这边来吧，我们这里比较后方。

我既然在广西，我的家人也因为车祸受了伤，柳州也是不能安居的，因此我到南丹把我太太儿子等送到贵阳去，淩惕安先生的父亲、叔叔还有许多同族的人非常殷勤地接待我们，在离开贵阳省城七公里有个文萃乡，他们都住在那个地方，也为我们租了个房子，家人到了那里，就时常地来往了。

我于一月中旬赴重庆，嗣赴越南结束南镇段各事，二月初又到贵阳，二月七日适逢农历除夕过年的时候，惕安先生的老人家光庭公认为是个很好的机会，邀集所有族人在惕安家里举行新春祭祖典礼，到的族里男女老幼三十余人，还照了相。这事离沧洲公过世一百五十年了。过了一百五十年，两房的人又汇合在一起，实在非常难得。惕安先生很会作诗，有很长的一首诗记此事。所以我想起凡是战乱，只有骨肉分离，这次因为打仗，骨肉团聚，这是很奇怪的事，如果不是打仗，我们也许不会到贵阳去。

谈起沧洲公经历，惕安先生不太清楚。原来沧洲公屡次乡试考不取，已经五十七八岁了，忽然到北京去玩玩，无意中碰到一个姓赵的，他丁忧服满，是河南的候补知县，说你如果没有事，就跟我到河南去。沧洲公说好啊，就到河南去。后来公布他署中牟县知县，沧洲公就跟他一起去了。碰着黄河缺口，清廷派刘统勋大学士去督工，因此我先祖也奉派做一点差事，其中抢救了一个村庄，他把这事做得很成功。后来那中牟县县长也调了，沧洲公要离开河南，哪晓得他所抢救保护的村庄是姓凌的本家，他们一定要送点钱以表感念之意，这是很平常的，但这怎么可以收？你姓凌，我也姓凌，本是一家，这绝对不可以。他们就请他到乡下去办筵席，非要他答应收一些东西，他对功名尚有兴趣，就说一定要的话，给我捐一个监生。大概花了几十两的银子，捐了个监生，他就用中牟的籍贯应河南乡试。考中第五名举人，第二年中进士，刚好六十岁。在本省考不取，到外省转了个运，连捷进士，赐即用知县，到贵州去当了几年知县、知州、知府、署理道台，七十多岁才在贵州去世。现在留下来他的一幅像，一个便装的像，像里有很多人写的诗。这个东西是很旧了，到此地来我还重新裱过，尚存放在楼上，有空时可以看看。

凌惕安说："我真惭愧，身为贵州文献馆馆长，而对于我们姓凌的怎么来的并不清楚，有人说是广州来的，有人说是河南来的。"结果还是因为我去才知道原来如此。

## 离桂入川

民国二十九年一月，我前往重庆，先在贵阳会见族人并安置好家眷，一月十三日沿西南公路过乌江，参观了正在修建的乌江大桥，嗣后经遵义到桐梓，风景颇佳，地势迂回曲折，娄山关一段山路陡峻，花秋坪尤为险地，贵州人称之为吊死岩，西南公路果真难走。通过松坎就到了四川省境，十五日宿綦江，翌午到海棠溪，渡江抵达重庆。

我在重庆时，张部长除了与我谈天成铁路修筑问题以外，还谈及筑威铁路及西北公路的整理问题，计划颇多。政府内迁以后，很想在后方加紧建设，最后还是要我负责天成路工程。

一月廿一日我由重庆飞昆明，张部长也到昆明，接洽了一些公务，乘便游览大观楼、黑龙潭，参观唐朝的梅、宋朝的柏，到了很有名的金殿。其后飞河内，至谅山，此时南镇段尚有甚多事务待善后，因此段乃中法合办，组保管委员会，保管在越南的很多材料，以及数年来的各项工程与材料账目，同时将部分在谅山的南镇段工作人员调往天成路。

二月三日我由河内乘飞机到昆明，两日前，敌机炸滇越铁路八十三公里处，死伤多人，自后敌机时常扰乱此路。我的长子在西南联大念书，这时刚放寒假，便带着他前往贵阳，途经曲靖、平彝、盘县、普安、安南等地，先祖沧洲公过普安时曾有诗记其事。过黄果树，观大瀑布，这一路上食宿皆由中国旅行社招待办理，非常方便。在贵阳两房族人团聚过年，二月十三日再离贵阳赴渝，过乌江旁观建筑中的乌江公路大桥，工程浩大。

二月十九日我由渝飞桂林，其时桂南工程局已由柳州搬到桂林丽泽门城外，在老君洞附近租屋办公，正在赶办桂柳段余工。我对桂南段结束之事及人员的安顿有所洽商，并约同工程师沿桂柳段巡视一次，作为离桂入川前之一总检讨。

廿一日我抵柳州，适蒋委员长亦赴柳州主持军事会议，次日敌机五十多架来袭，在行营所在山地投了许多炸弹，幸而委员长平安无事，但可见敌人的情报工作之厉害。

结束了在广西的事以后，三月离桂柳赴贵阳，今后我将在四川甘肃两省工作，遂接家人离开贵阳赴川。

三月十九日抵重庆，廿二日出席中央研究院第一层第五次评议员会。第一届评议员任期已满，应改选，院长蔡元培于三月五日在香港逝世，按照中央研究院条例，院长由评议员选出三个人，再由国民政府圈选一人，半民主制度。结果选出翁君文灏、朱君家骅及胡君适三候选人，国府任命朱家骅先生代理院长。我又当选评议员，工程组三人，我和茅君以升、王君宠佑当选。

三月廿七日我携眷由渝乘车前往成都，开始筹筑天成铁路。

# 第 11 章 我与西北交通建设

## 天成铁路的筹筑

民国二十九年三月，我带着家眷由重庆到成都，这是我头一次到成都。从敌机天天轰炸的柳州来到没有战争气氛的成都，生活上觉得有很大的变动。我在广西时薪水打六折，到四川以后没有打折，仍领一个月六百块钱的薪水，生活很过得去。天成铁路工程局在成都市内租了一间民房当办公厅，眷属就住在办公厅的后座。

天成铁路在计划上是中国西部的南北干线，由成都到天水，接通西北和长江上游。这条铁路原来计划系自成都筑到宝鸡，但途经秦岭部分工程艰难，加以日寇常在河南骚扰，唯恐宝鸡受到威胁，最后决定由成都筑到天水，途经绵阳、广元和徽县，全长七百七十公里。此段地形复杂，我们一到便先作航空测量。

天成铁路局在广元设立测量总队，由刘宝善主持，给予副总工程师和测量队长的名义，领导六个测量分队的工作。我们计划只要一年的时间便可做完定线和估计。这条路的难工在广元以北的嘉陵江上游，需要细细施测。

抗战几年下来，政府的财力物力都集中在西南方面，西北方面难以兼顾，所以天成铁路仅作测量工作而已。中央为鼓舞路工人员的士气和避免专门人才的走散，又命令我们兼测川康的路线，由成都经雅安到康定。后来我们又自成都测到西昌。

那时四川省主席是贺国光，绥靖主任是邓锡侯，由南京迁来的金陵大学校长是陈裕光，金陵女子文理学院校长是吴贻芳，这些人都在成都，和我都很熟悉。同时银行界、交通界还有不少旧人在成都，时有往返。战争气氛还没有到成都之前，我们过了一段短期的安静生活。

随着战事的进展，四川开始受到轰炸。二十九年五月以后，连天百架以上的敌机飞来重庆轰炸，偶尔也到成都来，从此成都不能安逸了。成都是平原，无处可避空袭，铁路工程局乃在成都西门外的抚琴台下筑一防空洞，空袭时可以避难，兼可存放重要器材。抚琴台据说是诸葛亮弹琴的地方，我们在这里挖防空洞时，发现地下有很坚固的石廓，后来中央研究院知道了，派考古学家李济之先生来继续发掘，才知道是五代蜀王王建的古墓。后来省政府派人将掘出的东西展出，供各界观览。

这年八月，我没有事，儿女也放假了，我们就作了一次峨眉山旅行。先坐车到嘉定，看看武汉大学。那时工学院院长邵逸周，是我的老朋友，还有我的门生马君师亮、杨君光乾、丁君人鲲等。在嘉定住在一个小旅馆，碰巧半夜遇到警报，旅馆主人要我们离开旅馆，说奉命一有警报，旅馆全部的客人都要疏散。我们刚到几个钟头，嘉定的环境一点也不清楚，半夜离开旅馆，走哪里去呢？于是跟大家乱走，走到大渡河，就在河边停了一下，幸亏没有事。第二天与杨丁诸生过大渡河，游览乌尤山、大佛寺、苏公楼。次日与家人渡青衣江，到峨眉县。从峨眉县城上山，我们雇了几部滑竿，经过龙门洞、清音阁、洪椿坪，这些地方都很陡。在山路上看到大批的猴子啸聚而来，向客人要东西吃，摸客人的口袋，非常好玩。经过长寿坡、攒天坡、大乘寺、阎王坡，一直跑到顶上，叫金顶。在金顶我们用气压表测得高度是海拔三千三百多公尺。那是八月的时候，在成都还热得很，但在金顶要烧炭才能取暖。我们在此住了一晚，第二天下山，经过华严顶、万年寺、大峨寺、雷音寺、伏虎寺等，才回到峨眉县城。值青衣江水涨，汽车不能过去，待了好几天，钱用完了，打电话回成都求援接济，才得回去。九月中，我由天水坐车沿川陕公路到广元。广元在嘉陵江边，此地八九月是雨季，江水大，不能过渡。在此住了几天，继续往北走。经过沔县，到褒城。褒城是很小的地方，据说周幽王妃子褒姒在此出生。再沿北栈道到留坝，过庙台子。庙台子道观的住持仍为八年前的老道士马含真。庙旁的大花园已租给中国旅行社作招待所。再过双石铺，转入到天水的公路，经徽县到天水。天水是天成路的终点，也是天成路和陇海路交接的地方。我沿路与测量队商量路线、比较路线。

十一月政府命张岳军先生为四川省主席兼成都行营主任，谷正伦先生为甘肃省主席。张先生有意邀我当川省建设厅厅长，我对此没有兴趣，他去向委员长建议，委员长也说淩是交通界的人，最好不要调动。

## 兼掌西北公路管理处

民国二十九年年底交通部张部长召我到重庆，他说现在天成路还在测量时期，工作不多，西北公路有事须邀你兼任。当时西北公路的情形很混乱，有专管工程的机构，有专管运输的机构，有两种都办的，共有五六个机关之多，交通部统辖不易。交通部因为近年整理西南公路，成立西南公路管理处，集中管理，很见成效，想趁机推行到西北，于是设一个西北公路管理处，陕西、甘肃、宁夏、青海四省国道的修筑、维护以及行车管理等隶属于此一机构，并要我来兼任。我素来没有做过公路的事，不过在抗战期间，不容我规避不干，所以不能不答应。今后两年我遂奔驰于各地，一年旅行三万多公里，多半行驶在公路上。

三十年一月，部里发表我兼任西北公路管理处处长，派吴必治、刘如松两位当副处长。吴兼总工程师，和我驻在天水，刘驻西安办事，这两位一向在西北办公路，很有经验。西北公路管理处管理的公路很可观，计有下列几条：（一）从川陕交界的棋盘关开始，经过沔县、褒城、留坝到宝鸡，原叫作西汉公路。（二）从褒城起经过汉中，沿汉江经城固、安康到白河，靠近湖北边境，原名汉白公路，其时还不能行车。（三）从西安起，经平凉到兰州，称西兰公路，已经完成好几年，运输较繁。（四）从双石铺起，经天水、秦安、通渭，接到西兰公路的华家岭，名华双公路，是抗战以后才完成的。（五）从西兰公路的平凉，经固原、中宁到宁夏，名平宁公路，仅有路形，未有路面。（六）从兰州往西走，经河口、享堂到青海的省会西宁，名甘青公路。此外还在工程期间的有甘川公路，由兰州经岷县到四川边境。以上这些公路全长共有四千多公里。管理处管理修筑工程、养护维持及交通管理，至于运输营业另有在兰州的西北公路运输局专管，当时局长是宋希尚。我为便于兼顾起见，西北公路管理处就设在天水，东边可通西安，西边通兰州，北边到宁夏，南边到四川，地点比较适中，并在各重要地点设工务所。

二月底我与副局长吴必治自天水视察到兰州，与地方当局接洽公务。我在二十六年去过兰州，中隔几年，地位日渐重要，气象与从前大大不同。其时第八战区司令长官是朱绍良先生，甘肃省主席是谷正伦先生，建设厅长是张心一，另外沈君怡在兰州主持西北水利林牧公司，总算还有几个熟人。然后与吴必治自兰州往西到河口，由河口转入甘新公路，住在永登。第二天到武威，访骑兵第五军军长马步青。他那时兼任甘新公路的养护，无事由军队保护路面、桥梁，有事征用两旁民工修路，修路用的木石等材料也由他来征集，所以费用很省，向来由西北公路管理处月付养护费三万元归马军长支配，西北公路管理处暂时不直接管理。那时马军长表示甘新公路将来要交还中央管理，事权才能统一。我们又由兰州沿公路到西宁，那时青海省主席是马步芳将军，甘青公路在青海境内的工程由省方主办，仍由中央拨款，并指派技术人员协助，我留了一个工程师在青海协助马主席维持这条路。

我到青海西宁是头一次，碰巧遇到赵守钰先生，他那时担任护送班禅的专使，哪知班禅就在青海去世了，他就停在那里预备送他的灵柩回去。赵守钰先生我从前在西北见过，而且他和青海马家的关系算是老交情，因此对我的工作很能给予帮助。

我们既然到了青海，就去参观塔尔寺，这是青海喇嘛教最大的寺庙，屋顶是金的，那天同游的还有朱霁青委员、监察使高一涵。事完之后我飞回成都，转到重庆出席中央研究院第二届评议会的第一次会议。

## 宁夏之行

四月间我由天水到兰州，途经榆中，转入兴隆山。此山有太白宫，供奉成吉思汗和妃子的梓宫，这个本来放在伊克昭盟的沙漠中，因为恐日本人拿了来号召蒙民，于是由伊克昭盟搬到太白宫供奉。我们到了兰州，甘肃省建设厅觉得该厅所管的公路养护维持很困难，因此和我商定把原管的甘川、平宁、平宝（平凉到宝鸡）、临河（临洮到河州）这些短的公路一概归西北公路管理处接办，因此我管的路一天一天加多，远超过四千公里了。

我既然管到宁夏的公路，不能不去看看，所以由兰州经定西、静宁等地到平凉，由此转入平宁公路，经固原，过香水河（宁夏和甘肃的界河）。香水河在两省交界的地方没有桥梁，我们去的时候刚巧水不大，车子下了河面再冲上去，进入宁夏之后，就住在一个很小的地方，叫同心城。此地非常荒凉，经过五十公里没有看到一个人一棵树，到中宁才渐有树有渠有水，情形好点，人也多了。经过张恩堡进入青铜峡，此地的黄河很窄。一直到任春渡过黄河，到了宁夏省城，访马主席鸿达，商量平宁公路怎么办，决定宁夏这一段还是由省方养护。马主席不大肯交给中央管，只要中央补助一点款。我答应由西北公路负责筑香水河的桥，和青铜峡九公里沿河公路弯曲窄狭的一段，由我们来改善，这是去宁夏的结果。

宁夏真正是个好地方，向来有粮仓之称，小麦很多。那个地方渠道多，在金积堡附近的黄河两岸，有秦渠，有汉渠，西岸有唐渠，有大清渠，还有汉延渠、惠农渠，渠道很多，有水便可耕种了，上述各渠都设局管理，现在还是利赖，使宁夏成为一个生产粮食的地方。五月由宁夏沿平宁公路回到平凉，由平凉转到西安，访陕西省府蒋主席鼎文，接洽西北公路在陕西省境内各路线的问题。

整个西北公路的情形可说很坏，因为全是土路，雨季一到，路面很容易被水冲毁；桥梁都是木造的，涵洞太小，洪水一来，往往冲损。以往筑路时，每限于经费，又要限期完工，所以因陋就简。雨季一过，路面桥梁就要抢修，抢修费用非常可观。由于路面不良，行经的车辆，无论机件、轮胎和油料消耗都很大。但在当时局面之下，没法作长久的计划，只可临时应付。我觉得不妨动用工款，做局部的长久计划比较好一点，所以我决定这年的工作以修桥为中心，并且以作永久桥为主。我希望按部就班地每年做几座永久桥，做一座永久桥就少一座桥的顾虑，逐渐地改善。另外在养路段盖房子，使员工能够安居。以往养路段的员工没有地方住，实在苦得很。员工安居之后，我又办些附属的事业，如福利事业和种植事业，以提倡风气，树立西北公路良好制度的基础。我曾写过一篇《西北公路歌》以勉励同仁。

中央对于西北的交通政策上有很多变动，六月，中央设一个运输统制局，隶属于军事委员会，公路的事由交通部改归运输统制局管理。我觉得西北公路办了多年之所以没有很好的基础，就是由于过去十年，差不多每年变更机构一次，或改组或合并，现在才不到半年，又要归运输统制局管理。因此人事不安定，章则也不能久行，前途很觉困难，我就向部里请辞。事实上没有法子逃得了，只好听其自然。七月一日起全国公路移归军事委员会运输统制局接管，军政部何部长应钦兼统制局主任，由后方勤务部俞部长飞鹏兼副主任。各路分设工务局与运输局两系统，我当西北公路工务局长，并且因为军事管理的关系，授我一个同中将头衔。

三十年底我仍在西北兼任公路和铁路的工作。有一次西北运输局长宋希尚因案辞职，遗缺要我兼任，我说我本身工作已非常吃重了，若工程的事还可勉任，公路运输的事我决不能干，所以我没接受这个职务，后来统制局要我到重庆做总局的局长，我没有答应。而总局居然发表了，我说我也不能接纳。后来总算摆脱了，还是以西北公路为限。

## 宝天铁路的经营

自太平洋战事发生，中央知道战事要继续拖延，西北终要开发，而交通不能不先开辟，中央决定限期完成宝鸡至天水一段铁路，乃设宝天铁路工程局。当时天成铁路的测量工作已经完成，短期内不会动工，于是交通部派我当宝天铁路工程局长兼总工程师。我因兼西北公路管理局长，为便利兼顾，宝天铁路工程局就设在天水。陇海路主办此段的时期，工款有限，欠包商三百多万的工款，而工作已慢慢地停顿了。今设局重整旗鼓，行政院核定三十一年的工款为法币一亿三千八百多万元。宝天路石方多，而沿线人口少，普通工人不易找，技术工人更少，陇海路因工款无着，已将先前自河南招集而来的工人遣散，如今要复工，如何招工人，成为很难的问题了。

我就任宝天路局长后，便沿线视察一趟，此路预定路线在宝鸡进入渭河峡谷以后，沿渭河北岸弯曲前进，沿线没有大村庄，没有粮食生产，交通极为困难。所需的钢轨须从平汉铁路和陇海路撤运到豫西埋藏，再找人去接运，或到沦陷区购买流落到民间的钢轨，并用牛车半夜偷运出来，工作非常困难。

中央既决定赶筑宝天路，行政院核定三十二年的工款法币四亿九千万元。交通部曾部长养甫总觉得宝天路无大意义，想将部分工款移用他途，因此屡次要宝天路降低标准，尽量爬高坡，用便道，用便桥，筑陡岸，减少车站，使得省工省款，我认为不妥当。结果仍被曾部长扣了预算中的两千余万作别的用处，后又下令裁工人几千人。时豫西灾荒，再裁工人，似为不当，甘肃省当局以此转告交通部，才未裁减工人，而以工代赈。三月十六日曾部长以工款不足，提行政院会停办宝天铁路，即电宝天铁路局，我只好照办。其时正在添招工人，想法子办工粮，加紧工作，忽接到停工的命令，很感困惑。甘肃省政府也因灾民纷纷西来，盼望宝天铁路局能收容部分难民，以工代赈，一旦完全停工，沿线的许多工人即刻发生问题，可能影响地方治安，行政院会开会前一日蒋委员长离开重庆到贵阳，因此对行政院的此一决议并不知道，四月初委员长回到重庆，听说有此决议案，大不以为然，立刻打电话给曾部长说赶筑宝天铁路是国策，不能停止，于是半个月之间政府的命令变更了一百八十度，使路局和包商都感到困难，时间和工款都受很大的损失。交通部徐次长恩曾打电话给我要继续赶工，于是我向财政部领款，而财政部说只知有行政院停工的决议案，而不知蒋委员长复工的命令。四月份的工款仍不肯发，经过好多周折才发下来。

民国三十三年一月交通部召集铁路会议，商讨铁路复员和复兴计划。宝天路的赶工估计还要十八个月，需工款法币三十五亿元，本年度行政院核定工款只有七亿元。去年组团考察西北认为西北颇有前途，因此中央决心开发西北。这年的国家预算特别列有西北建设专款法币十亿元，宝天路可分到一部分。这次铁路会议还讨论到几件事：一、战后十年路线的计划，甘新铁路决定自迪化展筑到乌苏；二、客车不再分等级；三、提倡兵工筑路。这次会议各路主管皆到，对于现行的审计制度皆表痛心，这种制度妨害建设的进行。审计部在各机关派有驻审人员，支付手续非常繁复，权责划分不清，与争取时间、应付紧急并不符合，交通部乃推技监韦以黻和我向审计部陈述意见，设法减少事实上的困难，而没有得到任何的结果。

二月初我与曾部长往谒蒋主席，蒋主席对宝天路的完成期望殷切，盼望年内能通车。唯上年度的工款还欠法币一千一百多万元，前几天我临时借了一千万元勉强度过旧历年关。一月已经过了，还没有发款，我又向邮政储汇局借了五百万，在这种情形之下如何能够赶工？二月八日行政院会议决定所有这一年度的事业预算保留两成，只发八成，路工的进行更受到影响。蒋主席看宝天路还没完工，非常着急，二月里有一天函令行政院宝天路今年度的预算在两个月内提前发足。又奉电报的指示，今年预算七亿元先提拨外，另从建设专款里提拨五亿元，作为预购材料之用，其余另外再筹。我因开会在重庆留了一个月，才回天水开始赶工。

民国三十三年春，日寇再度发动攻势，战局转紧，四月里有一天我到宝鸡，知道郑州撤退，洛阳也开始疏散，日人在风陵渡炮打潼关，敌机天天来骚扰。我在宝鸡材料厂遇敌机八架扫射，幸免于难。此时工地人心不安。五月曾部长由重庆飞来宝鸡看宝天路的进度，我和他一起到兰州与省政府商量征民工赶做土石方，并和甘肃省田赋粮食管理处商量多拨工粮。天水行政专员曾召集该区十县县长在天水开征工会议，分别征调各县民工，一共征了三万二千多人，每人工作两个月。甘肃省征工一点经验都没有，我便把从前在广西省征工的办法和照片向各县县长解释，并派一工程师驻征工处接洽和指导技术。

宝天路因工资贵，物价高，西北建设专款的一半五亿拨给宝天路，到六月间已经用完了，下半年工款，蒋主席批交四联总处借垫，四联总处没有通过，八月重新编列预算，一个月要四亿多元才够，可是以后的款还要一个月一个月地筹。法币继续贬值，粮价月月高涨，预算简直无法编制。九月我几乎天天要向当地银行机关借款，这种情形实在是太困难了。部里也没有十分了解这种困难，只知催着限期通车，令人很不高兴，我乃电交通部请另简贤能，我知道部里不会准的，不过要让部里稍微知道我的困难罢了。

这年九月我到宝鸡，由宝鸡到西安。时陈辞修先生诚为西安地区战区长官，胡宗南为主任。我向陈长官保证年内可由宝鸡向西通车六十公里，以备万一有事，有山路可退。又到兰州与谷主席商量多征民工一万五千人，并多拨工粮。

宝天铁路在三十四年十一月十二日接轨，三十五年元旦举行通车典礼，时我早已被调在重庆交通部任职，不克参加，甘肃省谷主席亲自到天水观礼。宝天路始于三十一年设工程局，中间经几次的停顿。此路虽长一百五十多公里，但工程很困难，土方有一千六百多万方，石方有五百多万方，隧道有一百二十六座之多，隧道全长二十公里半，使用最好的炸药以至土制炸药共一千八百吨。三年内国内的材料涨价三十倍到六十倍，汽油涨四十倍，运费涨四五十倍。

## 河西之行

民国三十一年秋，重庆金城银行的戴自牧、何淬廉、范士奎等旧友六七人到天水，想到河西去旅行一趟，看银行的业务有何可发展，有何事业可以开发。他们也约我到河西走一趟。我的内人也有兴趣，愿跟我们一起去。于是我们预备两辆小卡车，十月底自兰州出发，我顺便带工程师一人同行。当天到武威（凉州）与甘新公路同仁有所接洽。时马军长步青已调柴达木当屯垦督办，他的部队已陆续调往柴达木。我们往西经山丹、永昌到张掖（甘州）。十一月一日（第二天）在路上碰到我们的铁路测量队，看到测量队在沙漠做工，我觉得很高兴。当天到酒泉。三日出嘉峪关，至火烧沟，转入玉门油矿的公路到老君庙。总经理孙越崎招待我们参观油井和炼油厂。那时我认识了后来与我共事十几年的金君开英，当时他当一部分工厂的厂长。在此过一夜，过玉门县到安西。在安西遇到两个熟人，一个是安西县长，前在天水当警察局长。另一位是军政部派在安西电台的章台长，湖北人，在安西待了好多年，对当地垦殖事业很有经验，并稍通蒙古话和哈萨克话。我觉得这个人是有心的人。第二天由章台长领我们去逛敦煌。由安西到敦煌距离有一百二十三公里，此路只有路形，一点路面都没有，也没有人管，头尾有工人看路，中间好几十公里走戈壁滩，偶尔看到蒙古人游牧，住在帐篷，所谓穹庐又叫蒙古包，是住在内地的人看不到的。下午到敦煌县城，住在商会会长姓陶的家里。陶君的世代与蒙古人做皮货生意。我们在敦煌拜访陈县长，借阅敦煌县志，稍微知道一点历史。后攀登鸣沙山。又由县城坐骡马车经五小时到千佛洞，住雷音寺。很巧的张大千一家人都在此，带几个喇嘛徒弟在此摹画敦煌佛像。中央研究院的向君达也在这里做研究工作。张大千带我们到许多洞去参观，并加解释。此地佛洞共有三百零五个，排列下来有一公里长，我们看了差不多一百个洞，并看到早年发现藏经的地方。在此荒漠之地能看到前人的遗迹，实在很感兴趣。

我们的西行原以到敦煌、安西为止，在安西时西北运输局的冯代表从哈密打电报给我，请我到哈密去看看。当时新疆情形很特殊，进入新省很不容易，好像要特别许可，我既然来到新疆边境，又有冯代表的特别关照，所以我与内人及金城银行的范君及工程师朱君乘一辆卡车入新疆，其他人乘另一辆车往东折回。

当天下午我们就到星星峡，是甘新交界的地方，西北公路管辖到此为止。从安西到星星峡大概有一百六十公里，我们在星星峡的车站住了一夜，次日由星星峡出发，途中远望天山，山顶积雪，这是我头一次入新疆。下午就到哈密，西北公路运输局冯先生送我们到招待所住下，第二天请我们访问驻哈密的行政长，并带我们到市街上游览，看回王坟，吃了好几个著名的哈密瓜。星星峡到哈密的公路二百一十多公里，路线完全是戈壁，又平又直，无甚障碍。第二天自哈密折返，经酒泉，住了一天回到天水。

那时中央军已完全接防河西，我们也决定接管甘新公路，后来在酒泉设甘新公路工程处。我因铁路和公路要管的事一天比一天多，再管河西一千多公里更不得了，我怕有贻误，因此第三次请辞西北公路兼职，仍不获准。十二月一日我们接管甘新全路，设督办公署，中央派谷主席兼当督办，派我兼会办。对外虽用督办公署名义，其实一切皆由西北公路工务局兼办，并没有公署的组织。由兰州附近河口开始一直到星星峡公路全长一千一百七十八公里，我又加上这个很困难的任务。

《十六年筑路生涯》封面

年底交通部张公权部长在职七年辞职获准，曾养甫接任，政务次长为徐君恩曾，常务次长为潘君宜之。不久运输统制局又把公路的事归还交通部管，一年半组织又变动了，我第四次辞西北公路兼职，仍未获准。

民国三十二年军事委员会检讨一年多以来办理全国公路的情形，记我大功一次。我觉得公路的事毫无成绩，而且觉得上头没有确切的方针，底下也没有很稳健的基础，对前途很觉悲观，现在给我记功，叫我去志更切。我在西北公路局兼职三年，一再请辞，到三十三年一月二十日第八次请辞才获准，从此结束我与西北公路的关系。

综计我的筑路生涯，早期零零碎碎的有过几年，至担任铁路工程主管，由民国十八年起至三十四年，则共继续了十六年之久。我修的新路约一千公里，测量路线约四千公里，管办公路约五千公里。这种内地开山的工作是人生最有意义的工作。在工程师看来，选线修路可给你最好的实地经验，怎样使用你的智慧在一定的期限，一定的工费以内，运用人力与物力以完成一件事业，是极好的锻炼。而且深入内地你可体会到国计民生的许多问题，欣赏到常人所不能看到的山川雄奇，你需要应付许多人事上的困扰，尝尽酸甜苦辣的滋味，增加你应变应急的技能，你可磨炼你的体魄，修养你的身心。我正当年富力强之时，何幸而遭逢这个机会！

（摘自《十六年筑路生涯》）

## 西北建设考察

三十二年重庆中央设计局为开发西北，组织了西北建设考察团。中央派新任新疆监察使罗君家伦当西北考察团团长，约林继庸、邵逸周、沈怡和我几个人当团员，正在重庆筹备出发时，委员长召见了我们面授机宜。

中央对西北的交通很注意，希望完成南疆的公路。由库尔勒到婼羌的公路已由新疆省经营，可勉强通车，现在要由婼羌往西延到于阗，东边接到敦煌、安西，完成所谓南疆公路。西北公路局派吴副局长到新疆去筹划。公路总局决定将婼羌到安西的公路归甘新公路兼管，就是我管的那部分，因此我派工程师带一队到敦煌试探南山的路，南山的路即是由敦煌以西到南疆的库尔勒。此路沙丘起伏，哈萨克游牧人沿途滋扰，探路非常困难。

此时西北建设考察团的罗家伦、吴文藻、钱豫格、姚寻源、黄瑞采等几人已到西安，他们由西安沿西兰公路去兰州，我同时带工程师刘宝善、张仁滔等几人由天水到兰州和他们会合。七月二十一日考察团自兰州出发。沈君怡亦在兰州参加。他们一定要我参加这个考察团，固然，西北的交通是建设问题之一，拉我加入，对于沿路交通问题比较方便，我派了两部车供给汽油，沿途照应。当天到永登，过古浪，晚上到武威。武威驻军军长韩锡侯，副军长叶成来接。第二天在武威召集各界，罗团长讲话，我也上台讲西北交通建设的问题，又召开座谈会，听取各方的报告。七月二十三日由武威往前走到张掖，第二天在骑兵第一师礼堂演讲，又开座谈会。张掖有中央骑兵分校，主任谭辅烈，派哈萨克人表演骑技。二十五日由张掖到高台，因大雨路阻，在高台住了一夜，请当地师长报告回族问题，我与同仁报告西北交通建设的步骤，沈君怡讲左宗棠经营西北，有几句名言：“筹饷难于筹兵，筹粮难于筹饷，筹运更难于筹粮。”运输最困难，也可反映今天交通的问题。沈怡在西北办西北水利与林牧公司，是水利专家。二十八日抵达酒泉，第二天在河西中学对各界演讲。我趁便到甘新公路工程处商量抢修公路，并访问驻军杨德亮军长，商洽南疆公路动工事，因杨军长无大把握，不得要领。酒泉地方大，罗团长在此将第一个报告寄回重庆中央设计局，他认为开发西北交通第一，他建议明年底要完成宝天路，天兰路要早日动工，酒泉到哈密、兰州到包头应趁早测定路线，请中央明年度增配工款十四亿元，并建议组织铁路师团，利用兵工筑路。

七月三十一日考察团到玉门油矿参观，然后回到玉门县。八月一日由玉门到安西，在安西又遇到军政部的无线电台台长章君希畴，他们夫妇在此很久，情形熟悉。我们一起到城外看金城银行委托他经营的农场。前一年我和戴君自牧、何君淬廉到此与章商议，由金城银行出资五十万元成立西北农垦励进社安西分社，即委章经营。如今已稍有规模，我写了一个对子给他，“有钱出钱，有力出力，种豆得豆，种瓜得瓜。”八月三日由安西到敦煌，团员住在招待所，我在南疆公路测量队住了一晚，与工程师筹办南疆公路的事。哈萨克人在甘新边境滋扰，颇为猖獗，当日有小头目五人向地方政府投诚，要见中央派来的人，罗团长乃摆公案接见他们，传达中央的意旨，赏给茶砖。当日测量队的无线电台收到消息，国民政府林主席森逝世，全国志哀。四日团员坐卡车到敦煌千佛洞参观，这条路比去年好走得多，因为我们的工程师已整修一番。而我已去过一次，这次我没去千佛洞，我在城里与同仁商讨工作，接见哈萨克和当地的人。那时我们派到南疆公路的人本来定在敦煌碰头，如今一点消息都没有，可见那边的情形是很困难的。六日考察团由安西再往西走，快到星星峡的地方，我们遇到我派去甘新公路的工程师一行想在此设立工段，集合工人二百多人，做改善路线的工作。此地四周无居民，粮食缺乏，工作非常艰苦，乃犒赏羊四头加以慰劳。

从此到星星峡是新疆的门户，省政府派军队出迎，并在此公祭林主席。当天再到哈密，行政长孔庆瑞等出郊迎接，带来哈密瓜给团员解渴。然后进城住行政长公署，八月八日在哈密俱乐部召集各界开会，哈密居民多为维吾尔族，与会者维吾尔人亦占多数，面孔看来与内地不同。罗团长和我都讲了话，请回教文化会马主席担任翻译。孔君庆瑞曾在南疆任事，我乃向他请教新疆的情形及南疆交通状况。

八月九日离哈密往西走，经天山山脊，测得高度水平一千五百公尺，下坡至七角井。由此往西分天山南北两路可到迪化，考察团选了北路，经木垒河，住在奇台。十一日经过孚远，远见天山主峰（博克达峰），经阜康县到迪化，省主席兼西北边防督办盛世才和建设厅厅长林继庸及文武官员在此欢迎。团员大部分住在省招待所，罗团长与我下榻督办公署的东花园。在迪化遇到老朋友交涉使吴泽湘，邮政局长沈养毅，驿运处长顾耕野。在迪化住了七天，与盛督办开会几次，参加各机关座谈会两次，参观水磨沟的工厂、新疆印刷厂、《新疆日报》社及晋庸农场。时林继庸厅长计划先开办纺织厂和小型炼钢炉，提倡基本工业，并希望能先做钢轨。后来参观汉族文化促进会，欣赏维吾尔及乌兹别克及哈萨克各族的歌舞表演，这些歌舞表演在内地的确很不容易看到的。这时是新疆向中央最接近的时期，苏联本来有军队驻在哈密，此时已撤走了，我们趁着组团去考察是最好的时候。

考察团在迪化停了几天之后，再到伊犁，途经呼图壁、绥来、乌苏。乌苏附近有独山子油矿，由苏联与新疆合办开采石油，多少有点成就，后来苏联与新疆当局不和，苏俄人员撤走。我们经乌苏时看到十几辆苏联的大卡车装载油矿的机械、油管以及人员撤走，运回苏联境内。八月二十日到精河，第二天沿赛里木湖而行，风景甚佳，成群的牛羊放牧在草原上，犹如北欧的风景。经过果子沟，到霍尔果斯，是边境的一县，在此参观边卡。附近一片平地，边境以河为界，弄不清楚，远见一碉楼，新疆省政府的人员说不准再过去了，以防对方枪击。到伊宁，住行政长公署，乃华俄道胜银行的旧址，时行政长为徐君伯达。我们在伊犁三天，出席过各机关团体的大会一次，与有关机关首长开过座谈会一次，参观电力厂、面粉厂、制革厂和空军教导总队及锯木厂。在伊犁遇到自塔城回来的王东原教育长，大家畅谈边界和交通的问题。我们本来计划去塔城（塔尔巴哈台），因车辆损坏，没有去成。伊宁有八九个城，我们到其中的旧城巴彦岱参观空军教导队的工厂。还有一城叫惠远城，是前伊犁将军府治，又一城叫绥定城，有电灯厂，我们都先后去看过，返途经过鄂台，二十七日回到迪化。我去访问迪化公署秘书长邱昌濬（盛世才的丈人），曾任伊犁屯垦使，在迪化附近有两百多亩沙地引水成渠，种了几百棵的苹果树，已经结果实了。可见沙漠之地不一定不可为。

考察团续往南疆考察，我因为铁路和公路有事在身，不便走开太久，八月底我与王东原、沈君怡、邵逸周几位东返，留工程师张仁滔与考察团同行。我们几人乘飞机离开迪化，这架飞机是被我方击落的日本飞机，经修好后再度使用的。沿途看到许多坎井。经过酒泉，第二天飞到兰州，再回天水，这一趟走了四十多天，路程七千六百公里。既然各界对西北很重视，因此我派刘宝善工程师带测量队测量酒泉以西的路线，直到中苏边境，但当局对苏联有所顾虑，只准测到乌苏为止。我回天水写了一篇文章，《由左宗棠平定新疆说到甘新铁路之兴筑》，载在重庆《大公报》上。

十一月西北建设考察团在南疆考察完毕。由南疆回兰州，继续再往宁夏考察。我带了两个工程师在华家岭与考察团会合同往。过静宁县转入平宁公路，住在固原。经香水河，桥已建好。经同心城到中宁，访问军长马鸿宾。过吴忠堡渡黄河，到宁夏省城。在此与省主席马鸿逵、建设厅厅长、农林处处长交换意见。参观宁夏的毛织厂、火柴厂，邀请各界开座谈会。马主席曾邀考察团阅兵。

在宁夏停了两天，过贺兰山到定远营，中途在蒙古包打尖，吃了一全羊。时定远营的阿拉善旗达王出差去了，由一位协理兼任区防卫司令部的保安队长包图孟柯接待。我们住在达王府迎恩堂。时军事委员会驻旗副专员王君枕华（现任监察委员）和蒙藏委员会驻旗的专员皆来晤谈蒙地交通情形，听说日人在战前已在阿拉善旗活动的经过。从宁夏省城往北行经一大军垦区，经平罗县到黄河边的石嘴子，此地有精碱公司，是宁夏省政府的一件事业。公路是由石嘴子过黄河走东岸，因此地黄河最窄。回省城后即南返，时黄河冰凌随波而下，汽车不敢上渡船，唯恐被冰凌撞翻，人员则尚可渡过。另设法自吴忠堡派车到黄河对岸接我们。当天晚上住在吴忠堡张壮勤（张曜）公祠。后经同心城到固原，再到天水，西北考察团团员停留在西北公路局整理考察资料。

中央对考察团的报告颇为重视，并决心着手开发西北，次年的国家预算列有西北建设专款 10 亿元，其中的一半即用来建筑宝鸡到天水的铁路。

## 战局的发展

二十九年五月德军进攻比利时、荷兰和卢森堡，战事扩大。英国内阁改组，张伯伦下台，丘吉尔继任。荷兰屈服停战，德军因此侵入法国，比国亦屈服停战。

六月，德军进攻丹克，英军二三十万人几乎被赶到海边。英国付出全力，将二三十万军队急速撤过英伦海峡回英国。意大利也向英法宣战。德军进入巴黎，法国迁都维琪，贝当组阁求和，签停战协定。而戴高乐在英国组织法国流亡政府。法国接受日本的要求，封闭滇越铁路。六月里，日敌宣布封锁香港港口，七月起香港与内地的水陆交通都断绝了，只有空运还能维持。

三十年初，日敌侵犯中条山，河南北部和山西西部情势紧张，西安常有空袭警报。三十年五月日机来犯重庆，五月十六日交通部张部长的住宅被炸毁。西北公路局在重庆的办事处亦被炸，损失很大。同时敌机亦来天水投弹。其时国府公布滇缅铁路新公债的条例，预备发行一千万美元的公债修滇缅铁路，以曾养甫为滇缅铁路督办，萨福均为会办。中央与英美合作筑路，甚有决心。此时美国亦决定放弃在中国的治外法权。六月五日，重庆发生大隧道窒息事件。这天我正由天水到成都，途经褒城到汉中，见祝绍周警备司令，祝告诉我，湖北那边很紧张，敌人有由湖北进陕西切断川陕交通的企图，我们准备破坏汉中到白水的公路。

时欧战正酣，德军进入苏联边境，突破斯大林防线，基辅陷落。七月日本内阁改组，近卫文麿第三次组阁，更积极南进。同时我国收回欧亚航空公司。此公司本为中德合办，中德既已绝交，公司中的德国股份乃由政府没收，由中国自己主办，改名为中央航空公司。我空军的飞虎队，就是美国的志愿队也成立了，陈纳德任总指挥。

夏天我自成都回天水的路上遇敌机二十六架，在绵阳上空投弹。那天敌机二百多架也在成都轰炸得很厉害。过了几天，百余架日机空袭重庆。再过几天又有敌机二十七架炸天水，天兰测量队的办公室中弹，一名工程师和两名测工当场被炸死，天水死伤二百多人，以后连续几天都有警报。而重庆方面，敌机不分昼夜，每隔几小时便来一批，疲劳轰炸，美国协助中国较前积极。

当日本侵华地区日广，声势日烈的时候，即在十二月八日日本飞机偷袭珍珠港，美国海军损失很大，主要军舰被炸毁，海军人员死伤几千人，当天美英对日宣战。日本随即占领上海租界，轰炸九龙和香港，过几天泰国屈服投降。不久日本炸沉停在新加坡的英舰。过几天又占据九龙，炮轰香港。时交通部在香港有一个小机构专办材料的购运，三位负责人谢奋程、石寿颐和邹樾（邹鲁之子）为日人处死，其中的石寿颐是我的内弟。接着日军登陆香港，十二月二十三日港督投降。不久日军占领马尼拉。此时中国沿海，包括上海、广州以至香港到东南亚的马尼拉和新加坡都在日本威势之下。

三十一年年初，中、美、英、苏等二十六国在华盛顿签订《联合国宣言》，承认彼此共同使用资源，不与日本单独言和。此时在云南边境的我军开入缅甸，协助英国作战。不久蒋委员长出任同盟军中国战区的总司令，一度访问印度。美国荐史迪威为参谋长，蒋命他为缅甸远征军的总指挥。

抗战后期，国内经济渐渐困难，三十一年四月财政部发行美金储蓄券和关金券，一关金合法币二十元，不久关金币值又不稳定。四月初美空军首次试飞越喜马拉雅山驼峰成功，中印空运开始。四月间美国空中堡垒轰炸东京。仰光、腊戍先后失守，我方物资供应站亦陷敌，物资损失很大。我的侄子凌崇熙原在香港大学教书，忽然自广东打电报到天水给我，说他们夫妇二人已自香港脱险至西江某处，我乃赶紧接济旅费并安排工作，后荐至重庆交通大学分校教英文。

美总统罗斯福派私人代表威尔基来中国访问。双十节那日，英美两国宣布放弃在中国享有的特权。中印交通虽靠空运，为数有限，史迪威想造公路，由印度的列多入中国，但工程非常困难。

三十三年十月，美军登陆菲律宾的雷伊泰岛，开辟东南亚的战场。中国战区统帅部参谋长史迪威奉召回美。史迪威不了解中国的情形，也不服从统帅的指挥，美另派魏德迈接任参谋长。

十一月广西军事转坏，十一月初日军侵入桂林，第二天柳州失陷，烧得很惨。又几天宜山也失陷了，情形很坏。中央为继续抗战，发动十万知识青年从军运动，一时风起云涌，时我次儿崇裕在成都念高中，亦投入新一军，十一月十七日在成都入营，不久飞印度受训。宜山失守后不久，何池亦失守，日军沿黔桂公路入贵州，占领独山，前锋已到都匀，离贵阳不远，贵阳人心大受震动，贵阳到重庆有公路可通，重庆人心亦不安。几天之后国军收复独山，敌人不敢再往西北前进。这是抗战后期最黑暗的时期。

# 第12章 四年从政

## 出任交次与筹划交通复员

三十四年一月初，交通部部长曾养甫辞职，由俞飞鹏继任。时我在天水阅报得知沈怡被发表为政务次长，我为常务次长，使我非常惊奇，因我事前一点都不知道。我以前未在政府任官，本身又非做官的材料，与俞飞鹏氏毫无渊源；那时我负了西北交通很重的责任，宝天路未完成，天兰路才动工，甘新路尚未兴筑，料不到有这个调动。但我需要跑一趟重庆，趁此追加宝天路工款，并催领一月份工款。那时法币天天贬值，工程更加困难。我到重庆见蒋主席，表明我做宝天路已有两年，与员工久共艰难，再过几个月便可通车，此时离路，对剩下的工程不无影响。而且我久在西北，人地颇熟，可为中央做点事。唯主席说现在胜利在望，还是交通整理和复员要紧，今后要靠专门人才。这样使我再没有说话的余地，我乃趁机递了两个折呈，一是宝天路余工尚需工款 17.54 亿元，二是天兰路要趁早兴工，今年七月起每月请款3亿元。

二月一日俞飞鹏、沈怡和我在国府礼堂宣誓就职。我自二十五岁起入交通界服务，十几年来都在办工程，今来部里任常务，觉得很不相宜。因此宝天路未通车之前，宝天铁路局长仍由我暂为兼领，工地则交副局长代为负责。

交通部当前的问题有几个，自前线撤退到后方的铁路员工如何安顿？此时衣冠不整、扶老携幼从前线退下的约有两万多人，正逢冬天，必须立刻救济，乃会同社会部赈济委员会请政府拨专款，部里派一位参事到綦江、贵阳等地办理救济。撤退的两万多人中，后来由政府给款谋生的七千多人，仍旧留原处办理结束并且待命的一万八千多人，自动转业者亦有几百人。

当时太平洋战争日有进展，日敌退出黔桂路，沿线机车车辆破坏得很厉害。交通部因胜利在望，乃设复员准备委员会，与行政院、美国政府及善后救济总署有联系。交通部为复员准备，曾召集过一次航商会议。一旦复员，运输成为最大的问题，当时空运能力有限，陆运又路长费时，所以最有效的是水运。抗战初期为防敌人沿长江溯流而上，曾设有几道封锁线，沉了许多船在江底。时招商局所剩的船在川江上游二千吨到四千吨的江轮有六艘，即江安、江顺、江华、江新、江汉和建国，其余较小的有五艘，这些船在战争期间都被炸伤了，有的很严重需要大修，本年的预算里列了一亿二千多万元修理费，而这个数目与实际相差尚太远，乃追加六亿二千多万给招商局修船。另外加紧捞修川江的沉船。川北、大通、达新等民营公司及湖北航务处的大小船只共有五十余艘，总计三万多吨，修理费用由交通部向四联总处借款六亿元应用，利息由航商负担六厘，其余由政府补贴，限一年内完工，五年后清还借款。另外民生公司等八家的二十六艘船的修理费再另外请拨。另令长江航政局修木船，大修的木船有一百多艘，中修的有四百艘，小修的有四百九十艘，修理费共一亿多元。另新建钢骨木壳的拖轮，四个引擎者一百艘，二个引擎的五十艘，要费四亿五千万元，又向美国订二百匹马力的引擎五百多座、小型船只修理厂全套。另做木驳船一百吨到一百五十吨者二百艘。另在汉江、岷江、沱江的上游建造一吨到二十吨的拖船一千艘。

善后救济总署蒋廷黻署长约我晤谈，以为善后救济以交通为最要紧，建议多请款。后由部里开出初步的计划及所需要器材的数量及需要的款项，包括铁路、公路和水运海港、电信、邮政器材共一百七十六万四千多吨，估计值美金三亿三千八百九十万元，其中一半属于铁路的。另由中国政府按照 1937 年的币值配合国币四亿零五百多万元。是年三月底财政部宣布提高黄金官价法币每两三万五千元，以前是二万元。

欧战结束以后，日本势力孤立，我们在重庆作复员的准备，天天召集部内外各主管商量，至深夜才止。五月底中央常会通过蒋主席辞兼行政院长，孔祥熙辞副院长，选宋子文为行政院长，翁文灏为副院长。六月我约集交通部航政司司长及招商局的几个主管人员乘船至长江下游，视察江轮的修理情形，时江汉轮在宜宾，其余的五条都在重庆附近赶修中，估计八月可修理完工，必要时则可随时开行。

## 中苏友好同盟条约丧失国权

这年的二月里，英、美、苏三国在雅尔塔有秘密会议，谈什么事我们不晓得，几个月以后才由美国驻华赫尔利大使通知政府。六月宋院长忽由重庆飞到莫斯科与斯大林会晤，所谈何事我们亦不得而知。突然间，宋院长又匆匆飞回重庆，据闻所谈与中东路有关，但一直未与交通部接触。我去找中央设计局的沈鸿烈先生，他告诉我解决中东路有几点应该注意，第一，南满铁路不应包括在中东铁路范围之内，南满铁路由伪满经营，已与中东铁路脱离关系；第二，因苏联已将中东铁路卖给伪满政府，并由伪满政府将宽轨改为标准轨，东北归还中国，此段铁路亦应连带归还中国；第三，中东路应根据中国和苏联所订的解决中苏悬案的大纲来讨论。

八月五日，宋院长、王世杰外长、沈鸿烈及熊式辉等飞往莫斯科，参与中苏谈判，所谈很令国人注意。八月十四日，日本投降。日本既然投降，东北应由我方受降，结果是由苏联受降，这一点令我百思不解。我问过王世杰先生，他说东北被伪满占据多年，我们没有军队和官员在那边，只好由苏联就近受降，但我总觉得不是道理。

我们在重庆得知日本投降，又高兴又紧张。各地如何受降，事务繁重。中央发表熊斌为北平市长，钱大钧为上海市长，马超俊为南京市长，熊式辉为东北行营长官。中央并在东北以外的中心地点设特派员，交通方面石志仁为平津区的特派员，陈伯庄为京沪区的特派员，夏光宇为武汉区的特派员，杜镇远为广东区的特派员。

蒋主席电毛泽东到重庆共商国事，复电有八项要求。中国派何应钦为受降总代表，交通部亦派技监韦以黻参加陆军总部受降，后来在芷江举行受降式。日本投降后几天，很多人到部里来奔走，希望求得参加接收的职事，令我穷于应付。此时人心浮动，我认为可忧。

八月二十三日，行政院秘书长蒋梦麟先生电话约我，到行政院一趟。说宋院长与王外长已于八月十四日在莫斯科与苏方签订一项条约，并转告其中有关中东、南满协定的大概情形。那时全国还不知道中苏签订了什么条约，到了二十七日，《重庆中央报》发表了《中苏友好条约》内容与附件，有关于中国长春铁路的协定，有关于大连、旅顺的协定的全文。与交通最有关者为《中苏友好同盟条约》，其中规定苏联援助中国，苏联尊重中国在东三省的主权及行政的完整。中东、南满两路的干线合称中国长春铁路，由中苏两国共有共管，以三十年为期，期满无偿归还中国，并说明此路为商业性质，用于运输事业，除非对日作战，不运苏联的军队，并宣布大连为自由港，行政权属于中国，港务主管由苏联人担任，开放三十年。旅顺为中苏共同使用的海军根据地，民政由中国管，军政则由双方共同组成的军事委员会处理，也以三十年为限。最高国防会议与立法院不久分别通过以上协定。查斯大林和罗斯福在雅尔塔会议的时候，美国为诱使苏联对日宣战，使日本早日投降，免得美军死伤太多，因此答应苏联获得帝俄时代在远东的权益。罗斯福并担保中国一定接受。中国对外的各种不平等条约，经过十几年的努力与八年抗战的牺牲才一一取消，而抗战一胜利，忽然成立此一协定，加上许多新的约束与主权的丧失。因抗战刚胜利，对这件事谁也不敢多讲话。

中东、南满的协定有十八条的条文，将日本原享的权利及苏联让给伪满的铁路重新归中苏共有。苏联早已向全世界宣布放弃在中国的一切特权，如今要重新承认它。中东路在长春以北原是帝俄时代所筑，用的是宽轨，伪满购买以后才改作标准轨，原先中国和苏联各用不同的轨距。但协定里有一条规定，苏联的车辆可以经过中国长春铁路，不必卸货，一直开到海参崴，等于中长全线，又须改为宽轨了，不知如何过得来呢？事前交通的主管部一无所知，自然一无准备，更无法参加意见。我告诉蒋梦麟说，答应苏联火车可以过轨，是不是我们答应要把轨道又放宽，蒋梦麟顿足说上当上当。后来我又问沈鸿烈先生，因为我和他熟一点，他说在莫斯科的一切交涉他都无从参加意见。

苏联为在东北受降，军队不但从陆路来，并派空降部队降落在东三省，占沈阳、长春、哈尔滨等大城市，一直到热河，此时中国军队无法开进。越南北纬十七度以北应归中国受降，中国曾派驻在云南的总司令卢汉到越南去执行，交通部亦派专家陪同前往办理有关交通的事务。这件事表面上对中国好像很有面子，可怜得很，中国派去的人不发生作用，不久空手而回，受降之事徒劳无功，原因何在？亦不详悉。

## 交通部接收及善后事宜

八月二十六日交通部备民航机三架，运了财政部、粮食部及交通部的接收人员六十多人，并运法币八吨，由重庆飞芷江转南京。不久上海重庆间的民航恢复了。

政府想和中共协商和平，派张治中与美国驻华大使赫尔利飞到延安，与毛泽东、周恩来及王若飞等人飞回重庆开始政治协商。

交通部对收复区的业务暂定照敌伪划分区域接收，维持业务，运价、邮资和电费照旧折国币征收。当时财政部规定一百元法币兑二百元伪币。铁路方面尽先控制调度的机构、机厂、电厂、煤矿。存煤的地点及港口等重要的据点先接收控制。检查铁路的桥梁、隧道及重要设备，加以必要的修理。另一方面控制长江下游及川江的船只、码头及仓库，以备还都之用。在上海、广州、天津三海港办理引水人的登记。接收的人带着二十瓦特到一百瓦特的无线电机到接收地点，以便随时和重庆及彼此间联络。邮政方面赶紧恢复航空邮递，废止伪满及台湾的邮票，东北与朝鲜暂停通车和通邮电。八月二十九日政府派陈仪为台湾省行政长官。此行政长官与一般省政府组织不同。长官公署下设有交通处，所有台湾交通事业的接收及业务的继续都是由行政长官直接指挥交通处，而交通部不能过问。东北各省政府也公布处理的要纲，其中有军事委员会在长春设立行营，派熊式辉为行营主任，下设政治委员会与经济委员会。东北重新划分为九省，在长春设外交部东北特派员公署。

中国派徐永昌为受降代表，八月三十一日到横滨，九月二日盟军在密苏里舰上正式受降。

九月一日，交通部根据《中苏条约》处理了几件事，派我、陈延炯及参事王辅宜三人为中长铁路章程委员，资产委员三人为萨福均、高纶瑾、裘维莹。部中设中长铁路中国委员办事处，收集资料，征求各方意见。

九月三日为同盟国战胜日，全国放假一天，国民政府遥祭国父陵墓，发解除警报，鸣炮一百零一响，情况隆重。第二天，蒋主席举行胜利招待茶会，我俩夫妇均被邀，中外人士到者一千多人，其中包括中共领导人毛泽东、周恩来。

政府对东北的接收特派熊式辉为东北行营主任兼政务委员会主任委员，张嘉璈为东北经济委员会的主任委员，时张先生远在美国。十月九日，何应钦将军在南京接受日军在华最高指挥官冈村宁次的投降。十日交通部派张嘉璈为中国长春铁路理事长。根据中苏协定理事长是中国人，副理事长是苏联人，王澄为助理理事长。过几天张先生才由美国回到重庆。

至长江方面的航运等待海军总司令部清除长江水雷完毕，于九月十三日招商局的第一艘江安轮自重庆下驶，以后各江轮才陆续开汉口、上海。

日本已投降一月，苏联如何在东北受降，我方一点消息都不知，我方的人一个都不能进东北。行政院乃召集东北问题谈话会，东北有八省主席到会，我代表交通部到会，商讨如何应付未来的问题。

九月二十三日，外交部通知交通部，苏方已派章程委员及资产委员各三人，一个月之后来到中国，在长春或南京开会。但国民政府尚未还都，我方乃催苏方人员速来重庆开会。

交通部曾经公布铁路员工登记办法，包括沦陷区的旧有员工，随政府到后方的都有适当的处理办法。在敌伪地区的旧有员工无重大过失者仍旧任用，以维系人心。如此员工数目大大增加。

中长路的监事为刘哲、刘泽荣和黄伯樵三人。刘泽荣在新疆当外交部的特派员，不能分身，黄伯樵病了，乃改派万异和吴绍曾，又派莫德惠为副监事长。

在台湾方面交通部派徐学禹为台湾的特派员。徐本为轮船招商局的总经理，后为台湾省行政长官派为台湾省交通处长。根据规定，凡是敌产皆归中央接管，故台湾的铁路和公路应属中央。台湾的邮电日据时代系合并管理，乃与陈长官接洽，台湾邮电由交通部接管，铁路和公路为中央所有，暂交省方代为管理。但交通部派往台湾接收邮电的人员为陈长官所挡驾，相持几个月之久。后台省改派严家淦为交通处处长，交通部乃改派严氏为特派员。

行政院有一次例会，发表了东北经济委员会的委员，我亦为委员之一，但自始至终未开过一次会。

当时办理沦陷区的接收和复员很觉交通的困难，尤其长江和华北的交通堵塞。当时最要紧的路线是重庆到南京，南京到北平，北平到东北。平汉铁路在敌伪的时期破坏得很厉害，石家庄到新乡大约三百公里的路轨未恢复，津浦铁路虽未大坏，亦尚不能通车。俞部长与我商定分头出发，俞部长督促平汉铁路的修复，我督促津浦铁路的修复，希望早日通车，以便接管华北和东北。十月十日，俞部长飞郑州转北平，我飞南京。南京正在庆祝国庆。我离开南京八年多，至是重回国都，在铁道部大厦开始办公。我得国民政府颁发的胜利勋章一枚。

当天东北行营主任熊式辉、中长铁路理事长张嘉璈及外交部东北特派员蒋经国首飞长春。

## 津浦铁路的破坏

在我首次由重庆飞回南京谒何总司令时，他认为复员成绩以交通部为最好，他说津浦路未能全路通车是路上治安的问题，并不是路轨有大损害。中共的新四军正在破坏津浦南段桥梁和路轨。我趁便拜访何总司令的参谋长萧毅肃将军和工兵部的副指挥官，他们认为修路最好利用日本原有的联队，因为他们有人力、有器械，而且有经验。因此我召见日军藤田参谋，要他与我同往津浦路就地指挥日本联队作抢修的工作。津浦路在日本投降时并无大破坏，而中共发动新四军开始破坏此路，始于十月八日，就是我到南京的前两天。先在浦口向北约六十公里的沙河集、张华岭开始破坏。初破坏小桥。我去破坏的地方查看，正有日本保线队的工程师和中国及日本的工人在抢修桥梁。据他们报告往北的嘉山、管店又有三座小铁桥被毁。共产党每天一定出来滋扰一趟，我们白天修路，他们晚上出来破坏。除破坏铁路外，又破坏沿线电杆，致浦口与蚌埠不能通话。第二天我继续往北前进，果然发现三座桥被毁，走了十公里路，又发现一桥被毁，再往北的八百公尺路轨被拆掉了，电杆一根都没有，再往北二公里又有一桥被破坏。我在此遇到由蚌埠开来的一列修路火车，我于是乘此列车勉强开到蚌埠。在蚌埠有我第七军驻守，军长钟纪、皖省民政厅长韦永成都是我的素识，他们说共军骚扰的范围北至山东，南至徐州，情况严重。我与蚌埠铁路局的前日籍局长继续往北视察，沿途的路轨、车站和桥梁不是被毁就是被焚。这是抗战胜利以后中共破坏铁路的开始，以后日烈一日，大桥亦被破坏，钢轨亦被移走。我认为此路非短期可以修复，便先回南京，筹划修路的材料。

十月二十三日，国民政府将外交特派员蒋经国在长春与苏方的会议纪录抄送交通部，要点为我军可在热河南部锦州一带集结接防，苏联协助修理关外铁路，凡非中央承认的军队，苏方可解除其武装，东北伪满的所有工厂由中苏共商解决，东北铁路可马上交给国民政府接收，可是后来事实上一点都不对。十月底我回重庆，准备中长铁路的章程和资产事宜。以前中苏共管中东铁路时亦有理事会组织，理事长亦由中国人担任，可是大权皆操之于俄籍的管理局长手中。这次拟定章程，注意加重理事长的职权，使理事长能名副其实。从前的理事长高薪厚禄养尊处优，乐意不问他事以致大权旁落，我们这次拟定章程很注意要使理事长名副其实地担起重任。加重华籍副局长的权力，规定副局长对文件有副署权。中苏同盟条约规定各处处长中苏各半，但未指定明确，乃拟运输处长一定要中国人担任。至于资产的拟定要明定何路为中长路的支线。此路章程在重庆曾经四次修改才作最后修正，成为第五稿，送行政院外交部并抄张理事长作为与苏方磋商腹稿。

共产党破坏铁路包括津浦、平汉、北宁、平绥、胶济诸路，平汉路由郑州到汉口其时可以勉强通车，唯北段则有一百多公里轨道无存，路基亦几乎全毁。日本侵占平津区时间较久，对这区的铁路作了不少改善工夫，并致力于沿线有关事业，办了研究所、图书馆、医院和农场等等。我们铁路特别的机关对此类事业认为不是铁路本身之事，纷纷抢夺接管，不顾大局。

张理事长到长春之后向交通部送来一个报告，说理事会和监事会都在长春成立了。理事会开第一次会议，中长路局仍设在哈尔滨，特派员陈延炯密报东北铁路之破坏与关内相似，中共八路军在大城市附近活动，陈与张理事长无法跑出长春半步。至此我们才知道东北接收之困难。十一月十五日八路军开进长春，蒋经国特派员马上离开长春，张理事长与陈延炯则撤到沈阳。

交通部派在台湾的特派员严家淦曾由台湾到重庆向交通部述职，台湾铁路仍由省方接管，我们派去台湾的邮电人员仍不能到差。

美国驻华大使赫尔利将军辞职，美国总统杜鲁门派参谋总长马歇尔为特使来华，开始国共协商。

后来共军撤出长春，张理事长与陈延炯又回去一段时期。

这年十二月十七日我奉命还京办公，与邮电司长、材料司长同飞南京。我在南京本有一住屋，我就回到自己的屋子住了。我二儿子崇裕在重庆时从军入缅，八月初由缅甸飞南宁，准备反攻广州，而日本已投降，乃请求退役，回汉口转船到南京。我回南京时，他也刚到南京，他写了一篇《从军回忆》，对青年从军之经过很有感慨。第二天蒋主席亦回南京，这是胜利后蒋主席回南京的第一次。

## 政治协商

马歇尔先到上海，再飞重庆，其调处的方案为组织一个三人委员会，国民政府、共方与美方各指定一人，国民政府的代表是张群，中共的代表是周恩来，美方为马歇尔，进行政治协商之事。三十五年一月十七日首次开会，协商恢复交通的问题，我赶紧从南京飞回重庆，知道双方下令停止冲突，双方军队撤离路线，以路警代替。在北平设军事调处执行部，由三方代表组成，即郑介民、叶剑英和罗伯森三人。军事调处执行部乃执行国府主席的命令，至国内亦有政治协商之进行，一日在重庆召开，代表包括政府人员、青年党、民主同盟及共产党和无党无派的人士，讨论召集国民大会和国民政府组织的问题。

因修路要紧，我再跑平津督修。那时第一批国军接防沈阳，以飞机运去装备极好的新一军和新六军。

苏联自日本投降后，宣布东北日本人与伪满经营的工厂为其战利品，大量撤走工厂设备。并急速改中东路标准轨为宽轨，日夜将重要机械运回苏境，估计运去全部设备的80%，值二十亿美元。我方与美方屡次抗议皆无效果，到了抢劫工作大致完成始准国军接防沈阳。

蒋主席的停战令刚生效，正太路的火车又触雷翻车，共产党又攻占津浦路的许多车站。各路的抢修人员到达工地以后不能开工，交通复原几无进展。

我在南京主持各路修复的事，曾与几位技术人员坐津浦车到蚌埠、徐州等地视察，到徐州就不能前进了，我乃回南京换飞机飞北平。飞机沿津浦路低飞，我坐在机上的副机师座位，沿路记录铁路破坏的情形，至济南下机，与来自济南附近的津浦路、胶济路的主管商洽修路，再飞北平，听取平津区、济南区、石家庄区、太原区、绥远区、张家口区铁路的各主管报告铁路破坏的情形和抢修的准备。共方向北平执行部提出路警护路的异议，主张共方控制地区的铁路由共方派人维护，修好的路亦由共方管理，此意见与我方相差太远，可见修路很不容易。

当我回到南京，已是二月，交通部从重庆来电话，谓张治中、周恩来与马歇尔协商：（一）长江以北到关内的铁路设一执行的总机构，受执行部的指挥；（二）执行部里设一铁路管理组，另设八个修路小组，每小组由三方各派一人组成；（三）国共部队各保护所属路段，行车秩序归警察维持。我急飞重庆与张治中商洽，关内设执行部不能同意，我们原已有机构，何必加设。第二点我也不同意，我们既有平津区的铁路管理局，没有再设总机构的必要。其时张群、周恩来与马歇尔已得到协议，对于修复交通的事由郑介民、罗伯森、叶剑英三人联合发电华北及华中的国军和共军，立即协助恢复交通的工作，无论铁路、公路或水道、邮政、电信。凡是妨碍交通的地雷、碉堡及防御工事一概撤除。国共双方的指挥官要保护修路的员工，使能安心工作，招募工人要给相当代价，并负责交还抗日期间被撤走的钢轨和器材。不能借恢复交通而争取军事上的优势。如此已很迁就中共，但中共却一样不能遵守。共产党的策略就是破坏交通，使国府不能运输军队，第二使生产衰落，物资不能流通。在此时局之下国家用钱一天天多，而收入一天天少，南京、上海又发生金融波动的事，米一担值法币三十五万元，美金一元值法币二千四百元，黄金一两十八万元。因此许多低级的公务员及工人在上海电信局、浦口机厂发生罢工。

由于国内外时局的发展，外交部曾发表声明，不受雅尔塔密约的束缚，但事实上毫无作用。

津浦路北段有一名工程师为中共扣留，几个车站被占，并抢去现款二百多万元，另成立铁路办事处，强管各路段。

## 督修粤汉路

修复粤汉路亦是当时恢复交通要紧之事，民国三十五年三月底，我为粤汉路事赴粤一行。我从上海乘中航机南下，途遇大风雨，在汕头迫降，幸免能续飞香港加油，当日即抵达广州，此为胜利后我初次返回故乡。

我在广州召集各交通机关主管垂询接收及恢复业务情况。且日人在占领海南岛期间，筑有铁路二百多公里，因受战事影响，已部分损毁，交通停顿，我乃嘱咐粤汉路局先行垫款抢修通车。

随后我偕同粤汉路李副局长耀祥乘专车视察黄埔支线及广九路。广九路在抗战时期屡经日军轰炸，胜利后虽已略加整理，亦仅勉能通车而已。从广州到九龙行车时间通常仅需三小时，是日却达八小时之久。广九段在胜利后已归并粤汉路管理。此段系国际交通路线，其时英段已恢复旧观，华段过于落后，不但有碍国际观听，而且大批善后救济材料行将由美国或他国运抵九龙转广九段北上，若非从速加强此段，将不能应付运输上之负担，可能影响其他有关路之恢复工作，因着粤汉局注意此段从速整理。

四月初，我偕李副局长等由广州出发，视察粤汉路工。时粤汉路南段曲江（韶州）以南，路轨无存，桥梁多遭破坏，不能通车，只得乘坐汽车北走，沿途时有土匪出没，凡经两日，始经翁源行抵曲江。在曲江只见铁道仅存路基，其余悉遭毁损，我们继续沿公路北走，行抵乐昌，方见路轨，乃改乘火车北行，沿途风景宜人，但路轨不良。至坪石以北，路基被毁未复，复改乘汽车直至郴州。从郴州继续往北，或乘摇车，或乘轻便车，甚或步行，始勉强抵达衡阳。

衡阳乃粤汉路局所在地，我在此约集路局各有关主管商讨赶工各问题。随后乘轻便车离此继续北行，参观各大桥的修复工程。过长沙，只见长沙车站经长沙大火后已面目全非。出长沙由岳阳至武昌一段，前系以中英庚款购用钢枕筑造，在抗战期内未遭破坏，故行车情况就粤汉全路而言乃是最好。抵达武汉后，我与粤汉路北段主管及平汉区夏局长等商洽修路事，旋飞返南京。

## 马歇尔调处与恢复交通之商谈

四月初，东北共军攻占哈尔滨，接着又攻进长春，我新六军损失惨重。

四月廿二日，国民政府公布国民大会制宪代表名单。我为工程师学会所推举六名代表之一，其余有顾毓琇、徐恩曾等人。唯名单公布后，中共声明不出席，于是原定五月间召集的制宪大会，只得延期召开。

五月一日，国民政府颁正式还都令，五日为正式还都纪念日，是日由蒋主席领导在陵园举行隆重纪念典礼。

五月间，由于善后救济物资行将运到，行政院乃决定开放南京、芜湖、九江、汉口等四埠准外轮装卸货物。内河航行权本早于抗战期间宣布收回，现因复员后，轮船不敷应用，为便利善后救济物资之运送，遂有此一权宜办法，但亦仅以善后救济物资为限，且规定外籍轮船不得在各口岸之间停泊。

五月十五日，中央准俞飞鹏辞交通部长，以俞大维继任。又翁文灏辞经济部长，由王云五继任。改军政部为国防部，由白崇禧出任首任部长，原军政部长陈诚改任参谋总长。此时，国军收复四平街，进驻长春。

俞部长到部视事后，改任谭伯羽为政务次长。我因与俞部长并无渊源，乃请辞常务次长，但未获准。俞部长接任后，正值马歇尔返美后再度来华，进行国共调处，而恢复交通实为一比较急切问题。俞氏原任军政部次长，与马歇尔相识有素，故到部后即忙于奔走，除恢复交通问题外，尚有军事方面的接洽。马歇尔关于恢复交通之事指定由希尔上校（Col. Hill）主办，交通部则由我与路政司萨司长福均及平津区石局长志仁秉承中央意旨商洽办理。我们每日与希尔上校接洽频仍。

自马歇尔来华调停后，蒋主席下令东北停战十五日，自六月七日午间起生效。在停战商谈期间，马歇尔与周恩来关于恢复交通的谈话纪录均由希尔上校交与我们一阅，其中要点有（一）拆除铁路沿线碉堡，凡属保护桥梁者除外。（二）铁路修复后不再用以运送军队。（三）修复后之铁路，中共要求归它管理。由此足以显示马歇尔对于共方的偏袒。自后我们日与希尔商拟细节，希尔则天天奔走于两方。

恢复交通问题正在协商之际，津浦路沿线却迭遭破坏。正太路亦被毁多处，且有列车出轨伤人之事。

六月十五日，军事三人小组签订一项东北停战协定。

廿一日，蒋主席颁布停止冲突令时效再延长八天，至六月底止，此盖受马歇尔之压力使然。事实上，中共利用此停战期间整编部队，进行更大规模之破坏。马歇尔一味对国民政府施用压力延长停战，我们身处其间，极感不平。

廿三、廿四两日，俞部长偕同我、萨司长福均与石局长志仁至南京宁海路马歇尔行馆与共方举行恢复交通的正式会议，共方由周恩来、滕代远、黄逸峰、章文晋等出席。我方依次以俞部长、我、萨司长、石局长与共方周恩来、滕代远、黄逸峰对坐，共方章文晋担任翻译，马歇尔居中。经两日之商议，通过办法条文七条，亦仅文字上的协议而已。六月底停战限期已届，双方冲突并未停止。

未几，粤汉路全线修复通车。七月一日，正太路亦恢复通车。此为近日恢复交通较有成绩之事。

此时，美国善后救济总署在华工作人员突然致电美国政府，阻止救济物资运华。谓我政府利用此物资进行内战。美国救济总署署长亦主救济物资暂时停运。此为美政府对我态度变化的具体表示。盖当时美国善后救济总署以及其所派来华工作人员中流品不齐，其中亲共分子不在少数。

马歇尔特使来华调停国共之争，偏袒共方，而对国民政府常施压力。美国务院原已内定魏德迈出任驻华大使，魏氏亦已准备启程就任，不料马歇尔突然推荐燕京大学校长司徒雷登出任驻华大使。司徒氏在华多年，对中国情形较熟，立场原比较超然，但是他的学生中不乏亲共分子，所以他就任大使后对中国局面并无裨益。

不久，内战复起，以苏北最严重，津浦路南段迭遭破坏。八月十七日，中共并在延安广播总动员。

此时，我政府财政益感困难。八月十九日公布美汇一元折合法币三千三百五十元。

交通部俞部长为时局而奔走于南京、牯岭间，政务次长谭伯羽因病常不到部，是以行政院例会多由我代表列席。

行政院此时准成渝铁路复工。此路早在民国廿五年动工，及抗战发生后，因海口封锁，材料未能运到，路工因此停顿下来。此时四川省籍要人如徐君可亭（堪）、张君岳军（群）等人急盼此路复工，行政院卒如所请，核准本年工款暂定为 50 亿元。此路之兴筑原与法国银团有关，此时法政府急欲促进战后贸易，亦准许部分钢铁出口，并由法政府作信用担保。

东北铁路除中长路外，其他各路则设一东北运输总局主之，交通部派陈延炯出任局长，王奉瑞为副局长。中央另派王竹亭出任中长路副局长。盖中长路协定中规定局长由苏方出任，但苏方局长不仅未来就任，且原已到局的人员还陆续撤退中。为维持中长路交通起见，中央乃指定王竹亭以副局长主持长春以南中长路之事。

未几，法币又贬值。十一月起，邮费加价，平信由二十元改为一百元，电报每字由二十元涨为二百元。

十一月间，行政院令天兰路工款在明年预算中预发十一月计三十亿，十二月二十亿。蒋主席亦电交通部，谓此路可先行开工；若经费可筹，天成路亦应早日动工。

十一月十五日，制宪国民大会开幕，代表一千三百九十五人，中共与民盟代表未出席。大会推吴稚晖先生为临时主席，国民政府蒋主席莅会报告。廿五日，举行第一次正式会议。廿八日，蒋主席向大会提出《中华民国宪法》草案，由立法院孙院长哲生逐条加以说明，于是制宪工作正式开始。随后分组审查，我参加基本国策一组。

成渝路既已预备复工，负责此路的川黔铁路公司，乃于此时开理事会，原任理事长曾养甫辞职，理事会推选我出任总经理兼代理事长，嗣后成渝路复工中心遂移于交通部。

是年年底，胶济路与平绥路先后通车，此为恢复交通中难得的进展。

## 行宪前之政局

民国三十六年元旦，中央正式公布《中华民国宪法》。同日，国民政府颁发去年修复交通有功人员勋章。我得三等景星勋章，此外路政司萨司长福均、邮电司陶司长凤山、粤汉路杜局长镇远、平汉路夏局长光宇、京沪路陈局长伯庄、湘黔路袁局长梦鸿等人亦各得三等、四等或五等景星勋章。

此时，湘桂路由桂林至柳州间已恢复通车，浙赣路亦部分通车。

一月间，美国特使马歇尔由南京飞回美国就任国务卿。马歇尔在华十几个月，由于未谙中国国情，调停任务可谓失败。其出任国务卿后，对于美国对华政策当有更大影响力。

自马歇尔回美后，国民政府公布与中共交涉和谈不成之经过。美国务院亦于此时宣布退出军事调处执行部三人小组。

二月十日国府纪念周后，蒙蒋主席召见，垂询路政。并指示陇海路东段暂应修至运河为止，要多方延揽人才，遇事可直接向他报告等。

二月间，金融又起紊乱。原先美金一元值法币六千七百元，黄金一两值法币三十万，但十天之内，美金一元涨至法币一万七千元，黄金每两涨至法币七八十万。

二月廿八日，台湾发生暴动，颇有死伤，交通亦告中断。时台湾省铁路管理委员会陈主任委员清文因公在京，闻此消息，即赶回台湾，并要京沪、津浦两路局预备机械、电讯等技术人员数十人赶赴台湾维持交通。蒋主席亦表示对于台湾地方的要求皆可考虑，但要求取消警备总部及中央军放下武装，则无法照办。其后中央军陆续到达，事变乃归于平静。

由于财政措施不妥，行政院长宋子文受到立法院的抨击，宋院长因此辞职，由蒋主席暂兼院长。

原任中长路理事长张嘉璈于此时被中央调任中央银行总裁，交通部乃请准由东北运输总局局长陈延炯继任，东北各铁路遂皆归于陈局长管辖下。

三月间，行政院召开一次临时会议，商讨煤、电及交通事业加价问题，由翁副院长主持，出席者有财政、经济、社会各部部长，中央银行总裁，南京、上海两市市长等，我亦代表交通部出席。咸以经济紧急措施方案应断然付之实施。财政部俞部长谓补贴固然有弊，但比加价之害尚轻。盖当时交通事业等单位入不敷出，只有出之于加价或补贴。最后会中议决今后三个月内概不加价，以免影响社会安定。因此交通部每月需补贴八百亿，上海市七百六十亿，煤商一百五十亿等，连其他补贴总计三个月政府需补贴六千亿。

三月十九日，国军收复延安，此为时局上一大进展。

同时，美、英、苏三国外长在莫斯科举行会议。中国发表反对他们讨论任何有关中国问题的声明。

三月间，翁副院长约集我、张岳军先生及四川建设厅何厅长北衡等人，商讨成渝路问题。张、何等皆四川人，对成渝路颇关心，会中表示，四川省原预定负担工款无法筹出，盼能由中央负责。

自张嘉璈调任中央银行总裁后，东北经济委员会主任委员由东北行辕改派关吉玉代理。

三月廿三日，三中全会通过有关东北问题两项决议：（一）中国当以友好态度坚定立场实行《中苏友好同盟条约》。（二）亟速撤除东北特殊化的一切措施。盖自政府接管东北后，东北在政治及经济上存有不少特殊化措施，东北流通券的使用就是其中最显著者。不过中央通过此案后，特殊化措施并未能即刻撤除。

四月间，国民政府明令修改《国民政府组织法》，五院亦同时改组。张群出任行政院长，孙科为立法院长，居正为司法院长，戴传贤为考试院长，于右任为监察院长。改组后，行政院阁员大多数留任，另由青年党籍李璜出任经济部长，左舜生出任农林部长。原任副院长翁文灏请辞，改就任资源委员会主任委员。行政院并决议撤销台湾长官公署，依据省政府组织法，任命魏道明为台湾省主席。

## 东北之行

抗战胜利以后，东北情形特殊，问题繁复，中长路之应付尤为棘手。此时东北局面已稍定，我乃与路政司萨司长福均前往东北作实地考察，并聆取东北各方意见。中长路新任理事长陈延炯亦同道前往履新。四月廿四日我们由京抵沪，廿六日由沪乘中国航空公司飞机径飞北平。

我们一行到北平后，连日与平津区铁路局石局长志仁，平汉区杨副局长毅以及公路、电信、邮政各机关主管晤谈，听取华北各交通事业状况之报告。时长女崇秀在北平图书馆任事，婿王焕如任北京大学农学院副教授，我以出关机会难得，乃邀约他们夫妇一齐前往。

四月廿八日，我们坐一列专车离平，下午到秦皇岛，由秦芦港口司令何世礼将军引导参观秦皇岛港口。续开车至山海关，参观桥梁厂，晚间到锦西再转葫芦岛。次日，我们参观葫芦岛港口及码头。其时第一码头稍有损坏，第二码头尚完好，能泊一万吨轮船五艘。抗战后，我们已收回东北主权，然而苏军却盘踞我东北，不让我军从陆路出关接收，我方乃改由秦皇岛及葫芦岛作转运口，预备由此上岸接管东北。此时中苏双方商谈未妥，故秦皇岛港口内外不见一船。

参观葫芦岛后，我们续乘车北走，午抵锦州，下车至锦州区铁路局详询该区状况。下午乘车续行，晚抵沈阳。

在沈阳我们分访行营熊主任式辉、杜长官聿明、经济委员会关代主任委员吉玉、中长路王助理理事长澄，我也约见中长路理事会及中长路管理局各高级职员，时中国籍副局长为王竹亭。接着我们参观附近的皇姑屯机厂及西边工业区。此区工厂大部分设备已被苏联掠夺以去，现在停工，烟囱林立，但无一出烟者。

五月一日，我们乘坐另一列专车离沈阳北发。专车机车系太平洋式，时速一百二十公里，此为关内机车所少有。此式机车在中长路仅有二辆。午间至四平街下车，访辽北省刘主席翰东，并至铁路局视察。专车续开至公主岭小停。四平街以北已有部分路线遭受共军破坏，尚不太严重。中长路沈阳至长春原系双轨，但因路轨被破坏，仅能单轨行驶。下午至长春，下车至市区巡视一周后，即由此换车转吉长线。吉长路单线行车，道木甚坏，土们岭隧道因受共军破坏，正在修理中。此路两月以来屡为共军攻入，曾占据几处车站，桥梁破坏亦多。下午到达吉林省会，访梁主席华盛。此为我初次到吉林，亦为初次行经吉长路。五月一日，陈延炯在沈阳接任中长路理事长。五月二日，我们由吉林乘专车行二十四公里至小丰满。此路原须跨过松花江大桥，桥凡九孔，其中三孔已毁坏，现改用便桥通车。至小丰满后参观闻名的水力发电厂。此一发电厂坝长一千一百公尺，高九十二公尺，为日据时代所开始建造。日人退却时，水坝尚有二十万立方公尺混凝土未完工，正继续工作中。日人原计划设七万千瓦发电机八部，已装好四部，苏军开入时拆走两部，现只存二部，尚可发电十四万千瓦，为东北主要电源，哈尔滨、长春、抚顺、沈阳等地用电皆由此一电厂供应。其时共军已潜伏在小丰满附近只二十公里处，随时可乘虚而入。

参观小丰满发电厂后，我们乘原专车返长春，访新一军潘军长裕昆及长春市长赵君迈。长春市区颇大，系伪满洲国之首都。我们在此参观敌伪时期的各项新建筑及伪宫，也到车站参观电气设备。

五月三日，我们一行由长春乘原专车南返，在车上听取同行各交通界主管报告接管以后各事发展情况。过公主岭下车参观农场。午到沈阳，即沿沈海线到抚顺，参观极有名的露天矿场。此处煤层厚达一百二十五公尺，储藏量约一亿七千万吨，过去曾采出七千八百万吨，尚余约九千万吨。日据时代每日最高产量约三万吨，近因设备及车辆均有损坏，故每日只产六千吨左右，工人约三万六千人，其中尚留有日人一千七百余人。

五月四日，由沈阳乘车南下，至大石桥转入支线到营口，参观水陆运输联络情形。午后北返，至鞍山参观钢铁厂，此厂大部分设备已为苏联掠去，所余亦甚残破。是日回抵沈阳。次日，在沈阳与东北交通事业各首长检讨各项问题，特别是有关中长路问题。盖东北设有行营，又有经济委员会，行政系统已甚特殊，而币制方面又使用东北流通券，与法币不能通用。是以如何使中长路局与交通部取得直接联系，实为一重要课题，因中长路事务之处理如由行营径呈中央解决，则与交通部脱节，如先商请交通部，则交通部仍须与行营商洽，方能解决。

是日午间乘专车离开沈阳，在车上与东北铁路各首长高步昆、王奉瑞、胡纯赞、万国宾等检讨中长路以外国有铁路问题。下午至锦州，视察锦州区铁路局，并至广济寺参观大塔。

五月六日离开锦州，过山海关，下车浏览天下第一关。午间在昌黎下车，参观路局所接办之农场。是晚抵天津。次日在天津参观汽车配件制造厂及天津材料储转处，然后乘车到北平。在北平逗留两天，拜访北平行辕李主任宗仁，他对时局非常悲观。随后到平津区铁路管理局听取各主管报告。亦抽空至西郊新市区巡视，游览故宫等名胜古迹。十日由北平乘机南返。

## 学潮迭起

我离开东北后不久，东北局势又告紧张，太原亦被共军包围。在此局面下，各学校学生情绪有不稳之事，五月初杭州英士大学学生闹事，上海交通大学学生罢课，都为小事借题发挥，内部皆有共党分子从中策动。

五月十三日，上海交通大学学生复因商船系某项课程问题未为教育部所接纳，遂拟乘车赴南京请愿。那天清晨，学生群集上海北站，要求开车赴京，车站秩序大乱，以致所有列车均无法开行。时行政院正在南京开例会，得知报告后，决派教育部长朱家骅立即赴沪处理，复以我与交通大学关系甚深，亦着我与朱部长同行。我们随即乘机赴沪。其时男女学生数百人正聚集车站闹事，我向他们劝导说，为小事而占据车站，瘫痪交通，实非良策。不过学生群情激昂，劝导并无效果，一直相持不下。午后一部分机械系学生竟劫得机车一辆，挂上车箱数辆，学生蜂拥而上，意欲自己开车赴南京。未几果由学生将车开出，此乃极其危险之事。路方闻讯即将前站数公里处路轨拆除，车至此不能复开。我与朱部长及上海市长吴国桢随往该处。我再向学生劝告，谓你们所学系交通，交通第一要义为安全，至于行车的金科玉律，则必须得站长的命令，或号志的指示，方能开行。你们以后将在交通界服务，现在却首先打破这条规律，这实在是非常不智之举，况且路方尽有办法阻止列车前进，你们明知开车到南京为必办不到之事，何必如此？这样相持一夜，男女学生都已疲惫不堪，及至天亮，由上海市公用局局长赵曾珏派来公共汽车多辆，学生才纷纷登车回校，一场风波才告结束，上海车站瘫痪了二十余小时后才恢复通车，我与朱部长旋回南京。未几，中央大学学生又到行政院滋事，幸未闹大。

## 欧洲之行

国际铁路会议第十四届大会将于六月下旬在瑞士召开，中国是国际铁路协会会员国之一，行政院乃决定派我为首席代表，另我国驻伦敦购料委员会王景春博士，路政司帮办钮孝贤、技正洪观涛等为代表，前往出席。我以机会难得，乃请准偕内人同行。除出席国际铁路会议外，我亦拟赴英、法、比等国，与有关铁路人士有所接触。

六月一日，我从南京动身赴上海，转乘中国航空公司飞机到香港。当时由香港赴欧班机不如现在方便，后来我们选定乘坐英国海外航空公司的水上飞机，据说此型飞机舒适，沿途亦招待食宿。我们预定由香港径飞伦敦不须换机，再和王代表等前往瑞士。

在香港因机期尚有两天，我趁此赴广州一行，粤汉路杜局长镇远、六区电信管理局方副局长贤齐、广州电信局梁局长、航政局卢局长等人陪同我乘广九路车到广州，在车上分别洽询各业较重要问题，其中有关于广州香港间无线电话及香港我方电报局受港政府压力所发生之存废问题。到广州后我亦分访行辕张主任发奎、罗主席卓英。随后返回香港，香港护督设宴招待。

因天气恶劣，飞机不能按时起飞，我们再逗留香港两天。九日，班机始由香港起飞。当日下午到曼谷小停，继续起飞，晚抵仰光，由航空公司招待至旅馆住宿。次日晨，飞离仰光，中午在加尔各答河面降落，加油后，横过印度大陆，经九小时的飞行，抵卡拉奇。因班机在香港已延迟两日，须赶路程，因此半夜即起续飞，十一日晨飞临波斯湾，八时许在巴林岛海面降落，此岛为英属地，以石油工业闻名。一小时后再续飞，午间到达 Basra，因飞机须稍加修理，我们就到航站楼上旅馆休息。此地天气炎热，气温高达一百零七华氏度，幸好室内装有冷气。

在 Basra 休息半日后，班机飞上阿拉伯大沙漠上空，接着又飞临死海上空，越过苏伊士运河，飞抵开罗，飞机先在金字塔上空环绕一周，再降落尼罗河。在开罗，飞机因修理机件，我们就趁便至我国驻埃及公使馆。时新任公使何凤山尚未来履新，由张代办接待，同到市区及金字塔等处游览，又访问战时开罗会议举行的旅馆。是晚十一时飞离开罗。

次日黎明在意大利西西里岛附近海面降落，天气骤凉。飞机加油后继续起飞，午间到达法国马赛附近降落。午后越过法国上空，进入英伦海峡，下午五时许到达英国南部的 Poole，这是英国海外航空公司水上飞机的终站。王景春博士派一位马君来接，我们就赶上南方铁路快车赴伦敦，在伦敦滑铁卢车站下车，王博士偕其助手朱世衷夫妇来接。计由香港到英国，飞行途程约八千二百二十六英里，飞行时间共五十一小时。

到英国后，分别拜访我驻英郑大使天锡夫妇，段公使茂澜夫妇及陈顾问等人。我在民国十九年曾一度到中国驻英使馆，距今已有十七年之久。旋由王景春博士报告伦敦购料委员会情形，谓大部分庚款购料事已办妥，几个月后购料委员会即可结束。购委会助理朱世衷系交通大学毕业生，办事敏捷而稳重，后来我就商请王博士邀其一同到瑞士，担任代表团秘书。

英国与中国铁路颇有历史关系。六月十六日，我就以交通部次长之身份，由王景春博士陪同分访汇丰银行总裁、中英公司董事长、中英协会会长等人，联络中英友谊。这数人均与中国铁路颇有关系，中英公司更表示愿恢复以前对华之投资。是日中午，英国商务大臣威尔逊（Wilson，即以后担任英国首相者）代表英政府设宴招待。下午到英国国会参观国会辩论，首相艾德礼等均在场，时国会正辩论运输加价案。我也到唐宁街海外部接洽关于香港政府于战时征用成渝铁路存港材料的解决办法。是晚中英公司设宴招待。英国原为重视体面之国家，然战后物资缺乏，尚能厉行节约。当时我们所住旅馆，外表堂皇，而食物则奇缺，连面包供应都成问题。我还记得在香港护督招待我们时，先来一道汤，随后一盘冷鱼，我尝几口后，服务人员问我是否还要添加？我以为尚有别道菜，就回说不要，结果这是最后一道菜。英国此种厉行节约的招待方式，很值得我们效法。次日，伦敦购料委员会由主席郑天锡大使出面招待午宴，到有购料委员及中英人士多人，相叙甚欢。

六月十八日，我们一行由伦敦渡过英伦海峡，晚抵法国北岸，办手续后即上卧车赴瑞士。此地在二次大战时饱受轰炸，炸痕到处可见。十九日晨抵法、瑞边境，换乘瑞士的电气火车。瑞士国内山多，火车多用电气，洁净无比。我在十七年前到过欧洲，但未到瑞士，此次是我初次到瑞士。因距开会日期尚有数日，遂由王景春博士导游瑞士少女峰。我们乘齿轮狭轨车沿山而上，是晚宿于海拔二千多公尺之旅馆。次日到达高三千四百五十公尺的少女峰，并乘坐电梯至一天文台参观。时虽已入夏季，而此处却漫山皆雪，景色秀美。

二十二日，我们抵达国际铁路会议之开会地点吕森（Lucerne）。廿三日在吕森参观瑞士铁路展览会，这年刚好是瑞士建立铁路一百周年，所以瑞士于上届会议时即邀请本届会议在瑞士举行，以资纪念。是日国际铁路协会理事会开会，我被推为大会副会长及第四组主席。我国自第二次世界大战后，国际地位提高，故有此推举，这是亚洲国家首次获得此一荣誉者。

六月廿四日，第十四届国际铁路会议在吕森的省议会会场开幕，到达二十多国代表三百多人，场面隆重。大会由瑞士国家铁路总裁担任主席，瑞士总统亲临致词，比籍国际铁路协会会长亦上台讲话。是日下午参观瑞士机车制造厂所制电力机车及柴油机车，瑞士铁路已有90%为电气化。

六月廿五日，各组分别开会，我为第四组主席，另副主席三人，一为埃及国有铁路副局长，一为比利时国家铁路副局长，一为挪威铁路局长。第四组讨论案共九件，讨论会开三次完毕。

六月廿六日，我们参观瑞士为庆祝建立铁路一百周年纪念而特别制造的一辆百年前火车。此车之制造、装置及车上执事服装与所售车票等皆仿百年前旧制，瑞士最早一列火车系1847年开行。是晚大会举行宴会，到有一千人左右，瑞士副总统兼交通部长及大会主席等先后致词。瑞士政府对各代表赠送小闹钟一个，同来的眷属亦各有赠品。我国自抗战胜利后，颇得国际人士好感，许多铁路界先进对我都很恭敬，在宴会中我也被推居高座。当时战后粮食缺乏，瑞士亦不例外，我们进入瑞士边境，已先领有面包票，这天虽然是大宴会，服务人员都逐一先问客人有无面包票，有者才发面包。

六月廿七日开大会，将各组提案提出讨论，第二、第三组各有修正，第一、第四组照案通过，然后全部提案三读通过。

我亦趁开会之便与各国代表周旋，英国代表对我最谦恭，埃及、印度及越南代表则以我能为东方民族增光为幸。

铁路大会开幕后，瑞士铁路当局邀请各代表分组旅行参观，我加入第一组，参观瑞士山岭地带铁路情况。六月廿九日，我与其他国家代表及眷属约数十人，乘坐邮务大客车四辆，先由吕森至罗加诺，受到当地政府酒会欢迎。第二天出瑞士入意大利，旋又回瑞士边境，在一小村庄午餐，别有风味。沿路山岭重叠，路线弯曲，工程艰巨。其后我们坐商办火车游览，分组参观结束，各国代表告别。中国代表遂转车至瑞士首都伯尔尼，适吴公使南如出差，由王参事夫妇接待。因瑞士铁路总局设在首都伯尔尼，所以我至此拜访瑞士铁路当局，参观各项铁路建设。

在瑞士任务完毕后，我们有罗马之行。七月六日由伯尔尼乘车赴意大利。先坐瑞士火车，再换乘万国客车，中经好几条有名长隧道，其中 Simplon 隧道长约二十公里，隧道在阿尔卑斯山下穿过，此隧道半在瑞境，半在意境，隧道内铺设双轨，全部电气化。出隧道后换乘意大利列车，在米兰下车稍留，战争的痕迹到处可见。七日晨到罗马，往我驻意使馆拜访于大使焌吉，由使馆派一位秘书陪游梵蒂冈，参观一些宗教建筑。中午于大使招待午宴，同座者有菲律宾副总统季里诺及其子女、巴西及阿根廷驻意大使夫妇、美军统帅等。我到意大利特别留心交通运输问题，当日下午由于大使陪同拜访意国运输部长。于大使极为好客，晚间又招待我们至郊外用膳。

次日，赴铁路展览会参观，此一展览会系将二次大战中意大利铁路之破坏、损失、修复及用款等情形公之于世，很值得效法。于大使也陪我们参观闻名的圣彼得大教堂，庄严华丽。我们在驻意使馆也晤见了驻教廷公使吴经熊夫妇及声乐家伍伯就夫妇。晚间到露天剧场观赏《蝴蝶夫人》。

七月十日，意国运输部备 Dynamomecer Car 两辆，并派专家数人，同乘专开之车，赴米兰沿途测验路轨情况。是晚抵米兰，次日转瑞士京城伯尔尼。

七月十三日，经由瑞士行抵比利时首都布鲁塞尔。时驻比金大使问泗在美，由瞿代办接待。比利时与我国铁路很有历史关系，时比公司驻华代表雷纳（Renard）适巧回国，我就跟他去拜访比公司首脑沙度氏（Gules Jadot），他表示有意对华再投资一亿至二亿法郎，为陇海路善后之用。是日下午我驻比大使馆设酒会招待，介绍认识比国政府各人士及驻比各使节。

在比利时，我们也分访比国国家铁路总公司总裁及交通部长，亦至安维斯坐船参观新港，此为比国第一大港口。新港水深十二公尺，码头长四十公里，每年吞吐量四千万吨。我国在此设有领事馆，领事为廖君德珍。他们夫妇设酒会介绍我们与各界人士见面。随后比国前国务总理、现任上院议员 Van Zeeland 以中比协会会长名义宴请我们及时适在比之比驻华大使。

次日，比公司驻华代表雷纳夫妇邀我及内人至海滨一游。地近比荷交界处，由此沿海滨周览，看见德国在战时建立所谓大西洋壁垒，由荷兰直达西班牙海岸，当时正征用德国俘虏，逐段拆除。此带在战争中破坏甚剧，正在积极恢复中。

七月二十日，由比国乘车赴巴黎，至我大使馆拜访钱大使泰，由钱大使偕至法国铁路总公司拜访其总裁。午法国银团来谈关于成渝铁路借用材料事，内人由钱大使夫人陪同参观罗浮宫油画院。是晚钱大使在使馆设宴招待。

在巴黎我们由法国铁路公司人员陪往参观在建筑中的桥工。法国交通部长莫许氏（Gules Moch）邀约我们及钱大使餐叙，莫许氏为人平易，席间态度非常殷勤。

七月廿三日午，钱大使在使馆设宴，并请法国交通部长、海外部长、铁路总裁等作陪。是晚比国国家铁路总裁宴请我们。

我们也参观法国一些古迹名胜，如拿破仑墓、无名英雄墓、大教堂、巴黎街景等。法国在二次大战后外表尚繁华，但食物缺乏，面包皆按口配给。我们亦一游凡尔赛宫及巴黎铁塔。

在欧洲工作既毕，时值炎夏，身心疲乏，乃计划在返国之前，觅地稍为休息数日，借此写就报告，以免返国后为事所迫，势将延搁。时钱大使因患风湿，正拟赴法国南部 Aix les Bains 温泉治疗，约同赴该处小住数日。钱大使乃先往，法国交通部长莫许氏则派其私人专机，先送我到 Le Havre 港参观，在上机前由法交通次长兼民航局长引导在巴黎国际机场参观飞机修理厂及无线电室后，才飞离巴黎。交通部长莫许氏特别吩咐机师先飞赴诺曼底盟军二次大战登陆处上空浏览，尚见有破船等遗迹。到达 Le Havre 港后，换坐汽油船在外港绕行一周。二次大战时，此港被毁惨重，迄今犹满目疮痍。下午仍乘原机飞往法国南部的温泉胜地。我们在此逗留五日，每日上午三人合写报告，下午钱大使就带我们到附近名胜游览，一个多月的疲累总算得到休息。

而后我们由温泉胜地回巴黎，八月廿三日[①]由巴黎返伦敦，在伦敦逗留几日，结束在英未了之事。然后乃乘海外航空公司水上飞机由 Poole 照原来路程返国。八月九日抵开罗，时驻埃及何公使凤山已到，在开罗一宿，飞巴林停一夜。八月十一日抵卡拉奇，我们进卡拉奇市区参观。时英国已许印度独立，印度因民族与宗教的不同，行将分为两国。除中部大部

① 根据上下文，此处应为“八月三日”，“八月廿三日”应属原书笔误。——编注

分仍为印度国外，西部一部分与东部一小部分将另合建一巴基斯坦国，而以卡拉奇为首都，定八月十五日实行独立。我们到卡拉奇时，正值地方忙于筹备庆祝。次日，我们飞离卡拉奇，下午至加尔各答。时印人与回人冲突正剧，闻去年回人攻击印人，使印人死伤两万多，现印人报复寻仇，死伤不少。我们到加尔各答时，正逢该市戒严，街上武装士兵巡行，如临大敌。翌晨离加城时，须过数道铁丝网，才到码头，登上水上飞机。随后经仰光到曼谷，时好友李君铁铮任我国驻泰第一任大使，由他陪同至曼谷周览一下，十四日抵香港，完成海外航空公司全程，计飞八千二百多英里，飞行时间四十七小时，比往程稍快。

到香港后，次日即乘中航机飞沪，当晚回京。计离京两个半月，飞三万公里，坐火车六千多公里，公路车一千五百多公里。

## 东北局势恶化

我出国两个多月后，国内局面大起变化。中央与中共调处无效，乃宣布动员戡乱。美国再派魏德迈将军来华。七月起公用事业加价一次，美金市价每元折合法币四万元。而共军已由黄河一带南进。

八月底，政府改派陈诚为东北行辕主任，接替熊式辉，可惜为时已迟，东北局势已无法挽回。

十月中国工程学会在南京召开年会，主要讨论议题为“现行制度对于建设事业所生障碍之检讨”，并推我主持其事。时政府新行会计、人事独立制度，尤其是事前审计制度，与实际环境殊不配合。在戡乱期间，情况特殊，法币贬值，主管为应付紧急，常有权宜措施，而政府此时又制定事前审计制度为之牵制，实为相互矛盾之事。在工程师年会中，大家认为此一制度如不加改善，此后将权责不分，障碍太大。盖主管在紧急状况下必须随机应变，而付款、购料等事却必先由不懂工程的审计人员审核殊非适当。在年会中对此一制度讨论极为热烈，讨论结果编成书面意见，分向行政院、立法院、监察院等呼吁，但并无多大效果。

此时法币继续贬值，公务人员生活艰苦。十月间调整文武人员待遇，调整率为 125%，国库支出每月增加一万亿。

是年底，中央银行发行一千元、二千元与五千元的关金大票，相当于法币二万、四万与十万。美金黑市已达一元兑换法币十五万元，黄金每两值九百万元，港币一元值法币三万元。交通资费亦于此时调整，邮资由五百元改为一千元，电报每字由一千元改为三千元。

当时交通部每日上午举行会报，每次会报之前，由会报室收集晨间各种交通情况资料，分别在一张大地图上标出。俞部长每日上午九时主持此一会报，听取路政、邮电等各单位报告后，就口头吩咐解决办法，因此很快就解决问题，不用每日批公事、拟办法等，诚一良策。此一办法后为蒋主席闻悉，曾亲临参观。蒋主席认为此一方式良好，就要求各军政机关仿行。

年底美国大使馆公使偕林白上校（Col. Lindburgh）到我办公室。林白乃首次驾机横越大西洋之英雄。

三十七年开始行宪，举国耳目一新，但国内局面日益恶化，东北情势尤其严重，沈阳外围已在战争中，长春几不保，平汉路南北段日日破坏，陇海路时通时阻。

抗战胜利后，日本赔偿我们若干物资，交通部乃决定派船前往接运。三十七年初，由招商局派海康号到日本接运，由王树芳在日本接洽此事，

第一次携回三十几箱铁路器材。以后又另有他船前往接运，但因国内局面不安，复以船只有限，因此运回物资并不太多。

此时行政院决定文武人员待遇以指数支薪，三十元为一基数，分区发放，京沪区为基数的八万五千倍。

在东北情势日益紧急声中，中长路理事长兼东北运输总局局长陈延炯在二月初电部辞职，未经获准即由沈阳飞北平转上海，临走前将东北运输总局交与万国宾代理。未几，辽阳失陷，时沈阳被围已久，对外交通断绝，仅靠空运。在沈交通员工为数不少，大多是东北接收后由关内挑选前往服务者，沈阳既被围，员工日感不安。其时东北行辕对交通事业之补贴已声明不管，员工如何维持，眷属如何撤退，皆甚成问题。陈延炯留沪不去，我只有每日与中长路王副局长竹亭及运输总局之万副局长国宾电话接触，筹商应付与善后，并商准中央银行用飞机运送一批东北流通券至沈阳应急。不久，俞部长准陈延炯病假一个月，以中长路理事万异代理中长路理事长，以万国宾代理东北运输总局长。

二月间，南京至伦敦间开放无线电话，开放那天下午，我在交通部办公室与伦敦购料委员会王景春博士首次通话。

三月五日，行政院王副院长云五招待应邀来京之东北宿将张作相、马占山、邹作华等，及来京请愿之东北籍参政员王化一等，并请东北名流莫德惠、刘哲、于斌诸氏作陪，我也在被邀之列。席间王化一痛陈两年来中央对东北措施之弱点。在军事方面，战略只知个别守城，城与城之间毫无联系，只知用兵而不知用民，又将帅不和，官民不合作，致处处失败。在经济方面，王氏极力抨击东北流通券政策以及东北经济当局限制关内外通汇，致东北流通券发行约一万亿，概由少数人民负担，而红军票九十亿则以极短的期限收兑，仅兑回二十亿，其余全属人民损失，以致人民对政府莫不心怀怨怼，言时声泪俱下。王等来京系请援兵，谓军事已略有好转，尚有可为。惟其时四平街已被围数月，正开始撤守，长春亦告紧张，东北事益严重。

三月间又调整交通资费，平信为五千元，电报每字一万元。

东北吉林在三月间弃守，关内、洛阳陷落，陇海路员工两千多人随之沦陷共区。

东北情形既已日益恶化，交通员工多为干练之才，且多为关内调往服务者，交通部至是不得不为疏散做准备。陈延炯既坚辞不返任，俞部长遂准其辞，以副局长万国宾代理局长。东北人士对陈氏深表不满。在局面危急中，陈氏以交通首长首先离开岗位，整个任务可谓失败。

在兵荒马乱中，中央研究院开会选举第一届院士。此事筹备已久，凡研究学术卓有成效或有特殊发明者，或领导研究机关五年以上具有重大贡献者，经由推荐可列为院士候选人。此次院士选举为第一次，候选人为数不少，由评议会票选，分数理、生物、人文三组选举。数理组到有评议员廿五人，我得廿四票当选院士，同时当选者共八十一人，其中数理组二十八名，生物组二十五名，人文组二十八名。

由于国家财政收入减少，支出增加，复以法币贬值，三月间，行政院拟将招商局出售 50%，估计可得美金一亿元，作为稳定货币措施之一。同时，又拟出售中国纺织公司 70%。但因实际有困难，两个计划皆未能实现。

行政院对改革经济方案研究再三，在三月间本拟提出，因顾虑国民大会召开在即，政府行将改组，故终未提出。此时国防部欠军电费计去年六月到十二月共五百零七亿，院会讨论此事时，我列席参加，谓国防部又通令军电费一律记账，将来欠费必将更多。时美金一元折合法币三十二万元。

三月廿九日，行宪首届国民大会在南京开幕，选举中华民国行宪后首任总统副总统。四月十九日选举蒋总统为行宪首任总统，并通过动员戡乱时期临时条款，赋予总统以较大权责。随后选出李宗仁为副总统。五月二十日，总统副总统在国民大会堂宣誓就职。

此时国军退出延安。延安是去年三月由国军收复，经一年零一月后又失陷。

由于时局不稳，行政院例会通过一案，即政府改组期间，筹划一笔预备金应付紧急，其中事业费列五万亿元，交通补贴费列三万亿元。

延安既弃守，国军失利，共军占据延安后继续西进，陕西西部相继失陷，宝鸡告急，陇海路员工只得往宝鸡以西撤退。

金融受军事失利影响，上海美钞黑市已达美金一元值法币一百万元。物价高涨，公务人员生活益苦，我虽身居交通部次长，亦已开始出售家中衣物贴补家用。

五月五日，政府宣布与美国签订美援协定，此为美国援华之开始，美方已派人出任美国经济合作总署中国分署署长，我方则在行政院下设一美援运用委员会，此一委员会演变为今日的经济合作委员会。

行宪后，立法院选出孙科为院长，陈立夫为副院长。行政院由总统提名翁文灏为行宪后第一任行政院长。以顾孟余为副院长，青年党籍陈启天任工商部部长。同时新设水利、地政、卫生等部，这是胜利后规模较大的内阁，唯副院长顾孟余辞不就任，乃改由张厉生接任。

## 金圆券的发行

由于财政金融的动荡，交通资费再度加价，铁路客运加 50%，铁路货运及水运 90%，平信改为二万元，电报每字四万元。公教人员待遇亦同时视各区不同，调整为基数之二十五万至一百一十万倍不等。上海金融剧变，美钞一元值四百万，银元二百万，米每百斤涨至二千万。

中美美援协定美援总额定为美金四亿元，其中经济援助为二亿七千五百万元，特别赠与一亿二千五百万元。

七月间，行政院院会决议准陈延炯辞中长路理事长，以理事刘政因为助理理事长，暂代理事长职务，至是中央对于东北交通之事，已感鞭长莫及。

中苏两国原于民国廿八年订有航空协定，此协定应于三十八年九月期满。按照协定规定，期满续订与否，任何一方须于一年以前通知对方。此约基础定得不好，数年来苏方把持一切，又不如期召开董事会，故我有关各方多要求期满不再续订，乃决定由外交部转知苏方，声明中苏航空协定期满后，中国方面决定废止，如苏方有意继续合作，可派人东来，另行商议新约。

七月间，中央银行发行五千元、一万元、二万元关金大钞。美钞旋涨至一元值法币七百四十万、银元四百一十万。邮资平信由五千元改为一万五千元、电报每字由一万元改为四万元，公教人员待遇调整为一百六十万倍至五百万倍不等。

铁路自战事起后军运较多，加以路线常遭破坏，营业日差，而物价涨势凌厉，运价比例日形落后，收支失却平衡。政府为避免外间批评交通事业领导涨价，每次调整交通事业资费都取慎重态度，往往宁可由政府补贴，亦不完全出之于加价一途，结果形成运价与物价间的差距，补贴数目亦日益加大，在此情况下，走单帮者因运价低廉，乃从中渔利，非常猖獗，且有作无谓的旅行者，结果铁路客运日见繁忙，政府却大赔其本。以京沪路而言，在此种情况下，旅客骤增数倍之多，票价过分低廉实为主因。政府贴补数目过于庞大后，就不得不考虑加价，于是加价与补贴循环往复。不论加价或补贴，必先提行政院会讨论，加价迭受其他阁员反对，补贴为数既不够，亦常缓不济急。在此情况下，因俞部长不出席院会，政务次长谭伯羽长期请假，此种不愉快之事全由我应付，苦不堪言，是以我常想早日摆脱此一职位，但提出辞呈后并未获准。

八月十九日，行政院临时会议，决定重要经济改革方案：（1）自八月二十日起改发行金圆券，每元金圆券合美金二角五分，或法币三百万元，并定管制经济，收回金银美钞办法，人民持有金银美钞须兑换金圆券。（2）国营交通事业概参照战前收费标准。（3）公务人员待遇在底薪四十元以下照支金圆券，四十一元至三百元打二折，三百零一元以上打一折。（4）各地物价悉以本日各地物价为准。自是全国经济进入金圆券时代。

中苏航空协定之交涉，苏方要求在迪化开会商谈，交通部乃以外交部新疆特派员刘泽荣为首席代表，航政司专员夏舜参等为顾问代表我方出席。

金圆券实行后，财政部长王云五拟赴美参加国际银行会议，翁院长要我托王部长趁赴美之行申请一部分筑路贷款。我乃交给王部长两件说帖：一为闽赣铁路，一为湘桂铁路至广州湾之支线。前者需用外汇材料美金三千四百万元，后者需一千七百万元。

王财长赴美后未久，济南失陷，国军士气大受打击，金圆券发行深受影响。

东北于九月十六日起实行公库法，各种交通事业用款均要先编预算，东北政委会不能再行垫款，东北各交通机关均来电告急。局面之急迫如此，而手续之迂缓又如彼，真令负责人一筹莫展。

行政院同意交通部所提成渝路三年计划，准发行第一期美金四百万公债，同时亦由四川省负担同一数目金圆券一千六百万，决定虽如此，却未实现。

金圆券发行后，原限定人民在规定期限内兑换金银美钞，但人民为自身计，多未如期兑换。九月三十日，行政院临时会议决定人民兑换黄金美钞展限期一月，兑换银元展限期两月。同时决定油料加价影响交通，应如何调整航运与航空运费由交通部派人至上海洽商；所有交通与水电用煤每月八万余吨之限价差额由煤商及燃料管理委员会分担。

济南失守后，东北辽西、锦州至山海关一带展开大战，张家口至包头一带告急。时台湾已准备运送四万军队至青岛、天津保卫，时局严重。

## 台湾之行

自抗战胜利，台湾回归祖国以后，已有三年。我因交通部事繁，迄未得暇前赴台湾一行。台湾省交通事业素称发达，但问题亦多，铁路与公路已暂由省方接办，邮电情形亦较特殊，因此有到台湾就地视察与了解的必要。适台湾省政府定于三十七年十月底台省光复三周年之际，开一博览会，中国工程师学会亦定于是时在台北召开年会，因借此作台湾之行。

十月八日，我偕内人离京，当晚到上海乘中兴轮离沪，十日到基隆码头，台湾交通处长陈清文、基隆港务局长徐人寿、铁路局长郎钟骙、公路局长华寿嵩等都来迎接，旋乘车沿公路到台北，这是我第一次到台湾。

次日，走访省府魏主席道明，建设厅杨厅长家瑜，以及交通各首长，得知台省近亦闹限价，市面无货可购。又至台湾大学访庄校长长恭，至气象所参观高空测验器及地震仪。

十三日，乘台湾铁路火车南下参观，郎局长钟骙、李工务处长国均、陈运务处长树曦等同行。是日火车误点，至晚十一时始到高雄，住在高雄港务局林局长则彬家中。次日到高雄港参观，时高雄港口正计划将主要航道浚深至十公尺。高雄市规模甚大，但被炸痕迹尚多。午间举行交通座谈会。下午乘车赴四重溪，道经凤山陆军训练司令部，访孙司令立人，参观步枪及火箭炮射击演习。晚抵四重溪住宿，此地以温泉闻名。

十五日，由四重溪抵石门。高山族于昭和七年曾据此险要向日人抵抗，杀日人五百余，现有纪念碑。再行数里抵石门村，适国民学校升旗，唱国歌，唯教员讲话仍用日语。下山循原路过恒春至鹅銮鼻。然后回屏东，参观糖厂，厂长为旧友张君季熙。

由屏东返高雄后，参观机械公司的机器厂，厂长为陇海路旧同事陶君鼎勋。又参观铝厂，厂长为孙君景华。又参观左营炼油厂，原日人取得爪哇原油后，即在左营建厂炼油，作为南进用油之供应站，唯建厂工作尚未完工，即遭盟军轰炸。胜利后此厂归资源委员会接收，加以修复，一年后即开始炼油。当时我参观此厂时，未发生多大兴趣，哪知两年半之后，我竟与此厂发生直接的关系。

由高雄到台南，卓市长高煊来见，同谒孔庙、延平王祠、赤嵌楼等。卓市长在台南厉行废除日服，调查台人祖籍，及恢复台人国姓，治绩甚多。是日亦参观台南工学院。

离台南后，路过曾文溪至乌山头，参观嘉南大圳水源处，转关子岭一浴温泉。由关子岭下山，转至嘉义参观农业试验场，又参观嘉义溶剂厂，厂长郝履成是我的学生郝履端之弟。旋由嘉义赴阿里山，阿里山林场场长为昔日宝天铁路旧属苏君书田。是晚宿于阿里山，次日参观阿里山博物馆。

下阿里山后转赴日月潭，宿于涵碧楼。在日月潭至番社一游，后下山至水里，参观台湾电力公司之大观及钜工两发电所，这是台湾最主要之发电源。下午乘车返台北，住电力公司招待所，公司协理黄辉、柳德玉都是旧日门生，招待备至。

十月廿二日，参观公路局修理厂。华局长寿嵩询问我长途汽车以何种颜色识别为佳，我建议用蓝色，后来即一律以蓝色为识别，以至于现今。我也到台北邮局、电信局等处视察。台湾在日据时代电信设备已普遍，但非新式，而且电信人员对国文与国语尚未熟悉，尚须一番训练。我亦到电信管理局与各主管检讨业务。下午在台湾大学演讲。

随后乘车到基隆参观港口，时台湾进出口仍以基隆为主，与上海、香港关系密切。又参观造船厂的一万吨及二万吨船坞，台湾造船公司总经理为周君茂柏。

十月廿五日为台湾光复纪念日，是日省博览会开幕。廿六日中国工程师学会年会在台北开会，次日，我在省党部做公开演讲。我在台北时，曾与南京通电话，知京中谣言甚炽，金圆券已动摇，人心浮动。廿八日，台湾解除限价，市面货物复出现，但物价已涨至二三倍。

视察台湾后，我由台北乘中航机飞福州一游。时福建省建设厅长黄君金涛、省银行总经理许君成谋、邮政局长郑君义琛等来接，下榻于省银行招待所，这是我初到福州。即日拜访福建省新任李主席良荣，嗣由公路局长陪游西湖开元寺，访候海军宿将萨镇冰先生。又到福厦公路工程处等地参观。福州市面冷落，经济萧条，对外商业以上海及厦门两地为较重要，虽地近台湾，经济关系却不深，且无汇兑方便。

次日，偕福厦公路工程处长蔡世琛沿兴建中之福厦公路视察，此公路工程简陋，行至坊口不能前进，乃折回福州至邮局、电信局视察访问。又经协和大学至马江参观，此为中国海军创始之地，由此可望见罗星塔码头，再过即为琯头，为未来闽赣铁路的可能终点。

次日，许总经理成谋等陪游鼓山，山多古松，抵涌泉寺，为梁时所建，下山浴于温泉。我个人以为福州之所以不繁荣，实因对外交通不便所致，第一须筑铁路，其次须有方便之水运，但二者均须一番经营，目前仍须注意于公路。当日午间，我乘中航机经上海返南京。计台湾之行共二十余日。

## 金融波动与大局逆转

台湾归来后，国内大局已开始急剧恶化。共军已占领长春，沈阳正陷落中，至是东北局面整个瓦解。经济方面，金圆券信用渐落，各地时有抢购物资情事发生。政府乃宣布放弃限价政策，行政院翁院长文灏、王财长云五以政策失败，呈请辞职，旋政院总辞，百务停顿。

十一月三日，行政院会议通过交通事业资费调整案，邮资改收金圆券一角、电费二角、铁路客运二分五厘、货运四分，此时距金圆券发行才两月多。

十一月初首都宣布戒严。当时南京时有抢米情事发生，南京米每担值金圆券四百五十元，而上海已超过一千元。京沪一带交通员工食米顿成问题，我乃到粮食部借米七百担，配给津浦、陇海、首都轮渡及招商局员工，应付一时。

未几，行政院修订金圆券发行办法，准许人民持有金银外币。此时黄金每两值金圆券一千元、美钞二十元、银元十元。财长王云五辞职后，中央改派主计长徐堪继任。翁内阁总辞后，新内阁一时难产，至十一月廿六日，总统提名立法院长孙科为行政院长，立法院当日集会通过。自本月初翁内阁总辞后，至此才找到继任人选，但孙阁一时尚未能组成。

由于时局紧张，行政院拟有疏散公务员眷属办法，决定每日由京沪路特开四列客车，每日约可疏散六千人。在此之前，已有部分公务人员先行疏散，南京车站秩序大乱，行李堆积如山，故决定开专车疏散公务员眷属。我家眷乃由上海转杭州经浙赣、粤汉两路疏散到广州，我个人留在南京，随时应付紧急。

未几，又调整运价资费，铁路客运由二分五厘改为一角二分五厘、货运由四分改为二角、电费由二角改为一元、邮费一角改为五角，事隔才一月，资费已涨五倍，金圆券之值已不到 1/5。不过，疏散眷属仍以旧价为准，乘坐轮船疏散者照原价八折。

自徐、蚌会战后，国军黄维、杜聿明两兵团被围，由南京起飞的飞机每日数十架次，飞临徐、蚌上空空投粮食及弹药。

交通部以时局恶化，而全国仅上海一处设有国际无线电台，乃由行政院通过，在台北、广州各设支台一处，以备南京、上海紧急时，对外通讯不致受阻。

十二月十三日，华北战事告急。十四日，战事已逼近北平城郊，原有机场已不能使用，而天津陆、空交通皆断。中央乃派专机赴北平接胡适等几位要人，临时在城内建一机场以供起落。

在北平失陷前夕，十二月十九日我跟负责平津交通的石局长志仁通长途电话，据他说北平城内已隐约听见炮声，城内机场勉强可使用，许多从东北撤至北平的铁路员工，因颠沛流离已久，皆不愿离开北平，实际上亦无法离开。石局长亦被傅长官作义留任，不能离平。之后，我每日皆与石局长通话一次，随时得悉北平情况。

十二月廿二日，中央常会决定由吴铁城出任行政院副院长兼外交部长，各部部长同时决定，交通部俞部长留任，张群、翁文灏、陈立夫等为不管部阁员，孙内阁至此才算组成。孙院长科、吴副院长铁城原为立法院正、副院长，此际转入行政院，立院顿失重心，益增新阁困难。同时，立法院另选童冠贤为院长、刘健群为副院长。

十二月廿九日，行政院议决自下月五日起，存兑黄金除照原定官价金圆券2000元外，另加侨汇差额，盖亦变相加价。同日，政院决定改派陈诚出任台湾省主席、教育部长梅贻琦不到任，由陈雪屏代理，司法行政部长由赵琛代理，卫生部长由朱赓章代理，内阁颇不健全。

年底，金圆券大跌。美钞一元值金圆券一百六十元，黄金一两七千多元，银元九十元。

十二月卅一日，立法院通过国营事业管理法。此一法案早于一年前经经济、交通等部研议，我个人亦参与起草，至今才算通过。惜通过后，未尝一日实施。

## 和谈声中的苦斗

三十八年为中国大局转折的一个重要时期。元旦那天，蒋总统发表和平文告，谓愿意在国家主权完整，人民得享自由生活，及维持宪法与法统之条件下，与共党言和，个人地位与出处无所容心。

一月六日，招商局海沪轮由南京直开台湾，载有中央研究院公物四千余箱，交通部公物一千六百余箱，运交台湾暂为保管。

七日，行政院召集关于疏散办公之审查会，到有国防部徐部长永昌、财政部徐部长堪、庞主计长松舟、政院端木秘书长恺及我等五人，决定将各机关核心移于广州，将大部分人员疏散于各地，或调派在附属机关办事。每部留十人至三十人在京应付紧急。至是政府迁粤之准备已甚明显，当日南京许多公务人员为兑换黄金事，集体到行政院请愿，首都秩序开始不宁。

八日，行政院临时院会，财政部提出公务人员存兑黄金补救办法。拟于兑金每两除官价二千元外，另加侨汇四千五百元。盖以前公务人员可以金圆券二千元存兑黄金一两，其后黄金市价高涨，每两已高达金圆券一万元。政府乃宣布暂时停兑，先在南京实行，而上海仍可照兑，南京公务人员不满，发生中央银行总裁俞鸿钧的责任问题。是日并议决调整文武人员待遇，京沪区加 125%，以全国计，每月增加国库支出金圆券十余亿元。国家收入锐减，而支出大幅增加，财政之危急殆可想见。

十日，天津战事激烈，北站已失守。十四日，杜聿明将军被俘，徐蚌战事瓦解。

十五日，报载中共提出和平条件八项：（一）惩办战犯。（二）取消宪法。(三) 废除法统。(四) 依民主原则改编国军。(五) 没收官僚资本。(六) 改革土地。(七) 废除卖国条约。(八) 召开政治协商会议。此一和平条件与蒋总统元旦文告根本冲突，其中三项根本不可能，其他条件或可磋商。

情势危急如此，维持交通事业至属艰难，索款者纷至。幸得孙院长之支持，在三天之内，批发十二亿元，得以暂时维持各事业机关及应急旧历年关。

中央银行总裁因公务人员存兑黄金责任问题，行政院乃准其辞职，以副总裁刘攻芸升任。

一月廿一日午间，蒋总统发表文告，宣布暂时退休，总统职务交由李副总统代理。次日上午五院院长及各部首长在总统府集会，李代总统出与各人见面，仅简单致词，并未举行任何就任仪式。下午，李代总统在总统府举行茶会，会中邵力子发言，谓现正拟派代表赴北平和谈，首都各机关不宜疏散。茶会既毕，行政院即就总统府开临时院会，因行政院大厦日来时为请愿群众所扰，已无法办公开会。院会中决定派邵力子、张治中、彭昭贤、黄绍竑、钟天心五人为和谈代表，最初指定邵力子为首席代表，嗣改为张治中。会议中亦就中共所提八条件略加讨论，咸以第一项所谓战犯问题不能承认，余项或可商议。是日晚，我与北平通电话，知道北平局部和平协定已签字，傅作义军队已开出城外，城内治安仍暂由傅作义部队维持，邮电仍通，金圆券仍使用，日前交部所汇各款均已收到，事实上北平至此已易手。

在此人心动摇之际，京沪区陈局长伯庄坚请辞职，俞部长初不允，后卒徇其请。而津浦局陈局长舜畊却不请自辞。时共军正沿津浦路南下，逼近南京，而津浦路却无人负责。是日，我再与北平通话，知共军已开入北平。次日，我又与北平电信局长聂传儒通电话，聂谓北平联合组织尚未实现，又谓石局长志仁尚无法南下，民航机已不能到北平，这是我最后一次与北平所通之电话。

一月廿五日上午，我正在交通部楼上举行会报，忽闻楼下人声鼎沸，旋群众包围会报室，并与总务司长、会计长为难，要求多发疏散费，几于动武，相持至下午，卒允所求始解围。财政部、粮食部、司法行政部亦皆发生殴打人员情事，行政院已无法办公。时共军已逼近浦口，浦口机厂员工亦渡江至交通部大厦捣乱，击毁门窗器物，抢走公物。此因公务员数年来生活备受压力，对政府早存怨怼，至是人心瓦解，无法维持，此乃抗战胜利以来，公务人员待遇低微的一次总算账。

## 迁都广州

一月廿五日晚，李代总统、孙院长、吴副院长、顾参谋总长祝同及总统府吴秘书长忠信五人集议，以共军沿津浦路南下，距浦口仅十五公里，随时可威胁首都，不能迫为城下之盟，因即决定政府迁广州办法，并定以二月五日为在广州开始办公之期，由外交部通知各国驻京使节。

当交通部被员工包围，政府正准备迁粤之际，交通部首席参事兼主任秘书金士宣突然失踪，旋得知其已悄然赴沪。金氏在交通部任事多年，掌管部中印信，竟临危不辞而去。

政府既决定迁粤办公，孙院长于廿七日离京赴沪，交通部职员及眷属亦于是夜乘疏散列车临时狼狈离开南京。廿八日，我同行政院端木恺秘书长、梁颖文副秘书长及交通部路政司长萨福均、航政司长李景潞、邮电司长陶凤山、会计长江万平、人事处长杨萃一等离开南京，总务司长李祖冰等留京料理善后。旋李司长等又被员工包围，交部公文等九百余箱被扣后由李司长向各方挪借款项付给员工，才告解围，九百余箱公文始得装出南运。

卅一日，我与财务司周司长自安、人事处杨处长萃一、曾秘书绍杰、路政司洪帮办绅、邮政总局霍代局长锡祥等由沪乘中航机飞广州，交通部即在广州粤汉铁路东园六号招待所办公。

二月一日，行政院已在广州市内公园省府招待所开始办公，各部首长陆续到粤。由于迁都影响，金圆券大跌。政府迁广州后，因距香港颇近，市面交易多用港币。法定金圆券七角五分合港币一元，而此时港币一元已涨值金圆券一百十元，一天之内，早晚价格不定。我元月份全部俸给折换港币仅为十元。时俞部长已至台湾，知道我一个人应付为难，因呈准谭次长辞职，以我调任政务次长，而以路政司萨司长福均补常务次长，然萨因局面不定而未就。

四日，孙院长及吴副院长等由沪飞抵广州。七日，行政院例会决定在南京设办事处，留副秘书长倪炯声在京主持，各部会亦留人在京接触，至是政院迁粤事告一段落。不过，立法委员大都未来广州，或居南京，或留上海，小部分到了广州，群龙无首，府会之间联系益感困难。

时平信由五角改为三元，运费加 200%，公务人员待遇基数由四十元改为六十元，六十一元至三百元打四折，三百零一元以上打二折。因各区而乘以指数，广州为一百二十五倍。

总统府留京，而行政院迁粤办公，双方步骤不一。二月十日，立法院童院长来粤要求行政院迁回南京办公。立法院原定迁粤，至是究应在何地开会，莫衷一是。上海一部分立委不愿来粤，而在粤立委又不愿北行，相持不下。孙院长自组成新内阁后，迄今尚未向立法院提出施政报告。

二月二十日，李代总统忽由南京飞抵广州。是晚孙院长在省府迎宾馆设宴欢迎，我亦被邀作陪，席间却未曾谈到国事，殊为可异。廿二日李代总统即飞桂林。

在此疑难震撼之交，我忽然奉令代理交通部长。事实上我支撑部务已有两三个月，政局即将大变，余只有继续负责，全其终始，名义如何，已毫无关系。

二月廿八日，立法院决定在南京复会。时共军在沿津浦路上停止前进，似是准备和谈，并未立即进攻南京，因此立法院趁此机会要求行政院长率同各部首长赴京列席报告施政，并备咨询。孙院长乃先偕陈教长雪屏、吴地长一飞飞南京，然立法院与行政院对峙之局已形成。我于三月六日偕部中几位司长飞京，列席立法院院会。此时，金圆券继续下跌，港币一元值金圆券七百元，数日之间旋跌为八百五十元，银元值三千多元，美金值四千多。

## 退出政途

三月八日，立法院在南京开会，孙院长出席，为其就任后首次向立法院报告施政方针，我随同各阁员一同到院列席被咨询。其时立法院中空气甚为紧张，立委多人正在副署倒孙提案，唯孙院长登台即首先说明他已向李代总统辞职获准，旋报告施政及迁粤办公经过，约历一小时。立法院童院长以孙阁既辞，可免质询，众无异议，立法院与行政院之暗斗才告结束。孙阁虽已总辞，然表示新阁未组成前，仍旧负责维持，使政务不致停顿。是日下午，行政院召开院会，我临时提出派刘泽荣等四人为中苏航空合作商谈代表，以刘泽荣为首席代表。

三月十日，我由京返广州办理结束。随后李代总统提出以何应钦将军继任行政院长，立法院即日集会予以同意，新阁重心又将由广州转移南京。

孙内阁总辞后，我也向行政院呈辞本兼各职。但何内阁一时未组成，孙阁得暂为维持。在此期间，我特别向孙院长请准交通事业二三月份补贴款，浙赣、成渝路款以及绥靖公路款项等将近六十亿元，此为本届政院最后一次批准之款项。

三月二十日，何院长自南京两次电话到广州，邀请我担任新内阁交通部长，我再三婉辞，未敢答应。当日，港币已涨到金圆券 1800 元。上海造币厂开始铸造新银元，一元折换金圆券 7000 元。

廿二日，报载内阁人选发表，交通部长由立法委员端木杰接任。同日，俞部长批准数位交通部司长、秘书等辞职。

廿七日，我由广州偕同邮电司长陶凤山、航政司长李景潞、会计长江万平、路政司帮办洪绅等人飞往南京，将交通部印信、账册等移交新任部长。次日，何内阁首次院会，准我辞本兼各职，数月来艰危苦撑之局面至此摆脱，我乃由南京飞回广州，迁出粤汉铁路官舍，暂赁居执信西路。

时共军已在长江北岸向龙潭发炮，京沪交通备受威胁，金融为之紊乱。我自退出政坛后，仍兼中国航空公司官股董事，四月十六日，董事会在上海开会，我由广州经香港飞上海出席。中国航空公司系民国三十四年改组而成，其资金 80%属于交通部，另 20%为美国 P. A. A. 所有，时总经理为刘君敬宜。我趁此次赴沪开会之便，回到母校交通大学参观校友会捐献而盖成的“新文治堂”。

共军既已逼近南京，政府又准备疏散到广州。未几，共军分数路渡江，四月廿三日南京守军叛变，次日晨，共军进入南京。

# 第13章 香港一载

我自退出政途后，住在广州约两个月，此为我十六年来居住故乡最久的一次。南京撤退后，我乃计划搬至香港小住，俾将多年来所办事务稍加检讨，手边积存之资料文献加以整理，因此我就在九龙金马伦道租妥一栋一厅两房的房子，由广州搬迁于此。

五月间，约同友人作澳门之行，这是我初次到澳门。抵达澳门后，分访澳门总督及铁路界前辈刘叙堂先生（刘锴大使的尊人，曾任广九铁路车务处长）。我亦至观音堂参观1844年中美第一次商约所签订的地点，尚留有纪念的碑记。

六月一日，报载《中苏航空协定》在迪化签字，协定期间为五年。

何内阁组成未久，六月间即辞，由阎锡山继任行政院长。

我迁至九龙后，应教育部聘为特约编纂，编撰《中国铁路概论》书，开始笔墨生涯。时亲友避居九龙者不少，时有往返，每念及往事不胜慨叹。

美国自马歇尔来华调处失败后，对华态度转为冷淡。艾奇逊继任国务卿后，对中国更是袖手旁观，且发麦白皮书，对国民政府打击至大。时驻华大使司徒雷登亦离华返美。

南京失陷后，不少政府文武大员及民意代表纷纷集体投共，报上时有所闻。文化界人士如茅以升、陶孟和、竺可桢、钱昌照、任鸿隽、吴有训等亦先后投共。

九月间，王云五先生在香港创办一所出版社（即后来的华国出版社），劝我趁此时机给他翻译几本世界科学名著，于是我先后译有《科学与战争》、《现代武器与自由人》等书，按字计酬，以此微薄稿费维持家用。

十月间，苏联承认中共，与我断绝邦交。“我国”在联合国正式控诉苏联违反中苏友好同盟条约。时湖南、广东一带仍有战事，然局面已在崩溃中，“政府”不得已由广州再迁重庆。十月十四日，共军开入广州。

时王云五先生往返于港台之间。某日，他由台返港后对我说，政府诸公对我颇为关怀，希望我能赴台任事。我因近数年在交通部任事，深感焦头烂额，现正拟稍事休息，整理资料，检讨得失，故一时未拟赴台。未几，《科学与战争》书脱稿，续译《科学与人生》。

十一月九日晨，得知中国航空公司总经理刘敬宜及中央航空公司总经理陈卓林秘密乘机离港，飞赴北平投共，两航其他飞机停航。我系中国航空公司官股董事，闻此消息后，即向交通部辞掉此一职位。

十一月二十日，李代总统由桂林飞香港就医。数日后，共军进入桂林，李代总统偕同其妻离港飞往美国，一时中枢无主。

年底，台湾省陈主席诚辞职，由吴国桢继任。

三十九年一月六日，英国工党政府宣布承认中共，但仍在台湾淡水设立领事馆，维持彼此间商务关系。英国承认中共后，与英国较有关系国家如印度、巴基斯坦等国相继效尤。

自撤出大陆后，“行政院”在台局部改组，严家淦出掌经济部，陈良出掌交通部。

二月间，我因金马伦道寓所租金太贵（月租港币四百元），不胜负荷，乃迁至九龙城南城道一栋小屋，月租港币一百八十元。

三月一日，蒋总统在台复行视事，从此中枢有主，人心稍定。蒋总统复职后，提名陈诚为行政院长，新阁中由严家淦改任财政部长，郑道儒出掌经济部。

四月二日清晨五时，我在九龙寓所忽闻爆炸声数响来自机场，推窗一望，知系中航飞机被炸，但并未引起燃烧，有七架飞机被炸受损。

未几，共军登陆海南岛。“政府”亦宣布撤退舟山“国军”，事前布置周密，乃得全数安然而退。

此时，我也开始翻译《化学与工业》、《新天地与新科学》二书。

六月间，由于美军已撤出南韩，北韩忽大举南下，连陷汉城等地，美国至为焦急，杜鲁门总统发表声明，以海陆空军援助南韩，并派第七舰队协防台湾海峡，阻止中共侵犯，此一声明对远东局势之安定稍有助益。时驻日盟军统帅麦克阿瑟亦赶赴南韩筹划反攻，美空军开始轰炸北韩，但以鸭绿江为限。联合国亦同时决议出兵援助南韩，由麦克阿瑟出任驻军统帅。其后，麦帅亦曾莅台访问。

# 第14章 台湾二十年

## 台大任教

八月，由台来港朋友转来政府诸公对我关切之意。我到九龙原只是暂作三几个月的打算，哪知大局恶化，羁留九龙瞬已一年之久，虽以笔墨勉强糊口，但港九毕竟是商场角逐之所，并无人情味，与我殊不相宜。加以英国承认中共后，共方人员在港九公开活动，靠拢分子中不少系旧日友好，且有美方支持的某方政治势力，时来打扰，我虽闭门谢客，但仍不免感受精神威胁。我以前所以迟迟未赴台湾，实因恐怕再蹈入政途。适台湾大学傅校长邀我赴台任教，我以性质相近，乃整装携眷赴台，及至台湾，因校中已开学，来不及为我排课，一直要等到下学期才得正式任教。

我到台之初，先去拜访陈院长，他很从容地跟我谈话，谓台湾近来已痛下决心整顿，财政赤字已日渐减少，并征求我对国事意见，我稍抒一己之见，他一一记下，实令人感动。

当时我的门人朱一成、黄辉、柳德玉等，分别任职台湾电力公司董事长、总经理、协理。他们对我说台湾正全力发展水力发电，涉及土木工程者颇多，乃聘我为台湾电力公司顾问，预备一所日式宿舍供我居住。

在我还未来得及到台大任教之前，傅校长突然去世。我与傅校长交情并不算深，个性未必相近，但他邀我任教台大之盛意，令人可感。

四十年年初，资源委员会改聘我为台湾电力公司董事。电力公司为国营事业之一，隶属经济部，时朱谦任资源委员会主任委员，郑道儒任经济部长。

一月廿三日，我到总统府去访候秘书长王雪艇先生。我们正在坐谈之际，蒋总统适到府，听雪艇先生说我来了，就立刻邀我去见，殷勤垂询。未几，总统府送来聘书，聘我做国策顾问，我实自感惭愧，自问何德何能，膺此崇高的名义？

二月，我在台大开始任教，担任土木系三年级的铁路工程学，每周三小时，土木系四年级的铁路管理学，每周两小时，我对于担任这两门功课感觉轻松。教课之余，我也曾约同电力公司土木处长裘君燮钧做一次环岛旅行，乘火车先到苏澳，参观该港，再转花莲参观港口工程及铜门水力发电工程，经台东绕南部横贯公路，途经枫港、屏东到高雄。

## 转业石油

事情常有我自己所不能想象的变化。当我环岛一周旅行归来，三月九日，资源委员会朱主任委员又送来聘书，聘我为中油公司董事兼董事长。事缘以往所有国营事业公司的董事及监察人皆由政府官员兼任，舆论界对此有所批评，认为事业既然要企业化，则公司的董事及董事长便不应由现任官吏兼任，于是决定改组所有国营公司，而另选社会人士充任董监。原任中油公司董事长系由财政部严部长家淦兼任，此时辞职，经济部乃提名由我接任，颇出乎我意料之外。因我对石油可说是完全外行，故决定不予接受，哪知陈院长得知后，对我说，我已经尊重你的意见，不强你做官，公司的董事长并不是官，公司业务有总经理负责，董事会的任务只不过尽监督之责而已，你都不干怎能说得过去。我在这个大义责备下，不得不放弃成见，幸好任期只三年，我想就先做三年再说。

三月十五日，我到中油公司任事。在整个公司内内外外我找不到一个认识的人，稍有印象者是公司总经理金君开英，十年前我跟他在甘肃玉门油矿有过一面之缘，其次为嘉义溶剂厂长郝君履成，在三年前我跟他见过面，此外再没有第三个人是认识的。我就任中油公司董事长后，就辞掉电力公司董事，台大也由专任教授改为兼任。

我对中油公司既感陌生，就任董事长后乃由金总经理及几位协理陪同分别参观公司所属的新竹工业研究所、苗栗油矿探勘处、嘉义溶剂厂及高雄炼油厂等较大机构，也巡视一些附属小单位，借此对业务有所了解，但终不是自己本行，了解毕竟有限。

自韩战爆发后，战事成拉锯状态。后来中共以其志愿军帮助北韩，而美军作战范围又仅限于鸭绿江，是以战事未有突破之发展。联军统帅麦克阿瑟数度表示轰炸鸭绿江及中共所据之东北，此一主张引起英法之不满而向美国抗议，美政府为之不安。四月间，杜鲁门总统忽将麦帅免职，麦帅返美后在国会演讲，对其远东政策有所辩解。

行政院设计委员会开会讨论审计问题。我是该委员会委员之一，参加交通组及政事组。在会中，我详细说明数年前工程师学会在南京开会时所提出的各种意见，政事组因此成立审计制度改革草案，但后来此一提案也不了了之。

## 出席远经会内陆运输会议

十二月，联合国远东及亚洲经济委员会的内陆运输委员会在曼谷集会，行政院乃派我为代表，铁路局的陈处长德年（现任铁路局长）、公路局的工程师胡美璜、招商局的应君家秉为顾问，驻泰使馆秘书宋升平为秘书，前往出席，这是政府迁台后参加联合国附属机关会议的第一次。我们于十二月初飞香港转曼谷，出席会议。时驻泰使馆大使久悬，由代办孙碧奇主持。时逢泰国每年一度的盛节，热闹非凡。在曼谷华侨为数不少，颇有社会地位，我由此认识中华商会主席张君兰臣、老侨领云君竹亭、萧君吉珊等多人，也碰到老友章之汶、方显廷等。

内陆运输会议铁路组在泰国旧皇宫举行，出席者有中、印、巴、缅、泰、越、法、印尼、高棉、荷兰等国代表，会中讨论在远东区设置一铁路训练中心，乃照巴基斯坦所提设在巴国拉哈尔（Lahore）。我国每期可派两位人员参加此一训练。在开会期中，泰国交通当局曾派专车招待各国代表至泰国二百年前都城游览，此一旧都曾被缅甸攻入烧毁，才迁到曼谷，遂使故都成为游览之地。泰国铁路为一公尺轨距，机车多用柴油。游毕旧都，继续开会，英、美亦派来代表出席，会中我国提议将沿海水运包括在内陆运输范围内。

泰国有华侨三百多万，曼谷一地即占六十多万，泰国工商业多操在他们手中。多年来，政府人员到泰国者，我们算是第一次，因此侨领对我们招待优渥，殷勤可感。侨领陪同我们参观他们所办各项事业，如中华会馆、泰米公司、学校、医院、锯木厂、火柴厂、纱厂等。曼谷古迹不少，我们也趁机参观。开会将毕，我与孙代办联名设一酒会招待出席会议各国代表及侨领等。是年年底，我们由曼谷返台北，我即向政府建议以后宜积极参加此一类会议。

是年中油公司自产原油三千四百公秉①，输入原油三十二万八千吨，营业收入新台币一亿三千多万元，盈余一千九百多万元。

## 出席国际劳工会议

四十一年初，我利用余暇发愤将手边所积存中国长春铁路资料，参考官书，撰成《七十年来东清、中东、中长铁路变迁之经过》一书出版。

六月初，国际劳工会议第卅五届大会在日内瓦举行，本年度行政院决定派驻意大使于焌吉、驻法公使段茂澜为政府代表，我为资方代表（经由工业协会推举），梁永章为劳方代表出席参加。六月一日，我与梁君永章及几位顾问一同由台动身，先飞香港，转乘临时运输机到曼谷，换乘客机飞印度加尔各答稍停。不料客机由加尔各答起飞时，在天空中被一只大鸟撞损，需加修理，当晚乃宿于加城，见其街道尘土飞扬，乞丐徘徊。次日由加城续飞，经孟买、卡拉奇，下午到阿巴丹，再飞雅典，天气骤凉，我们在此停留一夜。次日由雅典起飞，经罗马，下午抵达日内瓦。

国劳会议在六月三日开幕，我们抵达时已稍迟一二天。“政府”代表于大使及顾问刘盖章、李晏平、秘书舒梅生等皆已先到。因“政府”代表

① 即立方米，1 公秉等于 1000 公升。

及劳工代表皆派有顾问，乃临时请在瑞士的齐君焌为资方顾问。会议开幕后，各国代表相继发言检讨国劳年报，然而政治意味多而技术意味少，我每日皆参与资方代表会议。时“中国”因积欠会费不少，致发生投票权的问题，幸由于于大使的才能和雄辩以及“我国”系因不可抵抗的原因而欠会费，经大会讨论后，终获大多数代表的支持，使“我国”代表权屹然不动。

在日内瓦也有一些中国人，门人汪德官时任我驻国际电信局理事，朱宝箴、朱家让等任职国际劳工局，世交陈宗城已退休，其女、公子亦在国际劳工局服务。六月十五日，汪德官夫妇邀游日内瓦湖，景致宜人。六月廿一日，我在大会中发表演讲，检讨国劳年报，下午段公使茂澜亦发表演讲。次日，陈宗城先生邀我至其家度周末，陈家在法国境内，与瑞士仅一日内瓦湖之隔。六月廿七日，“中国代表团”设酒会招待各国代表，时于大使与西班牙谈判复交之事已有结果，就在这天正式宣布。廿八日大会闭幕，齐焌兄邀我至其吕森家中休息二日，吕森乃我五年前旧游之地。

七月一日，我们由日内瓦飞罗马，时交通部邮电司长于润生在此，我与于司长一同参观罗马新建大火车站，亦往访于大使，然后由罗马乘机返“国”，途中经贝鲁特、卡拉奇等地，七月七日飞返台北。

## 美国之行

九月初，美国工程师会为庆祝其成立一百周年，特定于芝加哥举行一次纪念盛会，并邀请各国工程界人士参加。此会为美国最大而且成立最早的一个学术团体，我在 1918 年即加入该会为初级会员，1933 年晋级为正会员。当时负责经济、文化援外工作的美国安全总署表示愿资助中国工程师五位赴美参与盛会，而这年我正担任“中国工程师学会”的理事长，因此就请准政府，偕同台湾电力公司总经理黄君辉、高雄港务局总工程师阎君振兴、高雄硫酸铵厂厂长黄君朝辉，以及台湾雍兴实业公司总经理吕君凤章等组成五人代表团，同往参加。当时侨务委员会托我顺道访问美国各地重要侨团和国民党总支党部，宣慰侨胞，而政府发言人沈君昌焕也托我趁机做点国民外交工作，我也想跟旅美学人、留学生有所接触，故此行任务可谓多方面的。八月十六日，我与黄辉同机飞往东京，王树芳夫妇等来接。我于民国九年曾路过东京，迄今瞬已三十多年。停留东京时，王树芳邀游日光，参观中禅寺湖、东照宫等名胜，并拜访日本国有铁道总裁长崎惣之助，亦接受刘君纪文之邀宴。次日，换乘西北航空公司班机转飞美国，途中降落 Shemya 岛加油，次日中午抵西雅图，参观华盛顿大学，又至当地中华会馆会晤侨胞，我与黄辉分别报告近年台湾之建设概况。

在美华侨以旧金山最多，我们飞抵旧金山时，总领事张君紫常、侨领黄君仁俊、陈君笃周等来接，其余三位代表阎振兴、黄朝辉、吕凤章也已在此等候。我在民国七年由美返国时曾路过旧金山，此次旧地重游已有三十四年之久。当日下午，张总领事陪同到柏克莱，华美协进社以茶会招待，晤见旅美学人李卓敏、林同棪等人。廿三日，拜访旧金山总领事馆及中国银行，经理邝光林乃交大旧友。廿四日，旧金山侨胞在中华戏院开欢迎大会，到有一千人之多，由侨领黄仁俊担任主席，黄朝辉在会中演讲，略谓他生在美国，长在美国，但等他获得博士学位后，毅然遵从他父亲的勉励，回国服务。黄君现身说法，以此激发侨胞的向国心。

廿六日，我五人飞抵纽约。美国安全总署在此安排各国代表相聚，并作数次演讲，俾使各国与会工程师对美国政治、经济、工业等方面有所了解。各国代表共有一百七十多位，欧洲国家以德、法、奥、意诸国较多，远东方面有“中国代表”五人，泰国一人。

在我抵达纽约之次日，就去探望小女崇英及婿高逢田，时高逢田已获得西北大学哲学博士，正在纽约州立大学医学院从事研究，并兼生理学教授，小女崇英亦在西北大学得到音乐硕士学位。当天并晤见表弟郑宝南、门人赵曾珏以及中油公司驻美代表夏勤铎，时我在纽约对外接洽皆由夏君鼎力相助。廿八日，胡适之兄邀请午餐，谓国际局势之转变已逐渐就我国有利。江君季平时任职联合国，问我愿否担任联合国交通委员会“中国代表”一职，我当时就加以婉辞。廿九日，至联合国“中国代表”办事处访问蒋大使廷黻，同时晤见刘君师舜、徐君淑希、夏君晋麟等人，午间，承蒋代表盛意邀宴，由胡适之先生作陪，三人相谈甚欢。逗留纽约时，亦分访纽约总领事张平群、中国银行经理，并视察中油公司办事处，资源委员会旧同仁也招待午餐，又参观纽约近年完成的几座大桥。

八月卅一日，安全总署备有专车，从纽约接送各国代表至开会地点芝加哥。次日即抵芝城，芝加哥总领事余先荣、中华会馆主席陈昆楼等来接。中华会馆开会欢迎，到者一百多人，会中我与黄君朝辉以粤语作演讲，并放映由台湾携去介绍工业的影片。

九月三日，美国工程师会成立百年大会在芝城科学与工业博物馆开幕。此一著名博物馆在建筑之初未行奠基，乃于此时补行典礼，其中最别开生面的是将事先备妥的一些生物及试验品，封藏在一块大石箧中。再安置妥当，等百年之后，再行打开，视其所安置之生物及试验品有何变化。

大会开幕后，或聆听演讲，或出外参观，我们曾参观西北大学工学院材料力学及土壤力学试验所，亦参观华侨安良工商会所建筑的安良堂，庄严宏伟，为外人到芝城必游之地。美国人喻为中国城市政厅，芝城华侨皆在此开会。九月十日中午，参加工程师会午宴，千名代表欢聚一堂，同时并颁给各种工程奖章，美国前总统胡佛亲临领奖，并致词。

在芝城时，芝加哥领事馆及旅美学人徐贤修（现任台湾清华大学校长）皆先后宴请我们，席间晤见旅美学人陈省身等人。我们也出席芝城留学生茶会，到有几十人，我略为介绍台湾近况，并强调国内外学人应建立联系，亦放映介绍台湾工业之影片。

大会完毕后，美国安全总署安排为期两周的参观旅行，听各代表兴趣所在，选择组别。我与两位法国人、一位比国人，选定铁路组。次日，由芝加哥抵纽约参观纽约中央铁路机械、运输、养路等部门。时美国铁路皆已改用柴油车以代替旧日之蒸汽机车。翌日，至密歇根大学安娜堡分校，访问工学院及运输学院，午间密大几位教授宴请我们，下午我出席当地中国留学生茶会，当晚转抵底特律（Detroit），此地乃美国汽车工业中心，在此我亦出席底城中国留学生茶会。我每到一地，必有当地中国学人及留学生接待，为同行之外国人士所羡叹。又至克里夫兰城（Cleveland）参观养路、机械、调车厂、柴油车、修理厂等。到青年镇（Youngstown）参观柴油车厂，我上车参观驾驶及号志情形，车行约六十英里，时速八十英里。周末，在克里夫兰访问当地留学生。九月廿一日，我们一行至匹茨堡，好友李君景均任教匹茨堡大学，是晚承其邀宴，席间又晤见不少旅美学人及留学生。

次日，由匹兹堡乘坐火车回到纽约，拜访由梅君贻琦主持的华美协进社。其后，交大校友赵曾珏等宴请，老友刘师舜夫妇也在其家设宴招待，同座有钱泰大使夫妇、金问泗大使夫妇、潘公展、赖景瑚、郑宝南等人。我们也参观耶鲁大学工学院及其附近的铁路调车厂。又晤见旧友任嗣达、胡博渊、刘驭万、李铁铮等多人。

由纽约赴华盛顿，旧友霍宝树、李幹、谭绍华等来接，设酒会招待，一游华盛顿故居及纪念碑、林肯纪念堂，至中国大使馆拜访顾维钧大使，是晚承顾大使在双橡园官邸宴请，同座者有谭公使绍华、陈公使之迈等，又至中华会馆与侨胞晤面。

华盛顿是两周旅行参观的最后一站。结束旅行参观后，“中国代表”五人至美国之音对大陆工程师广播录音，接着参观西点军校。时此校已成立一百五十年，美国名将多出身于此。未至西点军校之前，我们以为此校定是戒备森严之地。哪知大门敞开，毫无拦阻。我曾问向导此地是否有许多秘密？他幽默地说，此地并无秘密，只有足球战略是秘密。是晚坐夜车至波士顿，访麻省理工学院，交大校友在此任职者不少，又至哈佛大学参观，其工学院已缩小，仅留下土壤力学、卫生工程及电子三部门。旋至波士顿安良工商会晤见华侨，放映工业影片。又访 Welesley 女子学院。校内之美龄堂乃纪念蒋夫人所建。再至哈佛大学参观博物馆玻璃标本房，所陈花草昆虫标本种类甚多，悉是玻璃所制。据说此种玻璃标本系一德国人所设计，全世界仅有两套。

十月九日“国庆”前夕，我们回抵纽约，参加华美协进社所办之“国庆”晚会，到有中外人士八百多人，纽约州长杜威及蒋大使先后致词。次日为双十节，我们参加侨团在华侨中学所举办的“国庆大会”，陈公使之迈、张总领事平群、于总主教斌等在会中致词，下午参加张总领事的“国庆”外宾招待会。

T. V. A. 为美国水力发电筑坝之总机构，慕名已久，我们遂由纽约转此参观。十月十七日，我个人约同夏君勤铎飞休斯敦参观石油中心，并顺道访问美国南部侨胞。至圣安多尼亚（San Antonia）访问时，侨领伍匡亚等来接。美国南部华侨多以开杂货店起家，此与美东华侨有所不同。在圣安多尼亚分别参观探油工程、炼油厂等，而后乘山打飞铁路火车前往洛杉矶，在车中与山打飞公司总经理等交换意见，途中亦下车一游大峡谷。抵洛杉矶后，参观南加州大学，亦出席美国医药援会茶会，至中华会馆晤见侨胞，又参观附近油井。访毕洛杉矶，乘夜车至旧金山，与李卓敏、赵元任、林同棪诸友晤谈，晚间并聚餐，到有学人留学生四十多位。又至旧金山附近参观美国标准石油公司炼油厂，此厂每月炼油十五万桶。其研究室设备齐全，令人羡慕，美国石油工业之所以发达，注重研究实为不可或缺之要素。

十月三十日，乘泛美航空公司飞机经檀香山到东京，访董大使显光，适张岳军先生在此，得知日本政潮暂告一段落，吉田茂已再度组阁。至明治神宫参观，今年十一月三日正是明治天皇诞生百周年纪念日。又至国有铁道参观新工程及东京火车站改建工程，时日本已大量使用预力混凝土。又参观丹拿隧道，长达七八公里，且是双轨隧道。次日，由日本返回台湾。计停留国外约两个多月，飞行一万九千多英里，坐铁路车六千多英里，公路车二千多英里，共访十六所大学，演讲十余次，在十一个城市与侨团学人晤谈，回国后撰成中、英文报告分送各方。

十一月间美国大选，艾森豪当选总统，其竞选号召为结束韩战。艾森豪当选后，批准美驻华大使司徒雷登辞职，司徒雷登自大陆沦陷后返美，离开其职位已多年，此次辞职照准，表示美国已有意改善与“中华民国”之关系。

## 各项建设沛然而兴

四十二年年初，胡适之先生返台，在台中研院院士趁机召开一次座谈会，到有院士胡适之、朱家骅、王宠惠、王世杰、李济、董作宾及我等七人，这是“政府”迁台后中研院院士第一次集会。

一月间，参观西螺大桥通车典礼。西螺大桥乃贯通台湾南北的一座最长公路桥，计三十一孔，每孔六十二公尺。在日治时代已完成桥墩，近得美援之助，购得钢料五千多吨，遂开始架桥工作，至今年初完工，“行政院”陈院长诚、美驻“华”大使等皆莅临参加此一通车盛典。

三月间，台大校长钱思亮盛意邀请我出任台大工学院院长，我因对教育行政兴趣不高，乃加以婉辞，而推荐阎振兴先生出任。此时，我利用闲暇，着手撰写《中国铁路志》一书。

今年有一机会到七股盐场参观。七股距台南不远，台湾盐年产量二十五万吨，年消耗量六万吨，而七股一地年产七万五千吨，是台湾较大的盐场之一，筑有小铁路作运盐之用，通常盐晒成后，由省粮食局收购，每吨定价九十九元一角，配售用户。

年底，中油公司总经理金开英赴美与美国石油公司多方联系，并与海湾油公司签订更新高雄炼油厂计划，由海湾油公司低利借予美金二百万元，而中油公司则以购买海湾油公司四十万吨原油作为条件，且海湾油公司亦帮助训练中油公司技术人才，施以四至六个月之短期训练，此一计划为后来美国石油公司对中油公司长期信用贷款的开始。至民国四十三年间，中油公司又向中东一家原油公司无息贷款美金七十万，并由其代训中油公司技术人员，而中油公司则须在五年内购买其原油若干作为条件。

四十三年五月，行政院改组，由俞鸿钧先生组阁，门人尹仲容（国墉）出掌“经济部”，严部长家淦接掌台湾省政。

政府公布兑换外汇加征防卫捐 20%，因之美元官价由新台币 15. 56 元调整为 18. 67 元，各项油料也随之加价。

“光复大陆设计委员会”在今年成立，所有“国大代表”一律被聘为委员，“行政院设计委员会”亦并入此一机构，全体委员约一千八百名，我原任“设计委员会”委员，因此亦被聘为“光复大陆设计委员会”的委员。

十月间，苏俄头目在北京与中共发表八件事项联合公报，其中关于交通者有：（一）苏俄于明夏退出旅顺。（二）自库伦筑一铁路至集宁接通平绥路。（三）自兰州筑一铁路至阿拉木图接土西铁路。（四）铁路联运协定。此一联合公报发表后，颇引起自由世界之关切，我因此撰有《中共与苏联两项铁路勾当之重要性》一文，在《自由中国》月刊发表。

十月，台湾南北纵贯公路铺设高级路面工程完成。南北纵贯公路台北至新竹及台南至高雄两段，原已铺设柏油，唯新竹至台南段仍为石子路，为适应交通需要，乃将全路铺设高级路面，十月间在新竹举行完工典礼，所用柏油一万多吨皆由中油公司供应。此后公路业务已渐能与铁路相抗衡，我乃撰《铁路与公路业务竞争问题》一文在《三民主义》半月刊上发表。

民国四十四年远东及亚洲经济委员会的内陆运输委员会在曼谷开会时决定在巴基斯坦设立铁路训练中心，此时已筹备就绪，并预备设立顾问委员会。二月间，我经曼谷、卡拉奇，飞往铁路训练中心所在地拉合尔，参加在此地举行的顾问委员会，会中我被推举为副主席，主席一席由地主巴基斯坦代表担任。在会期间，我也顺便参观巴基斯坦的铁路及古迹名胜。

五月间，汽油开始征收养路捐。此一不合理办法系省议会所议决，交由省政府呈准行政院公布实施的。其不合理有二：（一）公路由省办，而石油则系国家经营，汽油征收养路捐造成省与中央财政划分不清。（二）事前未与中油公司商量，径自加价，导致石油价格偏高，商人乃以非法手段居中牟利。中油公司虽曾力争，但事已成定局。

此时高雄炼油厂原任厂长张明哲升任中油公司协理，厂长一职由胡新南继任。

六月，政府决定建造石门水库，这是一项包括防洪、发电、灌溉等多目标的巨大工程。此事酝酿已久，经各方研究设计后，至此决定建造，先成立筹备委员会，因事关重要，遂以陈副总统兼任主任委员，筹备委员包括有行政院副院长、立法院副院长、监察委员、财政及经济部长、农复会主任委员、省府主席、省议会议长、省府委员、桃园地方绅士等各方面人物，我与董文琦则以工程师地位参加。七月七日，石门水库举行开工典礼，而实际上基本计划尚未确定。

八月间，我因本身工作繁忙，加以在台大授课时，每班几近百人，殊非易事，乃辞去台大兼任教授。

石门水库筹备委员会后改为建设委员会，陈主任委员一再要求我出任执行长，我以此一职务与自己并不相宜，且本身对水利工程亦乏经验，乃加以婉辞，另推荐“经济部”徐次长鼎出任。

## 日本访问

“教育部”张部长其昀以日本学术界知名人士前田多门、亀山直人等曾先后来台访问，乃拟组文化教育访问团前往日本报聘，由钱穆先生担任团长，团员有邓萃英、庄尚严、毛子水、潘重规、黄君璧与我等共七人。我系以唯一习应用科学而加入的。十月，我们一行飞往东京，首先拜访日本文部大臣，并在文部省招待记者，旋至外务省情报文化局参观。其后，分别拜访前田多门、龟山直人、嘉治隆一、宇野直人等知名之士，并由东方文化协会设宴招待。其后，我们参观汤岛圣堂，这是规模甚大的孔子庙。又到明治神宫参观。时日本全国运动会在横滨举行，文部省邀请我们去观礼，开幕典礼由日皇裕仁夫妇亲临主持。然后我们由横滨转至奈良参观正仓院、女子大学、法隆寺等处。又由奈良至京都，先后拜访京都大学总长泷川幸辰、东方文化科学研究所所长冢本善隆、京都大学教授吉川幸等人。我也在京大工学院一位教授的引领下到工学部拜访各教授，并参观地震试验室之设备。京都系日本有名胜地，我们一游二条城品赏茶道。又至东方文化科学研究所图书馆参观，规模甚大，惜其所藏有关中国铁路书籍少之又少，我就以随身所携拙著《中国铁路志》一册赠送。我们在京都先后游览修学院离宫、博物馆、桂离宫等名胜。由京都回东京后，又参观美术展览会、国立艺术大学、国立博物馆，并访问旅日华侨联合会、东京华侨总会等，旅日华侨约四万多人，东京居多，神户其次，台籍侨胞占60%。又参观东京教育大学及华侨所办的中华中学。十一月十日，一访私立早稻田大学，由理工部部长引领，参观其材料试验及水工试验馆。是日下午接着访问土木学会，参观工业大学。次日又参观东京大学。接着我们由东京到横滨，访问中华会馆及中华学校。又由横滨回东京，参观东京出版贩卖会社及日本出版贩卖会社，此二出版会社可说是日本出版业的中心。就东京出版贩卖会社而言，其联络书店即达六千多家之多。又至栗田书店参观，栗田先生经营此家书店已有四十年的历史。

文化访问工作完毕后，我个人乘车至神户，参观一艘招商局新近建造的大油轮海光号，计二万八千多吨，此船预备将来租与中油公司作运油之用。时日本在佐久间正建造一座大水坝，我在日人陪同下亦去参观，此为日本天龙川水力发电的一部分，包括发电机四部，每部九万三千多瓦。由神户回东京，我亦参观附近两处炼油厂及国有铁路，然后动身返台。

## 《中国铁路志》及《四年从政回忆》

四十五年年初，我因《中国铁路志》一书获得“教育部”学术著作奖励委员会颁赠金质奖章一枚及奖金两万元。我以奖金一万元转赠中国工程师学会作为每年颁发工程奖章之基金。

四月八日，为交通大学成立六十周年纪念，时我担任交大校友会理事长，留美校友来电发起在台成立交大电子研究所，因此校友会决定在新竹成立电子研究所，作为交大复校之初步。

六月九日，是中国有铁路七十五周年纪念，我提议办理交通展览会，交通部亦感兴趣，遂在台北开幕，并定六月九日为铁路节，盖此日为前清光绪七年唐山至胥各庄铁路开工的一天。

七月间，石门水库筹备就绪，乃由筹备委员会改为建设委员会，仍由陈副总统兼任主任委员，我与董文琦先生亦被聘为委员。

由台中至花莲的中部横贯公路于此时开工。我因感于石门水库及横贯公路两大工程的先后动工，乃撰成论《台湾两大工程》一文在《中央日报》登载，主要论点是认为一件大工程必先筹备研究妥善之后才可开始，切不可急于动工。

八月间，小女偕其夫婿高逢田返台。高逢田得美国医药援华会之助，在台大医院及国防医学院讲学，住在舍间，家中平添不少热闹。我亦于此时抽空撰成《四年从政回忆录》一书，叙述四年交通次长任内之经历及有关国内外大事。

中油公司为运油之便，协助高雄浚港工程，分担经费三百余万元。扩大港口航道，浚深主要航道至三十四尺。

十月十日双十节，我与高逢田夫妇一同前往参加国庆阅兵大典。高也参与各项侨团活动，亦至湖口参观国军演习。

年底，我至台南参加中国工程师年会，今年工程师奖章由“中油公司”总经理金开英获得，我亲自为他颁奖。

## 交大在台复校

大陆□□之际，交通大学没有迁到台湾。停顿多年，交大校友发动设立电子研究所。交通大学从前办电机，一直很有名，四十六年五月由“教育部”、“经济部”、“交通部”和“国防部”会呈“行政院”，请准设立电子研究所。当时电子工业在此地才开始萌芽，而在世界上电子的学问已非常进步。为了交通、经济和国防之需要，应该设电子研究所，招收研究生。

十月“行政院”核准了筹备交通大学电子研究所，“教育部”聘我为筹备主任，另外有十几位交大的老同学为筹备委员。研究所找地点很困难，刚巧新竹县长邹涤之非常热心，他曾在内地求学，并且是学电学的，他对于研究所设在新竹很感兴趣，因为台湾清华大学已在新竹复校，他认为两个很有名的大学能设在新竹，感到非常兴奋，愿由县政府捐给交通大学所需要的一部分土地，既然有这样的凭借，就筹备起来了。

四十七年夏我到日内瓦参加劳工会议，返途取道美国，大半是为交通大学电子研究所筹款，因交通大学复校一点凭借都没有，既无钱，又无地，县府既捐赠了一部分土地，但钱一个也没有。政府方面对于恢复交通大学有一个条件，不需要政府给钱买地，不需要政府给钱盖房子，至于常年的经费政府愿意负担。现在地有了，钱还没有，校舍就有问题。在美国的交大校友很多，这次去美国的目的之一是要向美国方面募点钱。在台湾的校友捐台币为建筑之用，其他的电子仪器设备和图书都很贵，要靠在美的校友来推动，因此事是在美校友发起的，所以在美校友都非常热心，因此我到纽约波士顿和华盛顿这些地方，和校友商谈捐赠的事，后来在美国设了一个委员会办理这件事。

返途我又到日本电话电讯会社，访问其总裁，又到日本电气株式会社访问社长，都请他们捐赠交通大学的仪器和设备。我这一次访问美国和日本，日本的反应最快，立刻答应捐赠它们两个公司能够捐赠的东西。

四十七年夏“行政院”改组之后，有一次院会准交通大学设电子研究所，推台湾大学电机系主任盛庆球兼任所长，于是开始招生，在十月间先借台大的校舍招生开学，因新竹方面虽然有地，而房子还没有造好。房子的事原先预定由交大在台校友捐赠新台币一百万元，盖一栋一层的房子，后来大家很热心，捐了二百万，所以由一层改作二层，时适美援会一位主管教育方面的人听到消息，来校看看不错，再捐一百万，因此由一层而二层，结果为三层的房子。不过那时房子还未造好，所以暂时借台湾大学的教室上课。

在纽约的华昌公司，主管翁君心梓，和我很要好，我在纽约时他在家里请一些人吃饭，当场宣布华昌公司资助交通大学派一个学生来美国，每月给六百元美金的奖学金，人选由我指定，后来交大电子研究所第一届的毕业生曾钦崇获得这项奖学金到美国深造，得到博士学位，曾经回国一趟，是本省籍的学生。

新竹交通大学“饮水思源”碑

四十九年六月交通大学电子研究所第一届研究生毕业，举行毕业典礼，我前往参加，也讲了话。

交通大学研究电子工程开始制电视机，后来“教育部”在台北设立了教育电视台，由交通大学代为装好，开始在台北广播，是台湾有电视的开始。

# 我与石门水库

四十七年初，石门水库召集一次委员会，商讨水库的坝型问题，决定采用拱型坝。设计及承造石门水库的美国T. A. M. S.公司曾建议采用土石坝，以为土石坝比拱坝可省工程费几百万美金，因拱坝需用洋灰钢筋，而土石坝大部分只需用土和石头。我对于做坝并无经验，没有表示意见，其他委员多以拱坝外型轻巧好看，所以通过采用拱坝。

四十九年初石门水库动工期中，委员会顾问工程师邀集委员会谈，考虑变更坝型。“中国”方面原先主张采用拱坝，以为可增美观，后来工程单位勘测发现石门地层松软，不适宜筑拱坝，美国顾问工程师乃主张改为土石坝。大家检讨了几天，召开建设委员会，提出坝型变更的问题，我首先赞成改作土石坝，结果通过此案。这是石门水库工程上很大的变更，而已作的一部分拱坝工程等于白做了，购自国外的拱坝施工机器也不能用了。但因地层不好，为安全起见，更改坝型是应该的。

五十二年四月间，石门水库坝已完工，导水隧道应即封闭，使水库水位升高，以利各种用途。但雨季已到，洪水随时会来，应该何时封闭导水隧道，而不使水坝有冲损之虞，委员会里无人敢做主张，因为这是关系水坝安全和全部完工的期限，一有疏忽，责任担当不起。我对水坝工程虽无经验，但凭常识判断，在水坝安全的原则下，提出封闭导水隧道的三个原则：第一，先用压力水管试验水坝的承受力，如果没有问题，才可封闭隧道；第二，封闭时的水流每秒不要超过三十立方公尺；第三，预测封闭后的两天之内不会有大雨。委员会终于同意我的建议，在五月十四日晚上先以压力水管试验，不成问题，第二天早上，隧道开始放闸，当时水流不大，每秒只有八立方公尺，到当天下午五点钟，全部隧道封闭了，水库水位逐渐升高。

那年九月九日，葛乐礼台风来袭，台湾北部豪雨成灾。过了几天，我到石门水库察看，水坝安然无损，乃证实五月间的封闭隧道是非常重要的决定。因为在雨季之前若不封闭隧道，大雨一来，整个水库的水量必以隧道为出口，宣泄不及，易冲毁水坝，损失将不可思议。即使当年台风不来，没有洪水，隧道暂不封闭，而造坝的经管及经手人员于水坝完工之后，先后会离去，一旦要临机应变时，就很难得当了。

五十三年六月十一日，石门水库举行完工典礼，时我在纽约旅次，曾打电报回台湾致贺。我担任石门水库筹备委员及建设委员至此有八年之久，认为石门水库今后的问题为赶完余工，建设委员会改隶省府后，原有建设人员应妥与安排以及剩余设备的转移利用。

五十三年十一月中国工程师学会授工程奖章与顾文魁，顾氏是石门水库的总工程师。

五十四年三月，石门水库召开联席会议，报告剩余的器材项目，计已施工工具值美金八百多万元，拱坝设备一套值美金一百八十万元，库存器材值美金四十余万元。这些器材如何利用，一时尚未完全解决。当初石门水库花大笔资金购买设备，期于石门水库完工之后有其他水库续作，可利用已有的设备，较省费用，后来达见水坝和曾文水库利用了石门水库剩余的小部分器材，仍有部分器材无法利用，不能不说是一项损失，其中价值美金一百八十万元的拱坝施工工具始终未曾利用。

## 出席第四十二届日内瓦国际劳工会议

四十七年我又被派参加国际劳工会议。国际劳工会议每年在日内瓦开会一次，上次我参加三十五届的会议，这次参加已是第四十二届了。我是资方的代表，唐传宗是资方的顾问，梁永章为劳方代表。五月底我与唐传宗离开台湾，由香港乘瑞士的飞机往西飞行，六月四日到日内瓦。政府代表于大使焌吉、李晏平和刘莳章都先到了。

开会之后的前几天，大家对劳工局年报作政策的批评，我也演讲了一次。“中国代表团”照例以酒会邀请各国代表及眷属。“中国”因积欠国际劳工局的会费很多，一些不友好的国家借机指责，认为“中国”的代表权都成问题，因此代表团和各国的代表不免有酬酢，联络感情。

在日内瓦开会有一个月的时间，中间有几个星期假日，有一天我的学生汪德官夫妇与团劳办事的朋友和我及于大使驾车入法国境内游览。瑞士与法国毗连，没有明显的国界，瑞士出入法国境内不必办手续，也不查验。我们当天即返回瑞士。

关于“中国”代表权的问题，资格审查会向大会报告，“中国”代表权应该不予讨论，因“中国”会费的积欠实由于不可抗拒的理由，大会没有异议通过了。

过了一个星期，会议结束了，汪德官夫妇又陪游法国境内，观赏欧洲的最高峰白朗峰，并看当地人士的游行，别有风味。第二天瑞士政府招待代表游日内瓦湖。劳工大会以政治为主，劳工问题真正有限。有一次讨论到匈牙利的问题，大会以为匈牙利不是一个自由国家，不承认他的代表权，辩论甚久，自上午九时至晚间十一时，投票结果三分之二以上不承认匈牙利的代表权。

四个星期的会议结束之后，我飞西德法兰克福访问。中油公司和西德有商业的关系，我借到欧洲之便去拜访参观。中油公司的同事孙赓年在此进修，为我们接洽安排访问。我们到过两个工厂参观，石油公司有一个硫磺回收的设备便是购自于此。西德自第二次世界大战结束以后，努力发展工业，经济逐渐繁荣，外汇也很充裕，近来还有减税的运动。然近来西德与中共的贸易日多，与自由“中国”的经济关系较为冷淡。我们离开法兰克福便乘游艇游莱茵河数小时，沿河到首都波恩。此地建筑新颖，战时的遗迹还随处可见。科隆距波恩很近，我们也因便到科隆去参观。科隆有一大教堂，规模之大在欧洲名列第二，战时四周房屋皆被炸平，教堂则仅受轻微损坏，至今仍在继续修理，尚未恢复旧观。我们在科隆又参观单轨铁路实验场，所谓单轨铁路是以钢筋混凝土的梁承载车辆的胶轮，噪音较小。单轨铁路采用高架，与公路无平交道，每车厢可坐乘客四十人，时速九十公里，现时还在实验的阶段。我在民国十九年曾到德国一次，这次又来，已隔二十多年了，人事沧桑，德国已分为东西两部。我原想到东柏林看看，因办手续很花时间，所以没有去成。七月一日我离法兰克福到美国，第二天早上到纽约。在美国东部为交通大学电子研究所筹款，并恢复中国工程师学会的美洲分会。时“中国石油公司”驻美国代表夏勤铎辞职，由詹绍启接任，夏君曾设酒会介绍我及詹君与业务有关人士见面。八月一日我自纽约起程回国，经芝加哥、旧金山。在檀香山小停，便到东京。在东京访问电话电信公社总裁及日本电器株式会社，请捐交大需用设备仪器，反应颇佳。随即返台。

## 出席第五届国际石油会议

国际石油会议每四年开会一次，四十八年在美国召开第五届大会，四月间我与内人离开台湾到美国赴会，同行者有一位中油公司的协理，一位探勘处长和一位地质师。途经日本换乘西北航空公司的飞机到西雅图。时西雅图总领事陆君润成来接，并约胡敦复夫妇、李方桂夫妇及我的学生、我内人的学生与我夫妇聚餐。在西雅图参观华盛顿大学和国际商展。然后由西雅图飞纽约，住在小女家。女婿高逢田仍在州立大学任生理学教授，我儿子崇励在哥伦比亚大学续修硕士学位。纽约的交大同学会为母校捐款在四月二十五日演中国戏，中外来宾到者一千四百多人，我致开幕辞。我又去波士顿等地游说捐款，在此顺便参观卫斯理女子大学美龄堂，蒋夫人曾在此校念书。又去看美国独立时的古战场，后到华盛顿，时叶君公超任驻美大使，许君绍昌为公使，都是熟人。到费城，住顾君毓琇家。交大许多校友在这一带任事或任教，都是很有地位的，我乃游说捐款，并请师资。五月，小儿崇励休假，驾车陪我夫妇游纽约州北部，做几天的游览，曾到康奈尔大学访问梁达教授、刘大中教授和蒋硕杰教授等。并参观尼亚加拉大瀑布。时前驻英郑大使天锡已退休住在纽约，请我夫妇吃饭，相谈甚欢。五月三十一日国际石油会议开幕，到会者一千多人。我参加第八组运输与油轮的问题。美国最新发展微波控制油管的运输，效果很好，听说管运还可推广到运送牛乳和果汁。这次大会的结论为：一、石油在今后二十年仍占能源的极重要地位；二、世界的石油存量仍极丰富；三、天然气将为今后的第二位燃料，仅次于汽油而在煤之上；四、石油化学和石油成品的利用今后大有发展；五、油轮今后有日益增大的趋势。会后由纽约到芝加哥看老友徐贤修教授，小住几天。到普渡大学和伊里诺大学参观，然后到洛杉矶，经旧金山、檀香山，时蔡君维屏在檀香山任我国总领事。再经东京回台北。

## 中油公司的转投资事业

四十九年六月，中油公司董事会通过一案，决定与美国莫比油公司及阿莱化学公司合作，利用近年来在苗栗产量日增的天然气制造尿素。天然气含有多种化学有价值物质可制作尿素。以往以天然气作为燃料实在可惜。后来三家公司在台湾成立慕华公司。

五十年四月中油公司总经理金开英与莫比油公司及阿莱化学公司签约，在苗栗成立尿素厂，预定年产尿素十万吨，总投资额美金二千二百余万元，中油公司占30%，其他两家各占35%。至五十四年四月苗栗的煤气日产二百五十万立方公尺，储量估计约二百亿立方公尺。

五十四年五月中油公司与美国海湾油公司合办中国海湾油品公司。石油公司是国营，所出的油类产品都是专利的，如汽油、柴油、煤油等，别家都不能制作。但润滑油不是专利的，而民间制作及外来的很多。台湾工业日渐发达，润滑油用量渐多，而且民间制造的润滑油品质不是很好，因此石油公司有自制润滑油的意思。为经济合算起见，乃与美国海湾油公司合作。五月在台北举行中国海湾油品公司开幕典礼，严院长、经济部李部长、财政部陈部长、美国大使及日本大使都来参加。第二天贵宾乘专机飞冈山，转车到高雄炼油厂，在礼堂举行润滑油厂落成典礼。此后润滑油的外销由美国海湾油公司负责，内销部分中油公司负责。

五十五年六月行政院决定台湾碱业公司为中油公司转投资的事业。台湾碱业公司业务并不太好，年年都有亏损。石油公司财务情形较好，业务上也有联系，故有此定。石油公司出资新台币八千余万元买回碱业公司四成的省股，派石油公司协理李林学为台湾碱业公司董事长兼总经理。是月，石油公司宣布增资至新台币二十亿元。

五十七年五月石油公司董事会决定单独投资新台币八亿元，在头份设立台湾聚合公司，裂解轻油，生产聚乙烯。当时大家都在提倡石油化学，民间需要这种原料很多，都购自国外，消耗大量外汇，所以必须由“政府”设立一个大规模的石油化学公司生产。石油公司因此增资至新台币二十四亿。

五十九年五月，石油公司与其他二家公司合作成立中氨公司，制造大型液氨，资本新台币二亿七千多万元，石油公司占30%，硫酸铵公司和台湾肥料公司各占35%。又和以上两家公司合作成立中台尼龙公司，生产的克隆资本总额新台币三亿一千一百万元，中油与硫酸铵公司各占45%，台肥公司占10%。

## 光隆油轮爆炸案

五十年四月，有一天我接到高雄来的长途电话，说石油公司租用的四千吨油轮光隆号在高雄码头爆炸燃烧，船上装载的高级汽油二千吨情况不明，码头上的仓库存有大量的军用品和棉花，岌岌可危。时石油公司总经理金开英、高雄炼油厂厂长胡新南都在美国，我马上乘夜车南下，第二天清晨抵达高雄，到码头一看，火已扑灭，船舱注满泡沫。

这条船是石油公司向国外以空船的方式租来的，交招商局代为经营行驶，当时载有高级汽油二千吨准备运往菲律宾，以船上管理不善，门窗通风不良，油气渗入舱底机房，遇火星爆炸，船长和船员一人当场死亡，所载的汽油大部分幸未波及，是不幸中之大幸。

我商得海军方面的同意，用海军的拖轮将此油轮拖出港外搁浅，以免再发生危险。不久金总经理自美回台，和我乘船出高雄港，登光隆轮察看，船底仍存汽油甚多，乃借招商局小油轮一艘，抽出汽油一千九百多吨，然后将光隆轮拖回港内处理。

民意代表数人借此攻击金总经理，并翻出旧案，提出质询，致很多人对金君不了解，金也趁此自请退休。“经济部”杨部长继曾立刻批准，由胡新南继任总经理。前一天金开英刚与莫比油公司及阿莱化学公司签订合建尿素厂合同，第二天就奉准退休，于情于理皆不甚妥，我曾向杨部长建议暂缓批准，但杨部长为应付环境，颇有苦衷，意志坚决，毫无转意。金君经营石油工业十几年，对石油公司贡献很大，因个性的关系很多人不大谅解他。当时金君拿到的退休金只有几万元，我劝杨部长聘金开英为石油公司顾问，获得杨部长同意。

## 日本铁路考察

五十年十一月，日本国有铁道总裁十河信二到台湾访问。十河早年在东北南满铁路当过总裁，与华北人士颇熟，今年已七十多岁，是很有风趣的人。他来台湾主要是看铁路。日使井口贞夫设酒会介绍十河与台湾各界见面。十河后来邀请“中国”铁路的高级人员到日本参观国铁的东海道新干线。

五十一年二月“交通部”邀我带着路政司司长朱延光、铁路局副局长段品庄、省交通处副处长方朝俊，组成考察团到日本考察东海道新干线。东海道新干线何以能引人注意？因为日本的轨道原都是窄轨的，东京与大阪之间人口最密，工业最发达，窄轨的铁道应付不了，于是新建东京到大阪的标准轨铁道，使得运输能力特别加强。我们到东京之后，就先到我们的“大使馆”拜访张厉生大使及张伯谨公使。张大使说日本以前的首相后藤新平曾主张日本铁路改用标准轨，十河是后藤提拔的人，十河就任国铁总裁之后，乃实行后藤的主张。我们到国铁去访问，邀请中央信托局驻日人员王树芳陪行。先参观东京车站电子计算机设备，那时东京每日的座票六七万张皆用电子计算机订座。第三天国铁技师长（总工程师）带我们参观国铁研究所。听说十河总裁给研究所一个题目，东京到大阪五百多公里，欲缩短行车时间到三小时，必须设法实现，人力与金钱无限制的供应，所以研究所的设备增加很多，技术人员有好几百人，一年的经费日币二十几亿。又参观铁道学员训练中心，此中心直属总裁，训练管理、监督以及后备的人员。东海道新干线所需的人员就在此中心训练。国铁对训练中心特别重视，凡是最好的设备先给训练中心用，这点给我印象最深刻。我们先坐火车到小田原参观新干线的工程，铺新轨的工作，到热海参观新的丹拿隧道，此隧道有九公里多长，还在建筑中，我们曾穿雨衣乘车入内二公里就地察看。又坐海底火车到下关门司，换火车到别府游览，洗温泉看猴子。据说世界温泉有十二种，而别府就有八种之多，分布在一二公里之内，性质颜色都不同。由别府改坐船经日本内海而到大阪，在大阪看交通科学馆，也是日本国铁所经营。在大阪坐车到京都。大阪市地层每年下沉二十公分到一百公分，情况相当严重。到京都看建筑之中的高速公路。到平安神社二条城和龙安寺游览。又到伊势、鸟羽等地看养珠。旅行完毕回东京国铁总裁官邸看十河总裁，他送我一本书《有法子》日文本。我们四月底离开日本，十河到羽田机场送行，非常殷勤。我回来以后有很深刻的印象，就写了一篇文章《铁路是不是落伍的工具——请看日本东海道新干线》，后来在交通部和工程师学会各演讲一次。那年石油公司在嘉义成立员工训练中心，我便将在日本的考察心得及资料送供参考。

## 参观马尼拉炼油厂

五十二年菲律宾与美国海湾油公司合作，在马尼拉附近建一炼油厂。在未建厂之前，先向台湾中油公司买汽油，用它的名义在菲国市面销售，现在自己的炼油厂开幕了，美菲双方邀请我和中油公司总经理金君开英等几个人去观礼。一月中，美国海湾油公司的总经理由美国到台湾，我们便一起飞到马尼拉。菲律宾的 Filoil 公司作东道主招待我们。菲总统 Magapagol 请我们到总统府早餐，早餐之后在总统府游园，然后一起坐车到距马尼拉有三十公里左右的新油厂，菲总统夫人揭幕。此厂投资菲币八亿，海湾油公司占四成，其余就是菲律宾投资的。过去两年由“中国石油公司”代炼汽油几万吨，所以邀请我们去参观。这是我头一次到菲律宾。开幕之后我们在马尼拉游览了几天。当时“驻菲大使”是段君茂澜。交通银行总经理郑君大勇和我们一起游览名胜，到奎松城参观汤玛斯大学等地。事毕，经香港回台湾。

## 参观美国海湾油公司

五十三年我夫妇又到美国去了一趟，乃应美国海湾油公司董事长怀德福的邀请。途经大阪、京都游览，又到奈良看唐招提寺，是公元 759 年杭州人鉴真和尚所建造。鉴真和尚几次渡日未成，到第十二次才去成，在奈良建寺宣扬佛教，为日人所敬重。我们在东京看后乐园，据说是朱舜水设计的，园内有得仁堂。自东京乘西北航空公司的飞机到西雅图，在此与老朋友李方桂、萧公权、徐道邻诸君聚晤，再飞芝加哥小停，遇徐贤修教授，在机场小聚，当天便到纽约，小女崇英夫妇和外孙，及崇励夫妇和孙子等来机场迎接，我住小女家里。

时纽约正开着世界博览会，我夫妇去参观两天，觉得各出心裁，表演精彩，花钱甚多。后来儿子崇励休假，他们夫妇二人陪我夫妇到纽约州北部游览，到波士顿看到许多老朋友，中国学人在此者甚多。又到缅因州的 Kittery，此地濒临大西洋，交通大学的老教授麦克那利住在此地，我们去拜访他，并在他家住了一夜。又到纽约州的首府奥尔班尼，然后沿纽约州北部的高速公路前进，沿途多农庄，风景甚美。到伊萨卡，是康奈尔大学的所在地，与台大、交大在此教书的学生及梁达教授夫妇、刘大中教授夫妇众会。又到尼亚加拉瀑布游览。五月底美国海湾油公司派专机自匹兹堡飞来尼亚加拉接我，李景均教授随机同来，然后一同飞往海湾油公司的总部匹兹堡，而内人则由崇励送回纽约暂住。当晚在李景均家和十几个老朋友及中国学人众谈。次日先到海湾油公司的一个研究中心参观。海湾油公司业务很多，包括打井探油、炼油和运输，研究中心内有研究室，房子共五十几座，人员一千七百多人，其中硕士和博士学位者七百多人，年用美金二千七百多万元。我们花了大半天的时间只能看到四间的研究室，他们的研究实在不惜工本。李景均博士是遗传学的权威，曾任美国遗传学会会长，他带我们到匹兹堡大学参观。海湾油公司的大楼是匹兹堡最高的建筑，我到此拜访公司的董事长和总经理。访问完毕飞回华盛顿访问国家科学院，商谈“中”美科学合作问题。又到“大使馆”访蒋大使廷黻。蒋大使认为台湾可以裁军，而多训练好的军官。又顺便到华盛顿国家公墓看已故肯尼迪总统之墓。第二天是六月五日，应蒋大使之邀到双橡园官邸吃饭。下午参观新添建的科学博物馆。晚间，任职于世界银行的黄辉约很多同学请我夫妇聚餐。黄辉是我的门人，来美之前曾任台湾电力公司总经理。六月二十日，我与内人离开纽约到芝加哥，住徐贤修家，会见新旧朋友十几人。并作短程旅行，到伊利诺伊州首府参观林肯故居和墓园，然后到伊利诺伊大学看在此任事或教书的学生。回到芝加哥又与台大、交大的学生聚会一次。然后飞到洛杉矶，游迪士尼乐园，游客中大人老人也不少。在洛杉矶又有交大同学聚会，张公权先生自包罗奥特赶来参加。张虽非交大校友，曾任交通部长，对交通大学热心协助，故校友邀来欢聚。六月二十七日，由洛杉矶飞旧金山，我的堂弟、妹及妹夫均来晤谈。第二天飞离旧金山到檀香山，在此住了两天。时袁贻瑾教授在东西文化中心研究人口问题。交大校友古健是此地第二代的华侨，陪我夫妇游珍珠港，登阿里桑那舰看珍珠港事件纪念亭。第二天看夏威夷大学和东西文化中心。然后飞到东京，随即回台湾。

## 参加日本油轮下水礼

民国五十四年三月，我夫妇应美国莫比油公司的邀请，参加莫比油公司与日本合造的油轮下水典礼。到东京的第二天晚上，我们从饭店回旅馆途中，看到日本共产党员及其同路人在大街上游行，反对日韩复交及美国轰炸北越，声势浩大，喧闹非常。我们乘莫比油公司的包机自东京飞冈山，转乘汽车至仓敷，在此住了一晚。第二天到三井造船厂的餐厅吃饭，然后到玉野造船厂，参加八万吨巨轮 Mobil Japan 下水典礼，我以前未曾看过如此巨轮的下水礼。典礼完毕乘专机飞回大阪，转车到京都，在京都附近游览，然后回大阪，飞回台北。

## 参观美国莫比油公司

民国五十五年四月，我飞往纽约视察中油办事处，内人偕行。飞机经东京、西雅图，十五日抵达纽约。

儿子崇励夫妇来接，并同往波士顿，与亲友学生晤叙。参观麻省理工学院学生活动中心及基督教科学箴言报。又至 Plymouth，此地离波士顿五十公里，乃三百余年前欧洲移民乘五月花号登新大陆之处，古迹甚多，我们游览杜邦花园，此处花木甚丰。此后遍游费城华府附近名胜。在华盛顿时与萧庆云、郭秉文、陈长桐及顾翊群夫妇晤叙。

在美国东部游览之后，乘莫比油公司专机飞往达拉斯，此即为肯尼迪总统遇刺之地。在莫比大楼看到油管的运用情形，莫比公司所有油管长达千英里以上，是运油的新工具。又乘原机至 Tulsa 看石油展览会，并到普林斯顿大学看友好。

六月间女婿高逢田夫妇陪同旅行美国东北的 New Hampshire 和 Vermount 两州。车过山区入平地到美加边境。经 Montrel 至 McGill 大学参观，又看圣劳伦斯运河，大西洋的轮船经此可达芝加哥。世界博览会明年将在蒙特利尔举行，中国馆正在建筑中。在蒙特利尔访盛庆球教授，他曾任台大工学院教授及交大电子研究所所长，目前在加拿大任教。又与驻加徐大使淑希、胡参事光泰聚餐，非常热闹。后来到多伦多看朋友，并参观此地的博物馆，展出商周铜器及安阳甲骨，古物搜集甚多。

返途又到尼亚加拉大瀑布一游，尼亚加拉瀑布在加拿大这边更见雄伟。览毕驱车越国界回美国，至伊萨卡。我在伊萨卡刘大中教授家里见到梁达教授，梁教授谈今年一月间到东非查勘铁路的情形。东非有两亲共国家要修千余公里的铁路，曾求中共派人代为测勘，没有结果。再请国际三人查勘小组仔细研究，此三人小组一为英人，一为美人，一为美籍华人，便是梁达教授。后来这条铁路还是中共派人代为修筑，但据梁教授告诉我，这条铁路不会造得很好。梁教授送我许多关于这条路的资料。我乃邀请梁教授明年来台湾作航空测量的指导和解析，梁专长航空测量的解析，他可根据测量图认识地面何种树林及地质。台湾正在开发山地、开矿、采井及开辟交通，正需要这种专家帮忙。

六月下旬我们自纽约回台，小儿崇迈前曾决心学成回国服务，这时两年学业已告结束，便与我们同返。经芝加哥，参观博物馆。遇工程界的老朋友，建议我组织在台工程师，洽办美国大公司的设计、绘图及计算工作，使台湾技术人员获得新知识，并且增加收入，也免人才外流。后来台湾果有这种组织。从芝加哥飞旧金山，在此遇南加州来的画家杨令茀女士，杨旅居美国近四十年，前在上海时曾送我墨马一幅。又在旧金山附近看红木林。然后从檀香山到东京回台北。这次出国前后有两个月时间。

## 中油公司自备油轮的开始

台湾造船公司原在基隆有两个造船船坞，因规模很小，业务不易发展。民国四十六年此公司与美国殷格尔造船公司合作将基隆船坞及一切设备租给殷格尔公司十年，合组殷台造船公司。殷台造船公司头一件事便是建造两艘大油轮。中油公司运油年有增加，临时租船运价很昂，当时殷台虽未与石油公司订合约，但有利用这两条大油轮长期为中油公司运油的意思。二月初，殷台公司接管台湾造船公司在基隆的一切业务。

殷台公司成立之后，与中油公司订租船运油合约。此事引起立法院和监察院的关注，以丧失利权弹劾经济部长江杓，中油总经理金开英，石油公司驻美代表夏勤铎，结果送公务员惩戒委员会处理。我为此事到各方奔走解说，行政院亦不接受监察院的意见，未将三人停职，这是“国营”事业首次受民意机关的干扰。

殷台公司开工后头一件工作是建造三万六千吨油轮二艘，第一艘于四十七年三月十七日安放龙骨。如此大船国人自造还是首次，陈副总统亲往基隆主持，以示隆重。

四十八年三月六日我到基隆参加殷台公司建造的第一艘信仰号油轮下水及命名典礼，此油轮长七百英尺，宽八十四英尺，高四十九英尺，载重三万六千吨，吃水三十六英尺，造价美金七百万元，下水之后由石油公司租用十年，十年之后无偿归石油公司所有。这是有史以来在台湾建造的最大轮船。

石油公司的运油问题一向很伤脑筋。每年自中东运大量原油到高雄来，油量年年增加，都在国际市场租船。国人经营的油轮亦不少，在国外的生意很多，可得较高运价，不愿运石油公司的油。后来国际市场运价大跌，国轮要求运石油公司的油，以国轮运国油为口号，运价要求偏高，此问题闹了很久，五十一年经济部对国轮要求高价长期运油决定几个原则。经济部订租益祥公司裕民轮十一年，运费照美国航务局标准价减 33%，又与“中国航运公司”、台安航业公司及招商局三家各订四年合约，运价减 40%。当时世界油轮的运价下跌 60%，国轮运价虽经打折，仍比外轮昂贵 20%。益祥公司有特殊的背景，竟订十一年的长期租约，运价高昂 26% 以上。石油公司是国家的，多贴一点也是国家的政策，所以经济部有这么一个决定。

五十五年五六月时，行政院准中油公司建造十万吨油轮三艘，十月石油公司与台湾造船公司、台湾造船公司与日本石川岛重工业会社三方订一同意书，委托石川岛在日本建造一艘十万吨的油轮，为石油公司运油之用。石油公司以往租船运价涨落不定，权操之于人，早有意自己造船，台湾造船公司以前曾造两艘三万六千吨的船，经验还不够，设备不足。台湾造船公司与石川岛重工业会社原有长期合作的办法，乃决由石川岛建造此艘十万吨的油轮。造船的时候，台湾派人去学习，准备将来在日本技术合作之下在台湾制造同类型的船。这艘船的造价平均每吨美金八十一元，总价美金七百多万元。为什么石川岛不直接和台湾造船公司签订合约，而需要石油公司加入订约，乃因付款的能力，台湾造船公司提不出保证，而石油公司的财政情况较好，所以船价由石油公司直接付给石川岛。付款的办法在订约时一次，安龙骨时一次，下水时一次，交船时一次，每次付5%，其余80%，分八年每年两次共十六期付清，年息六厘。

五十七年十月，前年委石川岛建造的油轮将命名下水，十月二日应日本石川岛的邀请，我夫妇飞大阪，石川岛派人带我们到一地方，与东京来的许多客人，如台湾造船公司的董事长杜殿英先生及招商局多人皆到，至相生船厂。石川岛副社长真藤恒主持，搭有仪式台，奏“中”日两国国歌，九时由内人登台命名“伏羲”，并向船员祝福，以斧斩断绳索，船即滑入内海。订约时载重九万余吨，吃水四十七英尺十英寸，以后觉得可增加九千多吨，吃水增至五十一英尺，船价增美金五万元。下水礼毕，自相生回大阪，坐火车到东京，借“中国大使馆”与陈之迈大使共同举行一次酒会，邀宴中日双方，庆祝油轮下水，然后回台湾。

五十八年六月，石油公司与日本石川岛及台湾造船公司三方签订建造与伏羲号同型的油轮一艘。第二艘油轮本来预定在基隆建造，因为基隆造船厂未预备就绪，而且石油公司需要油轮很急，此时各地方的船坞都很忙，难得石川岛肯让出一个船坞，因此我们赶紧和日本订约。这条油轮造价美金八百六十五万元，定名轩辕号。

石油公司的第三艘油轮在基隆船坞建造。台湾造船公司首次接受订造十万吨大油轮，九月一日安放龙骨，定名有巢号。基隆船坞不够长，将船分开两节建造，然后焊成一艘。

殷台造船公司为石油公司运油而建造的两艘油轮信仰号和自由号，各为三万六千吨。按租约十年期满该两轮中之一艘归石油公司所有，五十八年十年租约期满，石油公司乃接收信仰号油轮，交泰甲星公司代为经营，因石油公司无运输部门，上面所讲的大油轮都是造好之后交给招商局经营的。

五十九年三月，石油公司委托日本石川岛公司建造的第二艘十万吨油轮轩辕号在日本吴港下水，我夫妇应邀前往参观。

八月我到基隆看中油公司委台湾造船公司建造的第四艘油轮神农号安放龙骨典礼，乃由刚由美返国小女崇英按钮开工。

石油公司前造三艘油轮，性能甚好，运费节省，用一二年所节省的费用足抵油轮造价，九月又呈准经济部造第五艘油轮，乃由台湾造船公司承造，造价美金一千零六十万元，后命名为嫘祖号，油轮忌讳火，故不名燧人号。同时有巢号下水，由严副总统夫人命名。

## 中油公司业务猛进的开始

民国五十六年十月，中油公司与美国海湾油公司在台北签订十二年长期买油合约，约定十二年内“中国石油公司”购买海湾油公司的原油六千万桶，海湾油公司贷给石油公司美金一千五百万元，作为扩充及增添设备之用。

同月石油公司又与德士古公司签订销售航空汽油的合约，附带购买原油合约，约定在五年之内，石油公司向德士古公司购买阿拉伯原油七百五十万桶，价钱比牌价稍低，如此每年可省美金二十五万元。石油公司供应德士古的航空汽油价钱稍高，每年可增收美金数万元，德士古并提供石油公司二十个人月的训练计划，赴美受训人员的一切费用皆由德士古公司负担。

十一月石油公司又与莫比油公司订约，约订八年之内向莫比油公司购买原油三千零八十余万桶，每桶照牌价减两毛多，另贷给石油公司美金三百万元为扩充之用。以上三个合约的签订，是为几家原油公司互相竞争，石油公司因此得到的利益大些，同时长期合约可使油源稳定，外币运用灵活，人才得以训练。这时候我们开始建造大型油轮，逐渐脱离租船的困扰，中油公司业务的猛进是从这个时候开始的。

石油公司每年向国外购买原油约二三百万吨，美金上千万。油公司的一般业务有给佣金的惯例，但“中国石油公司”是国营的，绝不能收取佣金，和以上三家油公司订合约时，我们主张取消合约内的佣金规定，但对方认为售油惯例如此，不便两样，因此我们决定收这笔佣金归还“国库”。立法院以合约内有佣金的规定，以为石油公司主持人有巨资收入，群情激愤，质询责难，几经查究，始得澄清。

## 赴日参观轩辕油轮

中油公司委托日本石川岛重工业会社建造十万吨油轮数艘，五十九年三月，其中一艘轩辕号在日本吴港下水，石川岛会社邀请我夫妇前往参观。四月我夫妇与高雄炼油厂董厂长夫妇及业务处程副处长飞大阪。在大阪参观世界博览会，早上看了电脑馆、三菱馆及“中国馆”。“中国馆”馆长杨君乃藩接待我们，并告诉我们“中国馆”一天有二三万人参观，非常成功。下午看美国馆、石川岛及东芝馆，皆甚精巧。此次博览会以声光相号召，不在商业广告的性质。头一天我们看了八个馆，可与纽约博览会媲美。我觉得日本人办事非常周到，组织能力很强。

然后参观京都御所，是日本的故宫。我到京都数次总未有机会参观御所，因御所有开放的时日，以前数次都未逢到开放日期，这次因为配合世界博览会，御所特别开放，因此我才有机会进入一览。御所内有诸侯堂、紫宸殿、清凉殿等，充满中国色彩，地方清洁而肃穆。又到奈良唐招提寺游览。回大阪之后，乘关西汽船经日本内海到四国岛首府松山，住在奥道后观光区。第二天再上渡船横过日本内海到吴港，石川岛重工业会社在吴港有一很大的造船船坞，第二次世界大战时是日本海军主要的造船厂，今归石川岛会社为造商船之用。“轩辕号”不久以前下水，还在港里装饰内部，我们去参观了，并在吴港内观光了一下。广岛离吴港很近，我们坐了半个钟头的汽车到广岛。广岛是二次世界大战末期美国第一颗原子弹施威的地方，如今已重建成现代化的都市。此地有一原子纪念馆，陈列当时被炸的惨景，令人惊心动魄。壁上有日人题诗“原爆行”，痛骂美国人。过两天，我们由广岛坐车回新大阪，沿途看到东海道新干线正往广岛展筑，可见日本对铁路交通非常注意。到大阪之后，换车到名古屋，再到伊势、鸟羽海边看养珠，很有兴趣。然后再回东京，到石川岛会社拜访社长田口连三，副社长真藤恒，我早先送来我所写给他们的条幅已挂在壁上。是晚田口等人请客，在东京贸易中心的顶楼上吃中国饭。这座楼四十余层高。又到横滨逛三溪园看樱花。是晚在东京日生戏院看德国歌剧。第二天我们与董厂长夫妇回台湾。

## 退休

民国五十五年初，我任中油公司董事长将满十五年，且年过七十，即向经济部申请退休，但六月间经济部又提名我继任董事长，我请辞不获准。五十九年春，我再向经济部请辞中油董事长，得复再留一年。六十年三月十五日，我任职中油二十年满，请退休才获准，由柳君克述继任董事长，五月五日办理移交。经济部聘我为“中国石油公司”名誉顾问。退休之后，我回土木工程本行，推行预力混凝土新法。六十年冬起接受中研院近史所沈云龙先生的访问，前后三十五次，至第二年九月间结束，我借应访机会整理资料，写成《二十年来甘苦录》一书。

# 附 录

# 我与中国工程师学会

谈到中国的工程先辈，无人不知有詹天佑先生。詹氏于建筑京张铁路完工接筑粤汉铁路之后，于民国元年发起了中国最早一个近代式的学术团体。初时名为“中华工程师会”，会员多是那时的筑路前辈。此会则发起于广州，后迁汉口，最后又迁至当时的首都北平，会务日渐发达。

民国六年年底，在美国东部几十位习工程的青年曾集议组织一个中国工程团体。当时与国内已成立的同性质团体没有联络，于是“中国工程学会”又在纽约成立，我也是当时参加发起的一人。我于民国七年回国，在华北任事，八年我又加入中华工程师学会为正式会员，而且因在该会所发刊的“会报”上写过一篇文章，曾得过一个詹氏征文的第二奖金牌一面。

上述在美发起组织中国工程学会的分子嗣后陆续回国，并将会务中心由美国迁至上海。其时上海一带工商发达，青年工程师加入者日多，会务甚为活跃，自北伐告成以后，北平已失其重要性，因我是两个团体的会员，看到北方的会务行将日受影响，何如将两会合并为一，成一个全国性的工程团体。于是由我出面沟通南北两方的意见，经多年的商酌，遂于民国二十年由双方代表一致通过了合并方案，把会名改为“中国工程师学会”，即在南京开了合并后第一次的年会。我自民国六年起一直担任学会的董（理）事连续三十年。

民国二十五年，我完成了粤汉铁路的工程，此会曾颁发我一个“工程奖章”，这是工程学会里面一个很隆重的荣誉。因为此学会并无充分的财力，所以这枚“奖章”只是一张奖状，而没有“实物”。后来我到了台湾，教育部因为我写了一部《中国铁路志》，曾给我奖金新台币两万元，我就捐了一万元与工程学会，作为此工程奖章的基金，每年将其利息制成金质奖章一枚，以实物颁奖。这奖章每年只颁给一枚，而且未得奖金委员会的推荐那年就不发给，到台初期存款利息较高，中间又有两届未发奖章，所以几年后积存基金已超过两万元，我又建议在该基金中提出一万元设一“詹氏论文奖章”，奖给每年在“工程”杂志里发表最佳论文的一个作者。这也是我纪念詹公的一点意思，是后来的事。

大陆撤守，中国工程师学会在上海的会所建筑、材料试验所、图书、基金等一概沦失，到了台湾，工程界认为此会不能让其停顿或中断，必须设法恢复，于是不由分说，大家推了我来担任复会的任务。经同仁的努力，于民国四十一年集款台币八万八千元，购了现在台北爱国西路的会所，于四十三年正式恢复总会。自后各方捐赠几批美金，购置最新的工程书籍五千余册。当初我即建议于修改会章时规定理事长一职每年改选一次，不得连任，使各会员都有轮流负责会务的机会。

《七十自述》封面

民国五十年为此会创始人詹天佑先生百岁之年。我建议为詹先生举行百年纪念，于四月廿六日詹先生的生日在台北隆重举行。我事前曾花了一年多的工夫，从中外各方搜集詹先生的生平事迹及照片等，写了一本《詹天佑先生年谱》，于百年纪念时出版，同时也应了美国哥伦比亚大学刊行百年前出生的世界伟人传略之约，用英文写过一篇关于詹氏的文章。我真想不到这本詹氏年谱会惹出些小麻烦。因为我在詹氏年谱中曾否认铁路车辆的自动挂钩系詹氏所发明的传说。年谱出版后，我接到好几封信，对我加以责备，亦有致函报上对我不满，说我们中国人对科学上这一点的成就你都要否认，是何居心?我想我是一个曾在詹氏领导下做过事的人，和他是同行，我不能说假话，像苏联一样，要把电灯飞机等新科学都说是苏联人所发明的。我知道美国铁路经过多年的研究改良，才使用自动挂钩，时詹氏才不过几岁。詹氏所学是土木工程而不是机械工程，在国内及国外都没有给他去研究及试验挂钩的机会，我的否认当不是假设的。詹氏在铁路事业上有他的地位，不宜多所附会，反致贻笑于人。我把这意见曾在报上公开发表，后来就再没接到不同的意见。

# 我与中央研究院——并记几位院中故友

国父孙中山先生于民国十三年冬北上，宣布了筹设中央学术院的意见。十六年国府奠都南京以后，即决定设立中央研究院，以蔡元培先生为院长，杨铨先生为总干事。杨氏逝世后，由丁在君（文江）先生继其任。我和在君早在北平时就认识，其时在君担任地质研究所所长。有一次（民国十七八年间）我适于役广西梧州，在君则赴西南各省调查地质，搜集了几箱资料，由黔入桂，经过梧州乘船赴港返沪。我们在梧州班荆道故，有一番的畅谈。当我送他上船时，他的几箱标本资料等在码头上给海关打麻烦，不许上船，其时船即要开行，在君非常着急，我特为此跑到梧关向一英人税务司说明，才允予放行。箱子刚搬上了船，船就马上开动了。

研究院在南京建立起来，在君先生在京办公。而我则于役于湘省粤汉铁路的工程。我每到京辄访在君畅谈。记得民国二十四年六月我因公到京，顺道访在君。在君见我来特起来和我握手，说我们现今已是同事了。我问他是怎么一回事。他说中研院决设立一个评议会，设评议员三十人（分数理、生物、人文三组，每组十人），我已被提名为数理组的评议员。我说提倡国家学术研究须要年高学粹的人，我以四十之年，并未做过若干研究工作，怎能当此？在君于是细谈其研究院的种种看法及计划。其后我被选为首届评议员之一，同时被选且同属于工程学（数理组）者还有一位水利先进李仪祉先生。选任的评议员原是三年一任，连选得连任，我自从那年起一直连任至今。

我和在君先生虽然不是同行，但我们在业务上却有一点很密切的联系。我是干铁路的，铁路要用煤，而且在营业上又需要有大量的煤运，因此须要请地质学者研究煤藏问题，这和铁路路线的选择甚有关。同时在君先生足迹遍西南各省，不但对于煤藏在其专门范围内，而且对于山川道里以及陆路交通沿线经济等问题都极为注意且有兴趣。当时铁道部趁他有西南之行，曾委托他研究西南方面修筑铁路的可能性。丁氏在西南各省花了一年多的时间，写了一本《川广铁路初勘报告》。他说广东境内可供研究的海港除黄埔为粤汉铁路的终点足供鄂湘粤三省出海外，为供川黔桂三省出海不必要和粤汉路同一终点。他认为广州湾是最值得考虑的一个海港。而且在经济上要开发西南，必须使这几省有一最近的出海港口。光是筑路联络内地各省是不经济的，最好一端出海，一端通一富庶的省份，才为经济。如由四川通广州湾，则所经各省都可连带开发。他这个见解是非常精到的。因此自后我们一见面即畅谈铁路路线问题，他总是有一番的意见。后来我修筑湘桂铁路即由广西来宾修筑一条支线至湛江（广州湾），颇受他当时的启示。

我真想不到曾因请其来粤汉南段勘察煤矿，而使这位杰出的科学家，我的挚友，折其天年，说来使我十分痛心。当民国二十四年冬间我在衡阳赶筑粤汉铁路行将完工的时候，接到在君自长沙来信，说受铁道部的委托，即来衡阳转往湘南勘察煤藏。十二月八日他从谭家山矿场到了衡阳，我们见面都非常欣喜。这晚在我家吃晚饭，饭毕送其到粤汉路一所招待室安顿。是晚天气甚寒，卧室内开有煤炉（壁炉），我送他回室之后，约定翌早八时陪其一同动身南下。乃翌早我按时到招待室。而侍者说他尚未睡醒。候了一会，敲门亦不应。我们有点疑心，推门而入，见其鼾声较高，窗门都紧闭，而推之不醒，呼之不应，枕旁发现有安眠药一瓶，于是断定其为中了煤毒所致。立即召医来诊，但半日仍不醒来。于是送其入一间衡阳教会所办的医院，施以各种治疗方法。一面电知长沙朱君经农（湘教厅长），请其邀约湘雅医院杨大夫济时来衡。其时在君已渐清醒过来，经过数日，认为不如赴长沙休养，使得较好的医药环境，遂送其赴长。数日后，杨大夫给我信，说在君已逐渐复原，其夫人亦已由京到湘陪侍，我甚引为慰。因工事的逼迫，我就南下沿途视工。不谓我到了广州得到在君二十五年一月五日在长逝世的噩耗。世界失一学者，国家丧一长才！我损了一个良友，我非常难过。

我在上面提过和我同时被选为首届评议员的李仪祉先生，他是水利工程的老前辈，其在陕修筑泾惠等渠工的功绩已是有口皆碑。他是我的老友，本来就很熟识。当我在豫陕之间修筑潼关至西安一段铁路的时候，他正任职陕西建设厅厅长。我曾和他一起决定了西安车站的地位，和拆开一个城墙的门洞，使在车站出来有一条大道正对着长安有名的一座大雁塔。他逝世后，二十八年三月，中研院评议员会在昆明开会，曾推我为李氏写过一篇传略。

中研院故院长胡适之先生是我在民国五六年间同在纽约时所认识的。他比我大三岁，那时他已得了博士学位。因为我们所学不同，而且回国后他多在北，我多在南，所以一直只有偶一的晤谈，而少有学问上的切磋。到了中研院的时期，他和我同被选为首届评议员。又于民国三十七年同于第一届被选为院士，自后他又被任命为院长，接触的时间较多。胡氏的学问造诣不必多述，是世人皆知的。我和他的兴趣有一点相似之处。他是提倡人们写传记的，而我对于写传记也有兴趣。我记得来台后写过一本《四年从政回忆录》，曾送给他一本。他告诉我当天晚上拿来翻阅到午夜三时就一气把它看完。后来我又写了一本《詹天佑先生年谱》，他主动要给我写一篇序文，文中并提及《四年从政回忆录》，说“是一本可以作范本的自传，给现代史学者留下了许多很重要的史料”。

民国五十一年的二月廿四日，中研院召集了一次院士会议，其时适之先生的心脏病已相当严重。当日上午开会已完毕，他原应休息一下，因那次袁家骝院士夫妇（吴健雄博士也是院士）一同由美来台出席，适之为特表欢迎起见，于是日下午在院中蔡元培馆开了一个酒会。并因吴女士的关系，也邀了许多同人眷属同去作陪。那时大家都觉得适之先生不宜再多讲话，因此他就约了我和李济之先生在酒会中代他说几句话。但适之先生是一个好热闹易凑兴的人，我和济之兄说完话之后，本来就可以散会，但适之先生又起来说了约有二十分钟的话才散会，其时已下午六时半，客人开始离去，他还是起来和大家握手。我和他握别时问他今日是否太累一点？他还笑着说还好，还好。跟着是我的内人和他握手，正在手还未放之际，适之先生忽尔眼睛定下来，向后一倒，便从此离开人间。从他个人想是毫无痛苦的，而我们在场的朋友却不禁为之惊怛失色。

# 凌鸿勋年表

1894 年 4 月 15 日，生于广东广州。

1910 年，考入邮传部上海高等实业学堂（交通大学前身）预科。

1915 年，以第一名毕业于上海工业专门学校（交通大学前身）。赴美国桥梁公司实习。

1920 年，任上海高等实业学堂教师，代理校长。

1921—1922 年，在京汉铁路工程司任职。

1923 年，交通部南洋大学教授。

1924 年 11 月—1927 年 5 月，交通部南洋大学校长。

1927 年 8 月—1929 年 2 月，广西省梧州市工务局局长。

1929—1931 年，陇海铁路工程局局长，潼关—西安段工程局局长兼总工程师。

1932—1936 年，粤汉铁路株韶段工程局局长兼总工程师。

1936—1937 年，粤汉铁路管理局局长。

1938—1939 年，湘桂线南宁镇南关段工程处处长兼总工程师，桂林南宁段工程局局长兼总工程师等。

1940—1941 年，任天水—成都铁路工程局局长，兼西北公路管理处处长。

1942—1945 年，任宝天铁路工程局局长兼总工程师。

1945 年 1 月—1949 年 3 月，交通部常务次长。

1948 年，当选为中央研究院首届院士。

1950 年 10 月，台湾大学专任教授。次年转为兼任教授，四年后辞职。

1951 年—1971 年，“中国石油公司”董事长。

1957 年，交通大学电子研究所筹备主任。

1981 年 8 月 15 日，逝世于台北。

# 凌鸿勋主要著作目录

《铁路工程学》，上海：商务印书馆，1924.

《市政工程学》，上海：商务印书馆，1924。

《桥梁工程学》，上海：商务印书馆，1929。

《工厂设计学》，上海：商务印务书馆，1933。

《粤汉铁路通车后之情况及整理之步骤》，粤汉铁路管理局，1936。

《中国铁路概论》，台北：国立编译馆，1950。

《现代工程》，凌鸿勋主编，台北：国民基本知识丛书，1952。

《中长铁路史料》，台北，1953。

《铁路论丛刊》，台北：中国交通建设学会，1954。

《中国铁路志》，台北：畅流半月刊，1954。

《詹天佑先生年谱》，台北：中国工程师学会，1961。

《交通部派赴日本铁道访问团报告》台北：［台湾］交通部，1962。

《七十年来东清、中东、中长铁路变迁之经过》，台北：［台湾］交通部交通研究所，1964。

《七十自述》，台北：交通大学同学会，1964。

《海港工程学》，台北：［台湾］交通部交通研究所，1967。

《十六年筑路生涯》，台北：传记文学出版社，1968。

《廿年甘苦录》，台北，1971。

《二十五年来之中国石油公司》，台北市：中油公司，1976。

《琅玕室日记抄存》，台北，1971。

《凌鸿勋自订年谱》，台北：中国交通建设学会，1973。

《石油人史话》，凌鸿勋等著，台北：中国石油公司，1976。

《詹天佑与中国铁路》，凌鸿勋、高宗鲁编，台北：中央研究院近代史研究所，1977。

《中华铁路史》，台北：商务印书馆，1981。

《凌鸿勋先生访问纪录》，沈云龙访问，林能士、蓝旭男纪录，台北：中央研究院近代史研究所，1982。

# 人名索引

图书在版编目（CIP）数据

凌鸿勋口述自传 / 凌鸿勋口述；沈云龙访问. —长沙：湖南教育出版社，2011.3（2016.2 重印）
（20 世纪中国科学口述史 / 樊洪业主编）
ISBN 978-7-5355-7682-8

Ⅰ. ①凌… Ⅱ. ①凌… ②沈… Ⅲ. ①凌鸿勋（1894—1981）—自传 Ⅳ. ① K826.16

中国版本图书馆 CIP 数据核字（2011）第 036396 号

| | |
|---|---|
| 书　　名 | 20 世纪中国科学口述史<br>凌鸿勋口述自传<br>Ling Hongxun Koushu Zizhuan |
| 作　　者 | 凌鸿勋口述<br>沈云龙访问　林能士　蓝旭男记录 |
| 责任编辑 | 赵匡莉 |
| 责任校对 | 周　晔　鲍艳玲等 |
| 出版发行 | 湖南教育出版社（长沙市韶山北路 443 号） |
| 网　　址 | http://www.hneph.com |
| 电子邮箱 | hnjycbs@sina.com |
| 客　　服 | 电话 0731-85486979 |
| 经　　销 | 湖南省新华书店 |
| 印　　刷 | 长沙超峰印刷有限公司 |
| 开　　本 | 710×1000　16 开 |
| 印　　张 | 18 |
| 字　　数 | 221 000 |
| 版　　次 | 2011 年 3 月第 1 版　2016 年 2 月第 1 版第 2 次印刷 |
| 书　　号 | ISBN 978-7-5355-7682-8 |
| 定　　价 | 47.00 元 |